旅游管理专业应用型本科系列教材

Hotel Marketing

酒店市场营销

（第三版）

陈学清　徐　勇　编著

清华大学出版社
北京

内 容 简 介

多变的环境使酒店业面临严峻的挑战，酒店经营者必须不断寻求新的市场机会，提供特色产品和服务，实现顾客价值最大化，提升顾客忠诚度，从而增强酒店竞争力。因此，树立正确的营销观念、制定科学的营销方案成为酒店获得持续竞争优势的重要保证。

本书在借鉴国内外最新营销理论的基础上，从我国具体国情出发，结合酒店业特点，将营销学基本理论与酒店市场运行规律结合起来，采用理论和案例结合的方法，全面系统地阐述酒店市场营销的基本原理、方法及其应用。本书具有理论明晰、案例典型、实用性和可操作性强的特点。

本书可作为高等院校旅游和酒店管理类专业教材，也可作为旅游、酒店及相关服务接待业人员培训用书和营销管理工作的指导用书。

本书封面贴有清华大学出版社防伪标签，无标签者不得销售。
版权所有，侵权必究。举报：010-62782989，beiqinquan@tup.tsinghua.edu.cn。

图书在版编目（CIP）数据

酒店市场营销 / 陈学清，徐勇编著. —3版. —北京：清华大学出版社，2023.12(2024.9重印)
旅游管理专业应用型本科系列教材
ISBN 978-7-302-65037-9

Ⅰ. ①酒…　Ⅱ. ①陈…　②徐…　Ⅲ. ①饭店－市场营销学－高等学校－教材　Ⅳ. ①F719.2

中国国家版本馆CIP数据核字（2023）第233761号

责任编辑：邓　婷
封面设计：刘　超
版式设计：文森时代
责任校对：马军令
责任印制：宋　林

出版发行：清华大学出版社
　　　网　　址：https://www.tup.com.cn，https://www.wqxuetang.com
　　　地　　址：北京清华大学学研大厦A座　　邮　　编：100084
　　　社 总 机：010-83470000　　邮　　购：010-62786544
　　　投稿与读者服务：010-62776969，c-service@tup.tsinghua.edu.cn
　　　质量反馈：010-62772015，zhiliang@tup.tsinghua.edu.cn
印 装 者：北京嘉实印刷有限公司
经　　销：全国新华书店
开　　本：185mm×260mm　　印　　张：16　　字　　数：431千字
版　　次：2014年8月第1版　　2023年12月第3版　　印　　次：2024年9月第2次印刷
定　　价：59.80元

产品编号：096676-01

前　言

数字技术的发展重塑了企业与顾客的连接方式，企业市场营销模式发生了深刻变革。诸多环境因素的变化，如经济常态化、新技术、消费升级、共享经济和不确定性因素等，在为酒店市场营销带来机遇的同时，也使酒店经营理念和方式面临严峻的挑战，营销理论与实践创新成为酒店赢得竞争优势、实现可持续发展的重要保证。

酒店市场营销是以市场营销学和服务营销学为理论基础，结合酒店服务业的特点，研究酒店营销规律的一门应用型学科。酒店市场营销是酒店经营活动的重要组成部分，是基于顾客需求研究，通过对酒店产品和服务设计与传递所涉及的各种要素的构思、计划与执行，旨在实现市场、社会和企业三者利益目标的活动过程。目前，许多专家、学者结合新形势下的新问题，积极致力于酒店市场营销的探索和研究，丰富和完善了相关理论体系，并为酒店营销实践提供了重要的理论基础。

本书是《酒店市场营销》（2018年9月第二版）的修订版，在保持原版体例的基础上，结合国内外市场营销理论与实践的进展，吸取业内人士和同行专家的反馈意见修订而成。本书从我国具体国情出发，结合酒店业的特点，坚持理论与实践相结合的原则，将营销学原理与酒店市场运行规律紧密结合起来，全面系统地介绍了酒店市场营销的基本原理、策略、方法及其应用，并将数据驱动的营销理念与方法贯穿其中。全书共三篇、十一章，配有大量的案例解析和拓展阅读等资源，可以支持各类读者的个性化学习，还可以为教师提供丰富的教辅资源和教学服务支持。本书可作为高校旅游和酒店管理类专业本科生的必修课和选修课教材，也可作为服务与贸易类行业从业人员的营销管理培训教材和指导用书。

本版修订有以下三点创新。

（1）挖掘营销课程思政元素，树立正确的营销伦理与道德观。本次修订从人文精神、文化自信、企业家精神、营销伦理与社会责任等方面进行思政元素的挖掘，将营销专业知识与德育元素有机融合，对相关章节的知识内容和案例进行更新和完善，如"人文导向的酒店价值观营销"等。

（2）梳理完善知识结构，反映最新营销研究成果。以顾客价值共创为逻辑主线，将全书内容分为认识顾客价值、识别顾客价值、创造和传递顾客价值三个部分，对相关核心概念进行更新和补充，帮助读者更好地理解价值导向的营销战略体系。例如，第一章中增加了"顾客价值导向的营销变革"内容；第七章增加了体验营销、关系营销等酒店服务营销策略内容；第十一章调整和完善了数字营销、跨界营销和价值观营销等内容，引导学习者关注酒店营销前沿信息和发展趋势。另外，将新媒体、数据驱动的营销理念与方法以知识点、案例和阅读链接等方式渗透到相关章节内容中，如社交媒体营销、大数据背景下的酒店精准营销等，多层面阐释数字技术对传统营销的影响以及组织应对挑战的营销变革路径。

（3）秉承理实并重原则，全面更新酒店营销案例。根据新文科对酒店管理人才的要求，本次修订注重营销观念、竞争与创新意识以及实践能力的训练，精选大量我国本土旅游与酒店服务营销管理的实践案例，结合章节知识点在章前设置了"引入案例"和"引入案例解析"，案例具有较强的借鉴和启示作用，可使读者更好地理解相关理论；在正文中根据要求插入与主题紧密相关的"阅读链接",以扩展读者的知识面,引发读者的学习兴趣,提高其运用理论解决实际问题的能力;章后增加了"拓展阅读",拓展读者视野,帮助读者了解营销理论和实践前沿,为其提供更有效的学习和参考资料。

  本书由陈学清和徐勇编著。其中,陈学清负责第一章、第七章、第八章、第九章、第十章和第十一章的撰写;徐勇负责第二章、第三章、第四章、第五章和第六章的撰写。全书由陈学清负责统稿和定稿。

  本书在编写过程中,借鉴和参考了大量国内外相关资料,已在附后的参考文献中标明,在此向所有文献的作者表示谢意。同时对清华大学出版社给予的关心和支持,特别对邓婷编辑在本书的编校排印方面所做的大量工作表示衷心的感谢。由于编者水平有限,书中难免存在疏漏和不足之处,恳请专家、学者和读者批评指正,以便我们以后进行修订。

陈学清

2023 年 6 月

目 录

基础篇 认识顾客价值

第一章 酒店市场营销导论 ····· 3
第一节 市场营销概述 ····· 4
一、市场、市场营销和市场营销管理 ····· 4
二、市场营销学及其观念演变 ····· 8
第二节 顾客价值导向的营销变革 ····· 13
一、顾客价值 ····· 13
二、顾客价值管理 ····· 14
三、与顾客价值相关的核心概念 ····· 14
第三节 服务营销理论 ····· 16
一、服务的定义与特征 ····· 16
二、服务营销理论及其发展 ····· 18
第四节 酒店市场营销及其组合要素 ····· 19
一、酒店与酒店产品 ····· 19
二、酒店市场营销的概念与特征 ····· 22
三、酒店市场营销组合 ····· 24

问题与讨论 ····· 26
拓展阅读 ····· 27
课程思政 ····· 27

战略篇 识别顾客价值

第二章 酒店市场营销环境 ····· 31
第一节 酒店市场营销环境概述 ····· 32
一、酒店市场营销环境的概念 ····· 32

二、酒店市场营销环境的构成 ··· 32
　　三、酒店市场营销环境的特点 ··· 33
第二节　酒店市场营销微观环境 ··· 35
　　一、供应商 ··· 35
　　二、营销中介 ·· 36
　　三、顾客 ·· 37
　　四、竞争者 ··· 38
　　五、社会公众 ·· 38
　　六、企业自身 ·· 39
第三节　酒店市场营销宏观环境 ··· 39
　　一、政治、法律环境 ·· 40
　　二、经济环境 ·· 41
　　三、社会文化环境 ··· 43
　　四、人口环境 ·· 44
　　五、科学技术环境 ··· 45
　　六、自然环境 ·· 46
第四节　酒店市场营销环境分析 ··· 46
　　一、波特五力分析模型 ··· 47
　　二、PEST 分析 ··· 49
　　三、SWOT 分析 ·· 49
问题与讨论 ·· 50
拓展阅读 ··· 51
课程思政 ··· 51

第三章　旅游购买行为分析 ··· 52

第一节　旅游购买行为概述 ··· 54
　　一、旅游购买行为的概念、类型及其分析意义 ························· 54
　　二、旅游购买行为模型 ··· 56
　　三、旅游购买决策过程 ··· 58
第二节　个人旅游购买行为 ··· 60
　　一、个人旅游购买决策的参与者 ·· 60
　　二、个人旅游购买决策的特征 ··· 61
　　三、个人旅游购买行为的影响因素 ··· 62
第三节　组织机构旅游购买行为 ·· 69
　　一、组织机构购买者的概念及分类 ·· 69
　　二、组织机构购买决策的类型与参与者 ·································· 70

三、组织机构旅游购买行为的影响因素 ··· 71
问题与讨论 ··· 72
拓展阅读 ··· 72
课程思政 ··· 72

第四章 酒店营销调研和预测 73

第一节 酒店营销信息系统 75
一、酒店营销信息的含义与分类 ··· 75
二、酒店营销信息系统的含义与作用 ··· 76
三、酒店营销信息系统的构成 ·· 77

第二节 酒店营销调研 78
一、酒店营销调研的定义与作用 ··· 78
二、酒店营销调研的内容 ·· 79
三、酒店营销调研的类型 ·· 80
四、酒店营销调研的程序 ·· 83
五、酒店营销调研的方法 ·· 84

第三节 酒店市场预测 88
一、酒店市场预测的含义和分类 ··· 88
二、酒店市场预测的程序 ·· 89
三、酒店市场预测的方法 ·· 91

问题与讨论 ··· 93
拓展阅读 ··· 94
课程思政 ··· 94

第五章 酒店目标市场定位 95

第一节 酒店市场细分 97
一、酒店市场细分的概念与作用 ··· 97
二、酒店市场细分的基本原则 ·· 98
三、酒店市场细分的标准 ·· 99
四、酒店市场细分的程序 ··· 101

第二节 酒店目标市场选择 101
一、酒店目标市场选择的影响因素 ·· 102
二、酒店的目标市场选择策略 ·· 103
三、目标市场选择中应注意的问题 ·· 104

第三节 酒店市场定位 105

　　　　一、酒店市场定位的概念、特点与主要方式 ………………………… 105
　　　　二、酒店市场定位的步骤 ………………………………………………… 106
　　　　三、酒店市场定位策略 …………………………………………………… 109
　问题与讨论 ……………………………………………………………………… 110
　拓展阅读 ………………………………………………………………………… 110
　课程思政 ………………………………………………………………………… 111

第六章　酒店营销计划与营销战略 ……………………………………… 112

　第一节　酒店市场营销管理流程 …………………………………………… 115
　　　　一、分析市场营销机会 …………………………………………………… 115
　　　　二、研究和选择目标市场 ………………………………………………… 116
　　　　三、制定营销战略 ………………………………………………………… 116
　　　　四、制订营销计划 ………………………………………………………… 117
　　　　五、实施和控制营销计划 ………………………………………………… 117
　第二节　酒店营销计划 ……………………………………………………… 117
　　　　一、酒店营销计划概述 …………………………………………………… 117
　　　　二、酒店战略营销计划的层次与内容 …………………………………… 120
　　　　三、酒店战略营销计划实施效果的影响因素 …………………………… 123
　第三节　酒店战略营销 ……………………………………………………… 124
　　　　一、酒店战略营销与营销战略 …………………………………………… 124
　　　　二、酒店战略营销的特点与意义 ………………………………………… 125
　　　　三、酒店战略营销的决策程序 …………………………………………… 125
　　　　四、酒店营销战略的新发展 ……………………………………………… 130
　问题与讨论 ……………………………………………………………………… 131
　拓展阅读 ………………………………………………………………………… 131
　课程思政 ………………………………………………………………………… 132

策略篇　创造和传递顾客价值

第七章　酒店产品策略 ……………………………………………………… 135

　第一节　酒店产品概述 ……………………………………………………… 136
　　　　一、酒店产品的概念 ……………………………………………………… 136
　　　　二、酒店服务质量 ………………………………………………………… 138
　　　　三、酒店产品组合 ………………………………………………………… 139

第二节　酒店产品设计与开发 ·· 140
　　　　一、酒店服务设计 ·· 140
　　　　二、酒店新产品开发 ·· 141
　　第三节　酒店产品生命周期 ·· 145
　　　　一、酒店产品生命周期的内涵 ·· 145
　　　　二、酒店产品生命周期的影响因素 ······································ 146
　　　　三、酒店产品生命周期各阶段应采取的营销策略 ···················· 147
　　第四节　酒店服务品牌策略 ·· 149
　　　　一、酒店品牌 ··· 149
　　　　二、酒店服务的品牌资产 ·· 152
　　　　三、酒店服务品牌构建与品牌策略 ······································ 153
　　第五节　酒店服务营销策略 ·· 155
　　　　一、酒店内部营销 ··· 156
　　　　二、酒店体验营销 ··· 158
　　　　三、酒店关系营销 ··· 159
　问题与讨论 ··· 161
　拓展阅读 ·· 161
　课程思政 ·· 161

第八章　酒店价格策略 ·· **162**
　　第一节　酒店产品价格概述 ·· 163
　　　　一、酒店产品价格 ··· 163
　　　　二、酒店产品价格的表现形式 ·· 164
　　第二节　酒店产品定价的影响因素 ··· 165
　　　　一、内部因素 ··· 166
　　　　二、外部因素 ··· 167
　　第三节　酒店产品定价目标 ·· 168
　　　　一、利润导向目标 ··· 168
　　　　二、销售导向目标 ··· 169
　　　　三、竞争导向目标 ··· 169
　　　　四、顾客导向目标 ··· 169
　　　　五、社会责任导向目标 ··· 170
　　第四节　酒店产品定价方法 ·· 170
　　　　一、成本导向定价法 ·· 170
　　　　二、需求导向定价法 ·· 172
　　　　三、竞争导向定价法 ·· 174

第五节　酒店收益管理 174
　一、收益管理的概念与适用条件 174
　二、酒店收益管理效果的衡量 175
　三、酒店收益管理的方法 176
第六节　酒店产品定价策略及价格调整策略 178
　一、酒店产品定价策略 178
　二、价格调整策略 180
问题与讨论 182
拓展阅读 182
课程思政 182

第九章　酒店销售渠道策略 183

第一节　酒店销售渠道概述 184
　一、酒店销售渠道的概念、特点和作用 184
　二、酒店销售渠道的类型 185
第二节　酒店销售渠道决策 190
　一、酒店销售渠道设计的基本原则 190
　二、酒店销售渠道选择的影响因素 190
　三、酒店销售渠道的结构设计与中间商的选择 191
第三节　酒店销售渠道管理 195
　一、酒店中间商的考评、调整与激励 195
　二、酒店销售渠道的冲突管理 196
第四节　酒店销售渠道的变革与创新 197
　一、旅行综合服务商——突出渠道的"服务增值"效应 197
　二、网络销售渠道的多元化趋势 197
　三、酒店销售渠道的整合趋势 198
问题与讨论 199
拓展阅读 199
课程思政 199

第十章　酒店促销策略 200

第一节　酒店促销组合 201
　一、促销与沟通 201
　二、酒店促销的概念及特点 202
　三、酒店促销组合与整合营销沟通 203

第二节　酒店促销组合决策 ……………………………………… 204
一、酒店促销组合决策的程序 ……………………………………… 204
二、影响促销组合决策的主要因素 ………………………………… 208

第三节　酒店广告 ………………………………………………… 209
一、酒店广告的概念、特点与类型 ………………………………… 209
二、酒店广告决策 …………………………………………………… 211
三、酒店广告媒体的发展趋势 ……………………………………… 214

第四节　酒店营业推广 …………………………………………… 215
一、营业推广概述 …………………………………………………… 216
二、酒店营业推广的策划程序 ……………………………………… 217

第五节　酒店公共关系 …………………………………………… 218
一、酒店公共关系的概念、特点与作用 …………………………… 218
二、酒店公共关系活动的原则与过程 ……………………………… 219
三、酒店危机管理 …………………………………………………… 221
四、酒店公共关系的创新发展 ……………………………………… 221

第六节　酒店人员促销 …………………………………………… 222
一、人员促销的概念、特点与基本形式 …………………………… 222
二、酒店人员促销策略 ……………………………………………… 224
三、酒店销售队伍管理 ……………………………………………… 225

第七节　酒店服务有形展示 ……………………………………… 227
一、有形展示概述 …………………………………………………… 227
二、酒店服务有形展示的分类 ……………………………………… 228
三、酒店有形展示的设计原则和实施 ……………………………… 229

问题与讨论 ……………………………………………………………… 232
拓展阅读 ………………………………………………………………… 232
课程思政 ………………………………………………………………… 232

第十一章　酒店营销变革与创新 …………………………………… 233

第一节　新技术导向的酒店营销变革 …………………………… 234
一、基于顾客体验的酒店新媒体营销 ……………………………… 234
二、互联网视域下的酒店数字营销 ………………………………… 235
三、大数据背景下的酒店精准营销 ………………………………… 236

第二节　生态共生导向的酒店跨界营销 ………………………… 237

第三节　人文导向的酒店价值观营销 …………………………… 238
一、酒店社会责任营销 ……………………………………………… 239
二、酒店营销道德 …………………………………………………… 240

三、酒店绿色营销 …………………………………………………… 240
　　问题与讨论 ………………………………………………………… 241
　　拓展阅读 …………………………………………………………… 242
　　课程思政 …………………………………………………………… 242

参考文献 ……………………………………………………………………… **243**

基础篇
认识顾客价值

第一章　酒店市场营销导论

> **本章目标**
>
> 了解市场营销学的内涵、性质、研究对象以及发展过程；掌握市场营销观念的演进历程及其发展规律；了解顾客价值导向的营销变革；了解酒店及其产品特点；掌握酒店市场营销的概念及特征；掌握酒店市场营销组合及其要素。

引入案例

酒店，不只是住宿功能

近年来，更多消费者乘飞机、高铁去更远的目的地，不为游玩，不需要规划路线，只为找一个地方住下来，好好休闲几天，融入当地的文化和生活，满足自己的情感需求，感知旅行独有的舒缓身心、自我提升的经历和体验。消费需求永远在变化中，人们对酒店功能的认知已经从住宿驿站转向更高层次的诉求——一种生活方式的体验。未来，酒店应该是真正意义上的"家外之家"，既是旅行途中可靠的休憩站，更是人们实现健康生活方式、体验在地文化与生活的旅游目的地。

酒店即目的地

行李旅宿集团创始人兼 CEO（首席执行官）赖国平[①]把酒店定位为一个在地文化体验基站，这个基站具备在地文化汇集、搜索、导向的功能，他设计创建了 City Walk、咏归川、既下山等旅行住宿品牌，通过选址、建筑设计以及当地文化融合等营造浸润式酒店体验，致力于为旅行者提供融入当地文化和生活、探寻自我本真的旅行住宿经历，让旅行生活充满更多可能性。

小而美的既下山·梅里，海拔 3600 m，200 多座"神山"环绕，占据观赏梅里雪山的最佳位置。该酒店位于雾浓顶村第 23 户，只有 19 间客房，将旅行与住宿紧密结合，尝试使旅行者成为目的地在地文化的感知者，让"酒店即目的地"成为现实。既下山·梅里提炼藏文化的精髓，创新东方建筑美学，体现当地人文历史传承，通过斑驳的墙壁、阳光穿透的窗框、拙朴的家具、极具当代感的画作、粗粝的手工陶器、窗外皑皑的雪山等元素，以其间蕴藏的美感、仪式感以及抽象的设计语言对朴素的"人与自然和谐"的生活方式理念进行转述。酒店开业以后，秉承优质服务理念，经过品牌化运作，迅速在设计圈走红，并吸引了一批优质的国内外旅行爱好者，成为当地的旅游新景点，深受游客喜爱。

---

① 赖国平. 把旅行装进"行李"[EB/OL]. SMART 度假产业智慧平台，2022-04-26. http://www.design-smart.net/.

酒店+社区

亚朵创始人兼 CEO 耶律胤提出亚朵 4.0"酒店社区化"[①],打破酒店与周边社区相对封闭的格局,服务对象从住客辐射到周边 3 km 的人群,同时关注和影响本地居民的生活方式,在供需、房间风格、运营方式等方面进行变革升级,提升企业的社会责任意识,促进酒店商业模式的创新。例如,亚朵 S 虎扑篮球酒店面向球迷开放了酒店内运动场馆,吸引周边社区居民前来健身和消费,探索"酒店+社区"[②]的经营模式。

国外也有很多酒店直接将自己定义为"社区酒店",把酒店的主要目标客户群体定位于周边社区的居民,兼顾其他客源市场。在 Good Design Award 2018 获奖的东京谷中区酒店 Hanare,其经营理念是"The whole town can be your hotel"(整个小镇就是一家酒店)。酒店由两栋民宿改造而成,一栋民宿用于住宿,另一栋民宿作为酒店入住前台和休闲会馆,拥有咖啡屋、画廊、餐厅和展览馆等空间,这样一来,周边的居民就算不住宿,也可以来这里休闲娱乐。该酒店官网宣传中提到"Experience a stay like locals do at Hanare",希望住客通过该酒店提供的服务,收获如同在地生活的东京下町回忆。酒店接待处位于主建筑 HAGISO,登记入住时工作人员会提供自制地图,送券推荐你去大众钱汤洗澡,告知你如何租借旅店自行车造访当地人爱去的美味餐厅、在哪条小路才能找到好手艺的纪念品等,让整个谷中街巷如同一个大型体验式旅馆。

提问:面对消费升级和商业模式变革,酒店住宿业如何把握市场,持续获取竞争优势?

引入案例解析

第一节 市场营销概述

市场营销学是一门建立在经济学、行为科学、现代管理学、社会学和计量学等学科基础之上的,以市场营销活动过程为研究对象的跨学科的边缘应用学科。市场营销作为企业管理重要的指导思想和经营职能,从产生至今已有百年的历史,随着社会技术的进步,营销理念及模式都得到了发展和创新。管理者只有掌握了市场营销的内涵与规律,才能在多变的环境中提升市场竞争力,实现预期的经营目标。

一、市场、市场营销和市场营销管理

了解市场(market)和市场营销(marketing)的基本内涵是企业开展市场营销活动的基础。企业通过市场完成商品、劳务、资金、技术和信息的交换,创造和传递顾客价值,实现可持续发展。市场不仅是企业生产、经营的起点和终点,也是企业和顾客以及竞争者

---

① 从 IP 酒店到社区酒店,亚朵的"第四空间计划"是什么?[EB/OL].(2019-08-12). https://www.ljzfin.com/.
② 李彬,王倩文. 远亲不如近邻:"酒店+社区"或成未来趋势[N]. 中国旅游报,2020-04-09(3).

之间建立各种关系的平台和媒介。

（一）市场

从经济学角度看，市场因劳动分工导致需要与他人交换所需之物而产生，因此，市场是指供需双方在共同认可的一组条件下所进行的商品或劳务的交换活动，即商品交换中供求双方经济关系的集合。

市场因供求关系形成两种不同的市场态势，即卖方市场和买方市场。卖方市场是计划经济条件下的分配经济，体现供不应求的短缺经济状态，是生产者导向市场，卖方掌握市场主动权。买方市场则相反，是市场经济条件下的交换经济，体现供过于求的过剩经济状态，是顾客导向市场，买方掌握市场的主动权。

市场营销学是市场经济条件下的买方营销学，其实质就是促进买卖双方交换顺利进行的方法和途径。在买方市场条件下，卖方必须研究买方市场，只有以满足买方需求为中心开展经营活动，才能在竞争中取胜。因此，营销学中的市场定义强调卖方是行业或企业，买方是市场（消费者或顾客），体现从行业或企业的角度来研究消费者需求的核心思想。

营销学认为，市场是由那些具有特定需要或欲望，愿意并能够通过交换来满足这种需要或欲望的现实和潜在顾客所构成的。市场规模取决于具有这种需要及购买能力，并且愿意进行交换的人的数量。可见，市场由人、购买需要或欲望和购买能力三个基本要素构成，缺一不可。

（二）市场营销

1. 企业与市场的交换关系

在组成市场的双方中，买方需要具有关键性作用，它决定着买卖双方交换关系的最终实现。企业通过与市场进行有效交换，在满足消费者需求的基础上，建立长期、稳定的客户关系，以此获得最大利润，实现共赢。

企业与市场的交换关系可以用两个层次的流程表示：内部流程和外部流程。内部流程体现买卖双方的交换关系，卖方（行业或企业）将商品或劳务送达买方（市场），买方将货币返回到卖方（行业或企业）；外部流程是促使交换生成的外动力，包括信息传递和信息反馈，如图1-1所示。

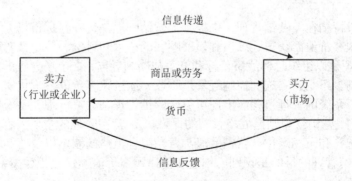

图 1-1　企业—市场营销系统

2. 市场营销的内涵

在市场营销学的发展历程中，不同学者从不同角度审视了"市场营销"，并进行了各种阐释和界定，使得营销实践和理论得以迅速发展和完善。

美国市场营销协会（American Marketing Association，AMA）于1937年将"市场营销"

定义为"引导商品、劳务从生产者流向消费者的商业活动",而后多次修订,如于 2013 年将"市场营销"的定义修订为"既是一种组织职能,也是为了组织自身及利益相关者的利益而创造、沟通、传递客户价值,管理客户关系的一系列过程"。英国特许营销学会(Chartered Institute of Marketing,CIM)对"市场营销"的定义则是"负责识别、预测和满足顾客需要以达到组织的盈利目标的管理过程"。

拉夫·巴特勒(Ralph Butler)认为,"市场营销是产品促销者在正式推销产品和做广告之前所需要做的所有活动",较早澄清了市场营销与推销、广告等单项活动的区别,突出其由多项活动构成的"整体性"特点。

美国营销学家菲利普·科特勒(Philip Kotler)指出:"市场营销是个人和集体通过创造并同他人交换产品和价值以获得其所需所欲之物的一种社会的管理过程。" 他指出,营销是以满足人类各种需要或欲望为目的所进行的变潜在交换为现实交换的一切活动,是企业为了从顾客身上获得利益回报,创造顾客价值和建立牢固顾客关系的过程。

从以上相关定义可以看出,市场营销具有以下几个方面的特征。

(1)市场营销的主体——从单一主体到多样化主体的转变。市场营销主体既包括具有一定组织形式的法人,也包括自然人;既包括营利性组织,也包括非营利性组织,如政府、学校、医院、社会团体等。

(2)市场营销的核心——从产品本身到顾客价值的转变。市场营销是以满足顾客需要或欲望为目的,通过连接、匹配和交易三项职能为顾客创造并交付价值,促进商品交换,进而建立、维持和巩固顾客关系的社会过程和管理过程,以此获得长期收益。

(3)市场营销的功能——从职能到指导思想的转变。市场营销既是一种人或组织的行为或职能,更是一种思维方式。市场营销是组织这个大系统的一个子系统,它在组织经营理念、资源约束的条件下,通过匹配供需为用户和利益相关者创造价值,实现组织的总体目标,体现了管理的市场导向特征。

本书借鉴美国市场营销协会关于市场营销的定义,进一步明确其内涵:市场营销是在一系列动态环境因素的影响下,在满足组织和相关群体利益的基础上,发现、创造和交付顾客价值,加速和促进产品和服务交换,建立和维护顾客关系,以获得持续竞争优势的一切个人和组织的活动。

(三)市场营销管理

菲利普·科特勒在《营销管理》中提到,营销管理是选择目标市场,通过创造、传递和沟通更高的顾客价值而获得、维系和发展顾客的艺术和科学。该定义明确了以下几个要点:① 营销管理是以组织总体战略目标和竞争战略为导向,在市场分析的基础上制定营销目标并运用计划、组织、实施和控制等管理手段,通过顾客价值最大化实现组织价值和预期目标的动态、系统的管理过程。由此可见,营销管理和战略管理关系密切,战略管理是营销管理的导向,营销管理则是战略管理的保障。② 营销管理的主要内容包括市场环境探测、目标市场选择和市场定位、营销战略和营销组合策略的制定以及营销活动方案的实施和评价。③ 营销管理的目的是识别、创造和传递顾客价值并建立顾客关系。④ 营销管理既是科学又是艺术。

由此可见,市场营销管理(marketing management)是企业按总体战略目标,科学评估营销环境,在目标市场定位的基础上确定营销目标,制定营销组合策略,整合运用企业资源实现目标的过程。它主要包括营销环境与市场分析、营销战略和营销组合策略制定等内容(见图1-2)。

其中,营销环境与市场分析是市场营销管理的重要基础,企业通过对市场的跟踪和探查,及时获取影响市场营销活动的相关信息(包括宏观环境信息和微观环境信息,特别是目标市场的消费者行为特点及其影响因素),进行环境综合分析,为战略决策的制定提供依据;营销战略是企业整体发展战略的重要组成部分,企业在市场细分、目标市场选择和市场定位的基础上确定顾客价值导向的营销战略目标,并通过营销组合策略获得竞争优势,实现预期目标。

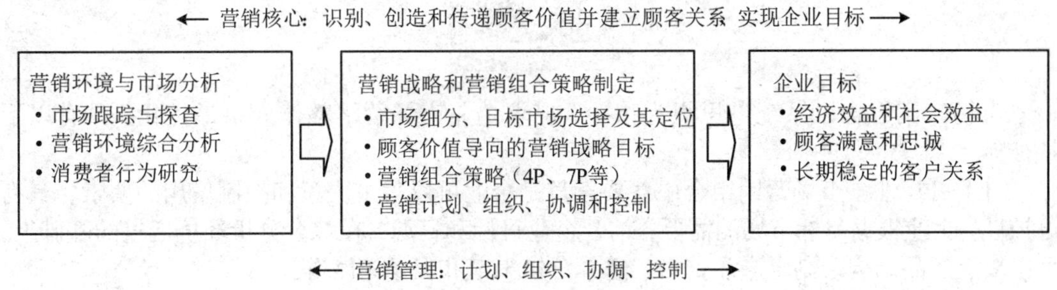

← 营销核心:识别、创造和传递顾客价值并建立顾客关系 实现企业目标 →

营销环境与市场分析	营销战略和营销组合策略制定	企业目标
• 市场跟踪与探查 • 营销环境综合分析 • 消费者行为研究	• 市场细分、目标市场选择及其定位 • 顾客价值导向的营销战略目标 • 营销组合策略(4P、7P等) • 营销计划、组织、协调和控制	• 经济效益和社会效益 • 顾客满意和忠诚 • 长期稳定的客户关系

← 营销管理:计划、组织、协调、控制 →

图 1-2 市场营销管理的主要内容

【阅读链接 1-1】 营销管理的演进

(四)市场营销组合

市场营销组合(marketing mix)是企业为实现营销战略目标,综合考虑企业营销环境、能力及竞争状况等影响因素,对产品、价格、渠道和促销等企业可控因素加以组合和运用的过程,是战术性营销决策。随着营销理论和实践的发展,市场营销组合的思想得到不断完善,具体内容如表 1-1 所示。

表 1-1 市场营销组合的代表性思想

年 份	提 出 者	主 要 内 容
1953 年	尼尔·鲍顿(N.H. Borden)	提出市场营销组合及其 12 个构成要素
1960 年	麦卡锡(E.J. McCarthy)	提出 4P 营销组合,包括产品(product)、价格(price)、渠道(place)、促销(promotion)
1967 年	菲利普·科特勒(Philip Kotler)	进一步验证和确认以 4P 为核心的营销组合方法
1981 年	布姆斯和比特纳(Booms & Bitner)	从服务业角度提出 7P 营销组合,在 4P 的基础上增加人(people)、有形展示(physical evidence)、过程(process)
1990 年	罗伯特·劳特朋(Robert F. Lauterborn)	从顾客价值角度提出 4C 营销组合理论,即顾客(customer)、成本(cost)、便利(convenience)、沟通(communication)
1993 年	唐·舒尔茨(Don E. Schultz)	从关系营销角度提出 4R 组合理论,即关联(relevancy)、反应(respond)、关系(relation)、回报(return)

【阅读链接 1-2】　　　　　4P、4C、4R 的关系辨析

市场营销组合以系统论思想为指导，寻求企业市场营销整体效果最优化，具有以下特征。

（1）可控性。市场营销组合中各要素都是企业可以自主决策和控制使用的要素，具有可控性。企业根据目标市场的需要，结合企业目标和资源，在综合分析环境变量的基础上，可以决定产品结构、制定产品价格、选择分销渠道和促销策略等。

（2）整体性。市场营销组合是一个多层次的复合整体，组合中各要素本身又包含若干次级要素，构成亚组合。各层次要素密切相关，对这些要素或次级要素稍做调整，市场营销组合策略就会发生变化，市场营销效果随之改变。企业对市场营销组合中的要素进行有机协调和配置，形成具有竞争力的市场营销组合策略，是企业打造差异化竞争优势的关键。

（3）动态性。市场营销组合是随市场营销环境变化而不断调整的动态组合。市场营销组合没有固定模式，也不能模仿其他成功企业的组合范式。企业市场营销组合随市场营销环境因素的变化而变化，企业结合市场需求、竞争态势及企业目标市场营销资源等因素，动态调整市场营销组合的一切可控要素，任何要素的改变都将形成一个新的组合，以适应新的环境和竞争，直接体现企业的创新能力和持续竞争能力。

二、市场营销学及其观念演变

市场营销学是适应现代市场经济高度发展而产生和发展起来的一门关于企业经营管理决策的学科。随着市场供求格局的改变，企业经营观念及方式发生了重大变革。

（一）市场营销学及其性质

市场营销学是研究各类组织如何通过发现和满足顾客需求，创造顾客价值，获取竞争优势，实现企业盈利目标的市场营销活动过程及其规律的应用性管理学科。市场营销学源于微观营利性组织的经营实践，该理论体系随时代变迁得到不断完善，逐渐被广泛应用到非营利性社会组织和机构，如大学、医院、博物馆和政府等，在组织市场导向的商业模式发展与创新中发挥了重要的指导作用。市场营销学主要具有以下性质。

（1）综合性和边缘性。市场营销学是建立在经济科学、行为科学、现代管理理论基础上，借鉴哲学、数学、社会学、心理学、系统学、统计学、信息学等学科的理论和方法，研究以客户为中心的企业市场营销活动的重要应用科学。市场营销学的产生及其研究范围的拓展都是在与其他学科的交叉与融合中实现的，因此具有综合性和边缘性。

（2）微观性和宏观性。市场营销学研究包括以企业或个人交易行为为主的微观营销，也包括从更宏观视野研究的以利益群体和社会营销系统为主的宏观营销。前者着眼于单个企业营销方案优化的传统营销管理范式，后者则将营销系统嵌入更大的企业和社会文化系统，使营销与社会发展、消费者福祉联系起来，具有整体、系统的思维理念，两者相互促进。随着社会的进步，市场营销学研究开始从以微观营销为主转向宏观营销、微观营销并

重，营销理论逐步得到完善。目前，现代市场营销学仍以微观组织营销活动为主要研究对象，其中营销主体是企业，营销客体是产品和服务等提供物，营销目的是通过满足顾客需求实现企业目标。

（3）应用性和实践性。市场营销学是对现代商品经济条件下企业营销活动经验的总结和概括，其理论来源于实践，并对企业经营活动具有极大的指导意义和应用价值。

【阅读链接 1-3】　　　　　　　人类学与市场营销学的交叉整合

在数字经济时代，伴随全球化、互联网信息技术发展以及生态环境保护的兴起，消费升级、产业变革和社会进步推动了营销科学的完善与创新，市场营销学的研究范围越来越广泛，研究方法也越来越多样。市场营销学的研究范围正逐渐拓展到为顾客和社会中各个利益相关方创造、沟通、传递和交换价值的一系列相关活动的过程。与之相对应，市场营销学的研究方法也从经济学、心理学、社会学、统计学、决策科学拓展到计算机与信息科学等学科，并且与这些学科形成良性互动和发展的局面，为市场营销科学的发展奠定了重要基础。

（二）市场营销学的发展及其观念的演进

市场营销学于 20 世纪初诞生于美国，其发展经历了萌芽、功能、成形、发展、扩展和创新六个阶段，如表 1-2 所示。随着世界经济的发展及全球化进程的推进，市场营销学理论得到了不断的完善和发展，形成了适应不同发展阶段的营销观念，成为指导企业实践和发展的重要思想和方法。

表 1-2　市场营销学及营销观念的演进过程

阶　　段	背　　景	市场状况	企业营销观念（指导思想）
萌芽阶段 （1900—1920 年）	1860 年，工业革命带来了生产力的迅速提高，生产能力的增长速度超过市场需求的增长速度	虽然商品紧缺的供不应求状况得以缓解，但仍属于卖方市场	生产观念（production concept）：从企业条件出发，以扩大生产规模为主；口号是"企业生产什么，顾客就买什么"
功能阶段 （1921—1945 年）	1929—1933 年世界经济大危机和 1931—1945 年第二次世界大战	同质化现象严重，商品积压，产品过剩，销售困难，市场出现供大于求的状况，直接影响企业的生存	产品观念（product concept）：从企业能力出发，注重产品质量，口号是"我的产品好，买我的产品"； 推销观念（selling concept）：注重宣传和促销，提出"我卖什么，你就买什么"的口号
成形阶段 （1946—1960 年）	第二次世界大战后，军事向民用工业的转移进一步加大了供求矛盾，新科技的发展带来了生产技术的变革和生产率的大幅提高	供大于求状况日益加剧，推销乏术，企业倒闭、工人失业等现象严重，引发"市场学革命"	市场营销观念（marketing concept）：从满足市场需求出发，生产和经营相关产品和服务，从而实现企业的盈利目标；提出"消费者需要什么，我就生产什么"的口号

续表

阶 段	背 景	市场状况	企业营销观念（指导思想）
发展阶段 （1961—1980年）	西方国家的经济高速发展；现代科学技术从理论研究进入应用领域；经济快速发展对环境和社会利益的负面影响日趋明显	同质化产品无法满足市场上的多样化、个性化需求；企业营销道德缺失问题突出，引发新营销观念的产生	社会市场营销观念（social marketing concept）： 提倡企业营销活动必须考虑整体消费者及社会的长远利益，兼顾企业、消费者和全社会三者的利益才是保证企业持续发展的关键
扩展阶段 （1981—2000年）	世界经济全球化趋势显现，国际市场竞争更加激烈；西方经济迅猛发展，形成了世界性经济结构，出现了跨国公司、连锁经营及联盟的经营模式，贸易壁垒出现；服务经济和信息经济的时代特征明显	在新经济时代下，市场的多样化和差异化特征明显，企业营销面临更严峻的环境挑战，需要理论的创新	大市场营销观念（mega marketing concept）： 企业不应只是被动地适应外部环境，而应改变和影响外部环境，使之有利于企业发展的战略思想； 全球市场营销观念（global marketing concept）： 强调企业营销效果的国际最优化，即按照最优化原则，整合资源，以最低成本、最有效的营销方式满足全球市场需求
创新阶段 （2000年至今）	网络信息时代，营销学研究对象从有边界到无边界，从关注营销投入到关注营销绩效，从单一获利到价值共享	略	全方位营销（holistic marketing）： 将绩效营销、内部营销、整合营销、关系营销和社会责任营销整合起来，突出营销的社会特点

从表1-2中可以看出，企业市场营销观念随着环境的改变经历了从传统营销到现代营销的演进过程，即从企业导向到市场导向的转变，也反映出企业对市场营销发展客观规律的认识不断深化。营销观念演进历程经历了生产观念、产品观念、推销观念、市场营销观念、社会市场营销观念、大市场营销观念、全球市场营销观念和全方位营销，呈现以下特点。

1. 营销模式的变革——新旧观念对比

人们将上述不同阶段的营销观念划分为新、旧观念，其中企业导向的生产观念、产品观念和推销观念是旧观念，市场导向的市场营销观念和社会市场营销观念等是新观念。西奥多·莱维特（Theodore Levitt）以推销观念与市场营销观念为代表比较了旧、新观念的不同（见表1-3），二者也是企业营销实践中常见的易被混淆的两个观念。

表1-3 推销观念与市场营销观念的区别

观念名称	出发点	重心	方法	终点（目标）
推销观念	企业资源条件	产品	推销或促销	基于销售获利（交易）
市场营销观念	目标市场需求	顾客需求	整合营销	基于顾客满意获利（关系和价值）

由表1-3显示，推销是营销活动的组成部分，是营销组合中的要素之一。推销观念从企业资源条件出发，注重现有产品的宣传与销售，通过增加销量获得收益；而市场营销观念从目标市场需求出发，制定和实施有针对性的营销组合策略，通过最大化顾客价值实现企业的社会效益和经济效益。由此可见，市场营销观念"以顾客需求为中心"，实现了市场营销学的革命性飞跃，将营销目的从"交易"转向"关系"，直到21世纪以来的"价值"变革，体现了市场营销学思想对现代企业经营实践的指导作用，也符合未来社会生产力及市场的发展趋势。

【阅读链接 1-4】　　　　　　　　营销"近视症"

2. 营销目标整合——兼顾经济效益和社会效益的营销观念创新

20 世纪 70 年代，西方经济快速发展引发能源短缺、污染严重等问题。营销观念的广泛应用，一方面给企业及消费者带来了巨大的利益，另一方面破坏了社会生态平衡，掀起了绿色保护和消费者权益运动的热潮，迫使企业经营活动必须关注生态环境和社会长远利益。1971 年，杰拉尔德·蔡尔曼和菲利普·科特勒较早提出了"社会市场营销"的概念，促使人们将市场营销原理运用于环境保护、计划生育、改善营养等具有重大推广意义的社会目标方面。社会市场营销观念是符合可持续发展要求的新营销思想，也被称为"绿色营销"，它强调企业的经营行为必须将市场、企业、社会三者的利益有机地结合起来，兼顾经济效益和社会效益，在顾客价值最大化的基础上实现企业持续发展的目标，如图 1-3 所示。在此背景下，营销学研究领域的学者先后提出了生态营销、绿色营销、道德营销、社会责任营销以及人类市场营销等新营销概念，使企业营销进入理性化发展阶段。

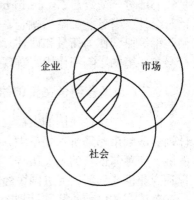

图 1-3　社会市场营销观念示意图

【阅读链接 1-5】　　　　　和谐营销与中国传统文化底蕴的关联

3. 营销视野拓展——去边界化的市场营销理念出现

20 世纪 80 年代，随着世界经济区域化和全球化进程的加快，企业品牌之间的较量开始超越本土，显现跨国流动的要素依赖整合和资源配置高效的趋势，市场竞争态势进入"无国界"的新格局。在此背景下，菲利普·科特勒于 1984 年提出大市场营销观念，即企业在跨区域或跨国经营中，应协调运用经济、心理、政治权力和公共关系等手段主动影响和改变外部市场环境，突破传统营销观念中的"被动适应"，实现企业预期目标。该观念体现了市场营销观念的新视野，在原有营销组合策略中增加了"政治权力"（political power）和"公共关系"（public relations）两个要素，从而保证了市场营销活动的适应性和有效性。全球市场营销观念始于 20 世纪 90 年代，是指导企业在世界和区域市场开展营销活动的新思想，它将具有相似需求的潜在消费群体纳入某特定细分市场，以最优化营销方案满足市场需求，获取更高的营销效益。1983年,西奥多·莱维特明确提出全球营销(global marketing)这一概念,即企业通过全球性布局与协调,使其在世界各地市场的营销活动一体化,以获取全球性竞争优势。

进入21世纪,市场营销学思想得到了快速发展,研究对象从有边界到无边界,从关注营销投入到关注营销绩效,从单一获利到价值共享,意味着市场营销学理论向更加科学系统的方向演进。2004年,菲利普·科特勒强调:"营销不是一种短期的销售行为,而是一种长期的投资行为。"网络信息时代,企业只有将营销置于全方位的框架下,进行全方位整合,才能更灵敏地对市场变化做出反应,以形成核心竞争力,立于不败之地。2006年,他提出全方位营销(holistic marketing),将绩效营销、内部营销、整合营销、关系营销和社会责任营销等整合起来,突出营销的社会性特点。全方位营销是以顾客价值为导向,整合企业内外资源,实现价值探索、价值创造和价值传递的整体化营销体系。其中,绩效营销是核心部分。绩效营销(performance marketing)强调从绩效的角度研究营销活动,强调营销与会计、财务、金融的融合,关注营销投入的商业回报,将营销生产率、营销效能和营销效率等概念作为衡量和评估营销转型升级的重要标准,更有效地提升营销对法律、伦理、社会和环境的影响和作用,实现营销在促进组织持续发展动力方面的应用价值。

(三)市场营销学在我国的发展与创新

市场营销学在我国的发展与时代变迁、企业实践和理论创新密切相关。在我国企业从计划经济到市场经济的变革中,市场营销学思想经历了导入与萌生、学习与借鉴、实践与发展、完善与创新的发展历程,逐渐形成具有中国特色的营销理论体系,在推进市场化进程和商业模式创新,促进国民经济向好发展方面发挥了重要作用。

改革开放以前,我国计划经济的指令性计划生产和统购统销导致市场机制缺位,生产企业与市场不发生直接联系,市场营销学不被重视。改革开放四十多年来,随着高度集中的计划经济向充满活力的社会主义市场经济的转变,市场营销学在我国得到了广泛的传播和应用。市场营销学在我国的发展主要经历了以下几个阶段。

(1)导入与萌生阶段。1978年,国家工作中心转移到经济建设上,经济体制的改革带动了国有企业管理方式的改革,私营经济开始萌芽,乡镇企业和个体经济快速发展,外企进入我国市场,企业的市场意识逐渐加强,市场营销学开始进入我国。

(2)学习与借鉴阶段。20世纪80年代,市场经济体制改革推动了营销环境的改变,为企业带来更加广阔的市场空间,新的经营理念和理论体系作为经营的指导思想,成为企业管理者的迫切需要,促使市场营销学的发展与传播进入快速发展阶段。1984年,中国高等院校市场学研究会、地区性市场学协会先后成立,许多学者、专家投入对西方先进市场营销学思想的引入和借鉴研究,市场营销学研究范式和研究体系逐渐规范,加快了市场营销学在我国的传播与应用。

(3)实践与发展阶段。2001年,我国成功加入世界贸易组织(WTO)标志着我国市场化改革与世界市场经济接轨,也意味着市场营销战略成为企业综合竞争力的重要保证。市场经济全球化加快了国内市场转型和创新,突出品牌强国(2007年),绿色营销(2010年)和国际、国内并重(2012年)的营销理念,自主品牌和国际化经营的中国企业迅速崛起,全面推动了市场经济体制的全面改革,促进了市场营销学科研究的国际化进程,使我国企业步入更高水平的市场营销实践阶段。同时,市场营销学科也进入了快速发展阶段,从知识的普及、人才培养逐渐扩展到管理科学研究的层面,营销理论创新与实践成为新的时代主题。

(4)完善与创新阶段。2012年党的十八大对新时期的政治、经济、社会、文化以及生态文明建设提出了总体要求，技术进步、商业模式创新以及经济增长动能对消费需求和顾客价值的演变产生了深远的影响，市场营销实践与创新进入了新的发展阶段。数字化经济的发展要求企业通过客户关系管理系统绘制"客户画像"，跟踪市场动态数据，建立和维护客户关系，精准定制营销应运而生；社会技术进步和消费升级也催生了价值共创、共享经济等新的商业模式。

市场营销观念是在成熟的市场经济及其运行实践中产生的。改革和转型中的我国市场机制尚不完善，市场运作和监管有待进一步规范，一些企业在营销中急功近利、关注眼前利益乃至违反营销道德，导致产品质量低劣、品牌形象受损，严重影响行业、社会和国家的整体利益。当前，我国经济进入高质量发展的新阶段，在以国内大循环为主体、国内国际双循环相互促进的新发展格局背景下，市场营销学研究面临新的任务和挑战，基于新时期市场环境变革的中国特色市场营销学理论体系的构建与创新，基于全球化视角的中国市场研究等将是研究的重要方向，将是中国经济社会持续发展的重要理论基础。

第二节 顾客价值导向的营销变革

20世纪90年代以来，顾客价值（customer value，CV）成为西方学术界和企业界关注的焦点，被视为竞争优势的新来源，提供卓越的顾客价值成为成功企业采取的战略之一。在营销变革中，顾客价值上的优势是企业生存和发展的关键优势，也是企业商业模式创新首先要考虑的重要因素。企业必须遵循市场导向原则，洞察顾客需求，捕捉顾客关注的价值领域，建立良好的客户关系，形成顾客价值导向的营销战略体系，为企业持续发展提供保障。在未来的市场竞争中，科学有效地识别、创造和传递顾客价值是企业获取竞争优势、实现顾客价值和企业价值所必需的。

一、顾客价值

市场营销学思想的发展经历了从产品营销、市场营销到价值营销的过程，创造和交付卓越的顾客价值是组织提升可持续竞争优势的关键，这已经成为学术界和企业界的共识。正确理解顾客价值的内涵、识别顾客价值感知的多面性是企业有效提升顾客价值的重要前提。

关于顾客价值的定义，许多学者从不同角度进行了界定。管理学家彼得·德鲁克（Peter F. Drucker，1954）从企业角度研究顾客对价值的认识、推测及判断。他指出，顾客购买的不是产品而是价值，顾客决定企业的生存和发展，企业必须通过创造顾客价值取得成功，由此确定了顾客价值在营销活动中的核心地位。迈克尔·波特（Michael E. Porter）在其所著的《竞争优势》（1985）中提出买方价值理论，他认为顾客价值是感知到的利益与价格的比率，竞争优势归根结底来源于企业为顾客创造的超越竞争对手的价值。

菲利普·科特勒从顾客满意的角度来阐述顾客价值，提出顾客让渡价值（customer delivered value，CDV）的概念。CDV是顾客从产品或服务中获得的全部价值与为获得此产品或服务而付出的全部成本的差额，即顾客总价值（total customer value）与顾客总成本（total customer cost）的差额。[①]其中，顾客总价值是指顾客购买某一产品或服务所期望获得的利

[①] KOTLER P, BOWEN J T, MAKENS J C. Marketing for Hospitality and Tourism[M]. Fourth Edition. New York: Pearson International Edition, 2006.

益,包括产品价值、服务价值、人员价值和形象价值等;顾客总成本是指顾客为购买某一产品或服务所耗费的时间、精神、体力以及所支付的货币资金等。相对于竞争对手,这一差额越大,代表企业的顾客让渡价值越高,即顾客获得的收益越高,越可能引发顾客满意和购买意愿;反之亦然。因此,企业必须以满足顾客的需要为出发点,或提高顾客所得利益,或降低顾客消费成本,或两者同时进行,为顾客提供更高的让渡价值,这样才能取得竞争优势、促进市场变现。20世纪90年代以后,格罗鲁斯(Gronroos,1996)、伍德罗夫(Woodruff,1997)等人基于顾客需求、关系营销和价值驱动等视角的研究,使营销理论更加完善,更具操作性和指导性。

综上所述,顾客价值是顾客所获得的感知利益与因获得和享用该产品或服务而付出的感知代价之间的权衡。顾客价值概念的界定体现了两个特点:一是从顾客及其与企业关系的角度认识和研究价值;二是顾客价值的关系特性,即关系过程创造价值。

二、顾客价值管理

顾客价值管理(customer value management,CVM)就是基于顾客价值创造竞争优势。盖尔(Gale,1994)认为,顾客价值管理是将整个组织、人员和流程与目标市场不断演进的需求一致地协调起来的管理过程。企业需要基于顾客价值分析来确定价值主张(value proposition),追踪竞争状况,集中于组织能力和资源的合理配置以创造、传递卓越的顾客价值,并使之为企业创造最大价值。

顾客价值管理的内涵包括以下几个方面:① CVM是从顾客需求出发,通过创造顾客价值提升企业价值,实现双赢。② CVM包括识别顾客价值、创造顾客价值和传递顾客价值三个部分。其中,识别顾客价值是把握目标顾客的价值选择标准,明确相对于竞争性提供物,他们对企业创造的价值的看法,明确顾客价值的构成及其各要素的权重,确定价值主张;创造顾客价值就是为顾客创造价值,企业根据价值主张,通过提供差异化服务、强化顾客感知、协助顾客解决问题等方式开发价值机会;传递顾客价值就是企业通过营销方式将所设计的价值主张充分地表达给目标顾客,使之理解和认同企业超越竞争对手的价值优势,实现顾客价值的过渡。③ CVM主张价值创新和共享理念,通过整合价值链的资源优势,设计和实施顾客价值导向的商业模式创新战略,是企业生存和发展的重要保证。

【阅读链接1-6】　　　　企业价值是什么?

三、与顾客价值相关的核心概念

卓越的顾客价值与优秀的企业经营绩效和竞争实力密切相关,体现在顾客价值与顾客忠诚、顾客价值创造、关系营销、商业模式创新等要素的关联上。

1. 顾客价值与顾客忠诚

根据顾客期望理论,顾客满意是顾客对企业提供的产品或服务的一种态度和评价,是顾客对事先期望与实际绩效间感知比较的心理感受，或满意，或不满意。顾客忠诚则是顾客感知利益超越期望目标，潜在需求得到满足所产生的对企业品牌的信任、承诺、情感维系和情感依赖，具体表现为对企业产品的关注、推荐的积极意愿和持续重复的购买行为。Reichheld（1990）在顾客忠诚度模型中阐明，顾客忠诚可以提高企业的盈利能力，可以创造一系列经济效益，包括获得溢价收益、减少交易成本、形成良好口碑、树立企业形象和降低经营风险等，这些经济效益将带来巨大的企业价值。

顾客满意取决于顾客价值，卓越的顾客价值将带来顾客忠诚。彼得·德鲁克（Peter F. Drucker，1965）认为，企业的首要任务是为顾客创造价值以吸引和留住顾客。建立和维护稳定的顾客关系，赢得顾客对企业的忠诚对企业价值的提高具有重要的意义。顾客在有限的产品知识、搜索成本下追求价值最大化，企业只有提供超越顾客期望的价值，即提供那些质价比（质量/价格）比较高的产品，顾客才会感到满意乃至愉悦，最终产生顾客忠诚。因此，顾客价值是顾客忠诚的最终驱动因素，顾客价值创造既是企业顾客价值管理的核心，也是企业赢得顾客忠诚的重要保证。

2. 顾客价值与顾客价值创造

顾客价值创造就是为顾客创造价值，是企业在顾客价值识别的基础上提出差异化价值主张，寻求顾客需求与企业资源的合理配置，从而提供超越竞争者的顾客价值、提升企业价值的过程。顾客价值创造涉及两条途径：一是提高顾客感知收益，发现和引导顾客需求，设计、开发个性化产品或服务，实现企业提供物与顾客需求的吻合，乃至超越顾客期望，实现顾客价值最大化；二是降低顾客感知付出，全面了解顾客价值链及其活动规律，如采取降低产品或服务的价格、提高购买的便利性等方式。

3. 顾客价值与关系营销

卓越的顾客价值是企业利益相关者共同创造的结果，利益相关群体的相互关系与合作直接影响最终顾客价值和企业绩效提高。顾客和企业建立稳定的关系既有助于降低多变环境带来的不确定性、提升顾客价值、降低成本耗费，也有助于企业利用外部资源实现高效率和高回报。从关系角度研究营销，是对传统营销学理论的重大突破，使营销重点从关注销售额和利润的商品交易转向带来的收益和贡献的顾客关系，使营销目的从短期利润转向持续关系和长期盈利。贝里（Berry）将关系营销定义为企业为了满足自身及利益相关者的目标而进行的识别、建立、维持、促进同消费者关系的行为。关系营销把营销活动看成一个企业与消费者、供应商、分销商、竞争者、政府机构及其他利益相关群体发生互动作用的过程，其目的是通过创造顾客价值，建立、保持和维护顾客关系以实现企业的长远利润目标。顾客关系营销是关系营销的核心和归宿。

4. 顾客价值与商业模式创新

随着市场变革和竞争加剧，商业模式创新成为企业实现利润增长和竞争优势长存的重要驱动力。从顾客需求出发寻求竞争优势，建构市场导向型商业模式是成功组织的必经之路。美国管理学家加里·哈默尔（2000）提出，商业模式创新是指企业颠覆已有的行业模式，从而为顾客创造新价值并为利益相关者创造新财富。[①]由此可见，商业模式作为企业战略的重要组成部分，是一个将顾客价值主张、价值创造和价值获取等活动连接起来的组织架构，由顾客、价值和利润三个核心要素构成，其目的是增加顾客价值、实现企业预期目标。企业只有主动跟踪和发现潜在顾客需求、识别独特的顾客价值主张、创造高效的盈利模式、整合内外部关键资源和能力、形成独特的价值创造和获取机制，才能成功实现商业模式创新下的战略转型。

近年来，数字技术的发展重塑了企业与顾客的连接方式，以顾客价值为中心的营销逻

---

① HAMEL G. Leading the Revolution[M]. Boston: Harvard Business School Press, 2000.

辑和商业模式创新势在必行。在数字时代，顾客呈现出许多新的特征，从产品的被动消耗者转变为价值的主动创造者，在生产和消费领域与企业共创价值，二者在多场景、多维度的互动和交流中实现价值关系的良性互动。因此，企业必须对顾客需求与价值进行战略思考，通过大数据和人工智能等技术精准识别顾客的特征和行为习惯，找到口碑传播的有效顾客网络，获得识别利润来源的新视角；构建以顾客协同体系为核心的价值共创模式，强化顾客参与价值主张环节的设计和表达，实现企业和顾客间的最优价值搭配；借助数字技术实现全链路赋能，包括动态市场追踪、全渠道获客、粉丝培育及个性化定制等方式，通过数字社区获取私域流量，降低获客成本，提高顾客终生价值；运用人工智能、大数据等技术，重塑以顾客价值为导向的管理流程与要素，实现卓越的顾客价值、企业价值及合作伙伴等共生价值。

【阅读链接 1-7】　　　携程商业模式创新：挖掘增量，共创共赢

第三节　服务营销理论

随着全球经济的快速发展，特别是服务业的发展和有形产品营销中服务贡献的增强，服务观念受到各行业的广泛重视，服务营销学已经逐步从市场营销学中独立出来并形成新兴的学科领域。服务营销学以市场营销活动中的服务为研究对象，促使企业从传统的价格和质量竞争模式演化为现代的服务竞争，为企业创造差异化竞争优势提供了新的视角。

一、服务的定义与特征

（一）服务的定义

相对于有形的实物产品而言，服务的界定和研究有其独特性。从 20 世纪 60 年代开始，随着服务经济的发展，服务的概念界定也不断得到完善，学者从不同角度给出了服务的定义。

20 世纪 60 年代，美国市场营销协会将"服务"定义为"通过交换为顾客提供有价值的利益或者满足的一切行为"。菲利普·科特勒（Philip Kotler，1997）将"服务"定义为"一方提供给另一方的不可感知且不导致任何所有权转移的、无形的某种活动或利益"。他还提出，服务与有形产品的差异在于，其产出不一定是实体产品且顾客常是服务的共同创造者（co-creator）。服务业《质量管理与质量体系》（ISO 9000：2000）将"服务"定义为：服务是服务提供者为了满足用户需要而与用户进行接触活动时所产生的结果。瓦戈和卢施（2004）主张服务导向逻辑，认为企业是知识价值的主张者，而顾客才是价值的决定者，强调企业的产出是为满足顾客需要而服务的，交换的内容是服务和体验。所罗门（2014）认为，服务是一种行为、表现、体验或接触，即在产品的生产和交付中提供某种形式的价值。

从上述观点可以发现，在服务营销视角下，服务是一种无形的经济活动，它是以满足用户需求为基础，以创造服务价值为目标，在服务提供者与服务接受者之间进行价值传递的互动行为。[1]服务研究重点关注服务提供、服务场所、服务参与者、服务有形证据、服务流程、服务质量、服务体验与服务绩效，而服务营销关注服务销售、服务传递、服务互动。产品的性质最终取决于能够提供顾客核心价值的产品部分，即顾客利益是来自产品的物质性还是来自无形的活动。产品可分为四种形态：纯无形服务、附带产品的无形服务、附带服务的有形产品和纯有形产品。

（二）服务的特征

对服务特征的研究是基于制造业有形产品而言的，有形产品与无形服务的区别如表1-4所示。

表1-4　有形产品与无形服务的区别[2]

有 形 产 品	无 形 服 务
满足顾客需求，提供有形价值	满足顾客需求，提供无形利益
一种物体	一种活动或过程
有形、可感知的	无形、不可感知的
生产、传递和消费过程分离	生产、传递和消费过程同时发生
顾客不参与生产过程	顾客参与生产过程
标准化、同质	差异化和多样化、异质
可以储存	无法储存
所有权转移	暂时使用权转移

1. 服务的根本特征——过程性

格罗鲁斯（Gronroos）认为，服务是由某一活动或一系列活动所构成的过程。在这一过程中，服务的生产过程与消费过程是同步的，通过服务提供者与顾客的互动，最终交付服务性产品的价值，满足各自的利益。因此，顾客对服务的价值感知不是结果，而是过程。

2. 服务的一般特征

20世纪70年代末，以贝特森（Bateson）、肖斯塔克（Shostack）、贝瑞（Berry）等为代表的学者归纳了服务的一般特征，包括无形性、生产与消费的同时性、不可储存性、异质性和非所有权转移性等。

（1）无形性。服务的价值体现在顾客对服务过程的心理和生理感知上，是一种需求的满足。服务不同于有形产品的具体的实物，顾客不能触摸或凭肉眼看见服务，因此很难在购买前预测和确认服务的品质，同时很难在购买后及时对服务质量做出客观的评价，如饭店的客人离店后，他们除能出示一张收据之外，别无他物。正如罗伯特·刘易斯所说的"购买服务的人可能'空手'离去，但他们绝不是'空头'而去"[3]，而是可以拥有难忘的体验和记忆。

（2）生产与消费的同时性。在接待服务业中，服务者和顾客都参与到服务的过程中，通过提供服务和接受服务的互动过程，共同创造和传递服务价值。因此，服务的这一特性决定了人是服务的重要因素，顾客和服务者以及他们的直接接触构成了服务。例如，影响

---

[1] 胡飞，李顽强. 定义"服务设计"[J]. 包装工程，2019, 40（10）：37-51.
[2] 吴晓云. 服务营销管理[M]. 天津：天津大学出版社，2006: 56.
[3] LEWIS R C, RICHARD E. Centers Up on Your Computer, Marketing Leadership in Hospitality[M]. New York: Van Nostrand Reinhold, 1989.

餐厅顾客满意度的因素不仅有食品的精美程度，还有餐厅员工的服务态度和应变能力、顾客对服务流程的了解情况，甚至包括员工与顾客、顾客与顾客的互动关系等。

（3）不可储存性。服务的无形性及其生产与消费的同时性使其不可能像有形产品那样被储存起来以备未来出售，如果服务不能在既定时间里被消费，就会失去其价值，给企业造成损失，因此服务具有不可储存性和易损性。例如，飞机起飞时的空座，即没有销售出去的座位造成了航空公司当天的损失，这一损失在飞机起飞时就产生了且是不可弥补的。服务的不可储存性为加速服务产品的生产、扩大服务的规模制造了难题，因此对服务需求的调节和计划能力对于服务企业来说是至关重要的。

（4）异质性。不同于有形产品可以在面市之前通过质检环节保证产品质量的标准化，服务的过程性特征使服务的最终价值和质量受制于更加复杂多样的因素，特别是受制于人的主观性因素的影响，因此服务具有异质性特征。从这一点来看，服务的质量管理较有形产品的质量管理更加复杂和困难。

（5）非所有权转移性。服务过程结束后，顾客获得体验和感受，而不是实物，因此服务不产生所有权的转移，顾客对服务的消费风险敏感度较高。以旅游为例，顾客在景区享受了游览服务，观赏到了美丽的景色，他们收获的只是体验和感受，并没有发生任何所有权的转移。

二、服务营销理论及其发展

服务营销理论萌发于 20 世纪 50 年代，直到 20 世纪 80 年代中期才逐渐发展为市场营销理论体系的一个独立分支，至 20 世纪 90 年代基本形成较为完善的体系并被广泛使用。服务营销理论是专门研究服务业市场营销的普遍规律，即以服务业产品营销和有形产品营销中的服务要素为研究对象的一种关于营销活动的科学。

（一）服务营销组合 7P

早期，服务营销理论的主要研究内容包括服务特性的界定、服务特性对消费者购买行为的影响，目前则包括服务质量、服务接触、顾客保留维系以及内部营销、关系营销和服务价值链等问题。服务营销区别于一般营销观念的关键在于"人"对服务性产品的特殊作用以及服务的过程性。由此，市场营销学家布鲁斯和比特纳（Booms & Bitner，1981）将传统营销组合的 4P 理论（McCarthy，1950）修改扩充为 7P 理论，即在产品（product）、价格（price）、渠道（place）、促销（promotion）的基础上增加 3 个新要素，分别是人员（people）、有形展示（physical evidence）、过程（process）。4P 理论与 7P 理论的差别主要体现在：4P 理论是从企业者的角度所提出的，而 7P 理论则更倾向于消费者角度；4P 理论侧重于制造行业实体产品的营销，而 7P 理论则关注更加广泛的服务及其相关领域，是服务营销的基础。

在服务营销组合 7P 中，产品要素注重产品的设计、开发和品牌的运营管理；价格要素是依据战略定位采取的定价目标、方法和调整策略；渠道是企业为顾客提供高效便利的销售网络而制定的策略；促销是通过整合营销手段与市场进行有效沟通的策略组合；人员是影响最终顾客价值的所有传递与接受服务的角色，包括组织从业人员和顾客；有形展示是一切可以传达服务品质和品牌形象的线索展示，是无形服务有形化的关键要素；过程是构成服务生产的程序、机制、活动流程以及与顾客之间的接触、互动与沟通，是基于服务所具有的生产与消费的同时性和不可储存性特征所采取的平衡供求的策略。

（二）服务营销三角形模型

格罗鲁斯（Gronroos）提出基于"人"的要素的服务营销三角形，阐明服务过程中企业、服务从业者、顾客三者的营销关系，指出内部营销、外部营销和互动营销都是营销战略的重要组成部分，如图 1-4 所示。其中，内部营销是通过招聘、培训、激励、薪酬、提供技术支持等一系列流程，帮助服务从业者提高兑现服务的能力；外部营销是对所传递的服务设定顾客期望并向顾客做出承诺；互动营销强调顾客与企业的相互作用，通过"接触瞬间"的互动管理信守对顾客的承诺，进而提高顾客体验感知质量的策略。

图 1-4　服务营销三角形[①]

第四节　酒店市场营销及其组合要素

酒店产品是服务性产品，具有一般服务的基本特征和其本身特有的性质。酒店在经营管理过程中，应该以服务营销理论为基础，针对酒店服务的特殊性，开展具体有效的营销活动。

一、酒店与酒店产品

现代酒店是在传统接待设施的基础上发展起来的，它与旅行社、旅游交通一起被称为旅游业的三大支柱。随着世界旅游业的发展和国际交往的增多，酒店在国民经济中扮演着日益重要的角色。酒店市场营销是市场营销学在酒店经营中的具体运用，也是酒店经营活动的重要组成部分。

（一）酒店

伴随着旅游业的兴起，为外出旅行者提供食宿等基本保障的住宿业得到迅猛发展，也成为旅游产业链上一个不可缺少的重要组成部分。

表示住宿的词语有很多，反映了不同的服务对象与服务方式。其中，"hotel"（酒店）一词源于拉丁文"hospes"（意为接待客人的人或主人），后逐渐演变成"hospice"（为旅行者提供住宿的地方）和"hospitality"（热情好客地接待），更具体地描述了酒店和餐饮业以和蔼可亲的态度和行为迎接陌生人或客人的活动过程。

关于酒店的定义有很多。被誉为"世界三大百科全书"[②]的 ABC 百科全书（the ABCs

---

① 格罗鲁斯. 服务管理与营销：基于顾客关系的管理策略[M]. 2 版. 韩经纶，等译. 北京：电子工业出版社，2002：46.
② 《美利坚百科全书》（*Encyclopedia Americana*）、《不列颠百科全书》（*Encyclopedia Britannica*）和《科利尔百科全书》（*Collier's Encyclopedia*）。

均将酒店描述为在商业性基础上向公众提供住宿、膳食及其他服务的设施和建筑物。我国国家标准《旅游饭店星级的划分与评定》(GB/T 14308—2010)将"旅游饭店"(tourist hotel)定义为"以间(套)夜为单位出租客房,以提供住宿服务为主,并提供商务、会议、休闲、度假等相应服务的住宿设施,按不同习惯也可能被称为宾馆、酒店、旅馆、旅社、宾舍、度假村、俱乐部、大厦、中心等"。

综合以上定义,现代酒店应具备以下几个基本条件。

(1)它是由一个建筑物或诸多建筑物组成的接待设施和场所。

(2)它必须既能提供住宿设施,也能提供餐饮及其他服务。

(3)它的服务对象是公众,包括旅行者和社会公众。

(4)它是营利性组织,使用者需要支付一定的费用。

因此,酒店的定义是为满足旅游者需求而提供以住宿服务为主的设施和场所,是具有综合接待功能的服务企业。现代酒店由客房、餐厅、酒吧、商场以及宴会、会议、通信、娱乐、健身等服务设施组成,通过住宿环境的装饰以及专业人员的服务满足旅客在居住、饮食、娱乐、社交以及舒适、安全等方面的需要。酒店的核心功能是住宿服务,其他各种设施可以根据酒店的目标市场、规模、等级等因素进行取舍,如有限服务酒店、全服务酒店等。

随着社会的进步和发展,酒店的概念得到扩展,相关设施、服务和功能日趋多样和完善,差异化经营成为其发展趋势。差异化经营的着力点可以放在酒店环境、设计风格、文化、服务方式、产品配套、消费结构、信息化程度以及人性化、个性化、绿色环保方面,给顾客提供不一样的消费体验,如文化主题酒店、精品酒店、民宿等。

【阅读链接 1-8】　　　　　　　酒店新业态——旅游民宿

(二)酒店产品

产品是指能够满足人们需要或诉求的任何东西。它不局限于物质实体,从广义上讲,产品包括有形商品、无形服务、体验、地点、组织、信息、想法和人等。企业可以通过提供服务和产品创造、展现和推销某种体验,如美国的迪士尼乐园、星巴克咖啡,我国台湾的诚品书店,法国的地中海俱乐部等根据不同的市场需求,凭借特定环境和有形设施的设计和设置,将其产品以体验的形式呈现出来,形成了鲜明的特色。

酒店作为服务性企业,其服务对象包括旅行者和社会公众。酒店产品是满足顾客需要的有形实体和无形服务的结合体,即企业借助客房、餐厅、酒吧、商务中心、康乐设施及商场等有形要素,通过接待和服务等无形要素,为顾客提供舒适、放松、安全、受尊重等体验和感受,从而获得收益的重要载体。酒店的接待与服务水平是影响酒店产品品质的重要因素,即作为无形要素的服务是酒店产品的核心利益和价值。因此,酒店产品实际上是以无形服务为核心、以有形的设备设施为辅助的服务性产品,也可以称为酒店服务。

酒店是顾客的"家外之家"。所谓家，是指人可以根据自己的习惯而放松的场所，作为"家外之家"的酒店应该令顾客感到温馨、安全和舒适。顾客对酒店的良好感受和评价固然受客房、餐饮、建筑和装饰等有形实体品质的影响，更重要的是来源于真诚、热情的接待服务，安全、受尊重的体验感受，温馨、和谐的互动交流以及舒适、方便的消费环境等无形服务。

【阅读链接1-9】　　　　酒店服务的三种需求和三种能力

（三）酒店产品的特征

酒店产品是一种特殊的服务产品，人员要素在服务传递过程中具有重要的作用。酒店服务的有效传递需要员工和顾客的参与和适合的环境，这种密切接触的体系需要服务提供者雇用和训练具有良好个人沟通技巧的员工，使其了解顾客的喜好，在顾客周围控制氛围和环境，保证预期的服务质量（Chase，1978）。

酒店产品除了具有一般服务的基本特征，也有其特殊性，主要表现在以下几个方面。

（1）复杂性。在酒店产品交换中，酒店提供的产品与服务是满足市场需求的重要因素。与一般有形产品相比，酒店顾客的需求更加复杂多样，涉及住宿、饮食、商务、交通、购物、娱乐等诸多方面，也包括依托于硬件设施条件的软件服务和环境等。如果顾客在住店期间遇到问题或提出要求，酒店要及时处理和解决，如提供信息咨询、预订机票等辅助性服务或个性化程度较高的增值服务等。因此，酒店产品具有覆盖面广、内容复杂的特征。

（2）综合性。顾客对酒店质量的评价不是对某个服务部门或服务环节的评价，而是对酒店服务整体体验和感受的衡量，包括从酒店预订开始到办理入住、住店期间消费、结账离开的全过程。酒店必须全面提高各部门的服务质量，为顾客提供令其满意的综合产品价值，树立酒店产品的整体形象。同时，酒店是旅游价值链中的重要一环，在旅游者需求结构中，酒店担负着满足旅游者住宿、饮食和娱乐需求的任务。因此，酒店也是旅游产品的组成部分之一，与其他旅游供给部门具有极强的关联性和互补性。例如，一个地区航空公司的接待能力不足必然导致饭店、游览景点的接待能力闲置和浪费。

（3）季节性和波动性。酒店顾客的需求极易受各种环境因素的影响，如政治、经济、社会、节假日制度、生活方式以及自然因素等，表现出极强的季节性和波动性，淡、旺季分明。因此，酒店市场调查和预测、酒店产品的优化配置和组合成为酒店适应多变市场的重要手段。

（4）高固定成本。对于高固定成本的酒店企业而言，创造额外的销售量和边际销售量是经营的重点，因为高比例的边际销售量代表在没有额外成本或额外成本很小的情况下收益增加。因此，与实体企业相比，酒店获利的主要途径是扩大销售量，而不仅仅是降低成本。

（5）无专利性。酒店无法为所创新的客房、餐饮及服务方式等申请专利。

二、酒店市场营销的概念与特征

20 世纪 60 年代以后,伴随着酒店业的快速发展和市场竞争的日益加剧,营销成为酒店获取竞争优势的主要手段。传统营销理论被直接应用于酒店业有许多局限和问题,因此酒店营销思想和方法不得不发展以适应行业状况。

酒店市场营销是指通过对酒店产品所涉及的各种要素进行构思、计划与执行,以实现旅游者、社会和企业三者利益目标为目的的活动过程。酒店市场营销要求酒店通过了解、调研消费者的需求与欲望,结合自身的实力与条件,确定目标市场并针对目标市场消费者的需求开展一系列活动,以满足顾客的需求,从而实现预期目标。

由于酒店产品的特殊性,酒店营销活动除了遵循服务营销的基本规律,也有其特殊性,具体如下。

(1)重视无形服务的有形化。酒店服务的无形性特点给顾客的购买带来了风险,也加大了企业与潜在顾客进行有效沟通的难度。酒店营销活动应尽可能地利用酒店产品中的有形要素,有效地向顾客传递具有说服力和值得信赖的有形证据,使无形服务有形化,加强顾客的购买信心。

(2)注重"服务营销三角形"理论的运用。生产和消费的同时性使"人"成为酒店营销的重要因素。与实体产品不同,酒店产品的过程性特点使服务人员、顾客以及他们之间的关系成为酒店产品的组成部分。对于顾客来说,产品质量的好坏取决于他们获得的产品价值能否满足其预期愿望,所以每一个参与服务过程的主体和要素都将影响产品的最终质量。因此,酒店企业应该注重运用"服务营销三角形"理论,即注重内部营销、外部营销和互动营销的有机结合和综合运用,保证服务质量,提高顾客对产品的满意度和忠诚度。

外部营销是连接企业与旅游者市场的桥梁,是酒店在满足顾客需求的基础上实现企业预期目标的一系列对外经营活动。内部营销则强调酒店应将员工视作产品的一部分予以管理的经营思想,突出"有满意的员工,才有满意的顾客"的观念,进一步强调了员工的态度和能力对提高服务质量和顾客满意度具有主导性作用。同时,酒店企业应重视接待服务过程中员工与顾客之间互动关系的管理,即互动营销。这种互动关系包括员工与顾客之间、顾客与顾客之间的关系,通常被称为"关键事件"(critical incident)或"真实瞬间"(moment of truth)①。互动过程管理的有效性直接影响企业营销效果。

【阅读链接 1-10】 服务接触点是赢得客户的关键

(3)关注生产能力和需求管理。酒店产品的特殊性使供需矛盾比较突出,如何调整生产能力,有效进行需求管理,成为酒店营销管理的关键。具体体现在以下两个方面:① 酒店生产能力的供给管理。虽然酒店的供给能力是相对固定的,短期内很难改变,但仍然可

---

① KOTLER P, BOWEN J T, MAKENS J C. Marketing for Hospitality and Tourism[M]. Fourth Edition. New York: Pearson International Edition, 2006.

以通过对供给的管理适应需求的波动。例如，饭店可以在需求高峰期临时雇用兼职员工以提高接待能力，但应在保证服务质量的前提下；反之，则实行减员或减少其他开支。更积极的做法是在这一期间开发会议旅游等非季节性产品。此外，酒店可以鼓励顾客参与服务过程，采取自助服务的方式以扩大服务的供给，如提供自助餐等。② 酒店需求规模与结构的管理。在市场调研和预测的基础上，做好淡、旺季需求的引导和调节工作，保持最佳运营规模。例如，酒店最佳开房率不一定是100%，只有对酒店客房进行维修保养的动态化管理，才能在保证服务质量的前提下维持令顾客最满意的状态。酒店需求结构管理是对酒店产品或功能性设施进行均衡利用的过程。

（4）注重酒店接待过程服务质量管理。由于"人"的要素对酒店产品生产过程的影响很大，即便是同一个员工提供的同一种服务，也会因为接受服务者的主观判断而出现明显的质量差异。由此可见，酒店产品的异质性使酒店对服务质量一致性的管理难度很大。酒店服务质量的好坏取决于顾客对产品与服务的感知和评价，包括服务产品设计及其操作规程的技术质量，也包括符合目标市场需求的市场质量的评价。在此基础上，企业应该强调营销目标和过程的统一，对营销效果进行动态管理和有效控制。

酒店提升服务质量的根本途径就是在保证标准化服务的技术质量的基础上，提供令顾客满意和忠诚的个性化服务并保证其市场质量，两者缺一不可。一方面，酒店为了降低服务质量的不稳定程度，对某个服务环节采取以机器、人工智能（AI）取代人工操作等，以提高标准化服务的程度；另一方面，积极探求满足顾客个性化、多样化需求的个性化服务，提升顾客忠诚度。产品制造商的质量目标是"零缺陷"，而酒店服务企业的质量目标是"零顾客流失"。①

【阅读链接1-11】　　　　　　智能酒店"智慧化"

（5）重视关系营销与顾客忠诚的契合。关系属性是服务的内在属性。任何服务过程中都存在着顾客与服务提供者的接触互动关系，这种关系价值的顾客感知直接影响顾客满意度以及顾客与企业建立长期忠诚关系的意愿和行为。可见，关系营销是服务营销的重要手段，客户关系管理（customer relationship management，CRM）是关系营销的核心，关系营销为服务营销提供了维持持续竞争优势的最佳途径。

随着信息技术的快速发展，客户关系管理理论得到广泛应用。客户关系管理是以客户为中心，以不断满足客户需求和为客户创造价值为目标，通过为客户提供个性化产品和服务，不断提高客户的满意度和忠诚度，从而获得和保留更多的客户，实现企业和客户的长期双赢。CRM的目的是维护和管理长期的客户关系，获得更高的顾客终生价值（customer lifetime value），从而增强企业获利能力。顾客终生价值是指顾客在人生的不同阶段能为企业创造的价值总和，是系统理解和评价企业客户关系的重要依据。

---

① KOTLER P, BOWEN J T, MAKENS J C. Marketing for Hospitality and Tourism[M]. Fourth Edition. New York: Pearson International Edition, 2006.

服务产品的无形性要求服务企业将关系营销作为营销的核心，体现差异化竞争优势。酒店的服务活动就是接待，接待被理解为包括主人和顾客在内的一种人与人的关系。[①]酒店企业只有意识到主客关系的互动在接待服务过程中的重要性，从顾客需求出发，合理运用客户关系管理，协同内部营销和外部营销，通过提供优质的产品和服务，使顾客认同和接受企业的产品与服务，形成和谐、友好的主客关系，才能同顾客建立长期稳定的伙伴关系，获得长期竞争优势，实现企业预期目标。

【阅读链接 1-12】　　　　　　　　酒店常客计划

（6）差异化竞争是关键。差异化竞争战略是指企业凭借自身的各种优势，根据顾客的不同需求，向目标市场提供各种区别于现有竞争对手的特色产品和服务的经营模式。随着旅游市场的不断发展和日趋成熟，塑造并保持竞争优势成为企业的主要目标之一，差异化竞争战略是获得这种竞争优势的重要途径。

为实现差异化竞争战略目标，酒店应该对服务过程展开差异化营销，即充分利用自身优势，对服务人员、有形环境展示、品牌形象、服务流程及销售渠道等方面进行差异化设计和管理，形成一套完整的差异化竞争体系，从而实现企业的营销目标。例如，航空公司为方便旅客休息提供的特殊房间、食品订做、空对地电话服务以及常客计划等；饭店通过计算机设计独特入住流程，为客人提供方便和惊喜等。差异化服务很容易被竞争对手模仿甚至抄袭，因此酒店要根据市场需求变化和趋势不断创新服务产品，展开动态营销，增强企业竞争力。

【阅读链接 1-13】　　　　　　酒店 IP 创造差异化竞争优势

三、酒店市场营销组合

酒店市场营销组合是酒店根据营销战略，对营销过程中的各种构成要素进行配置和系统化管理的活动。根据酒店产品的特点，酒店市场营销组合是对以服务营销理论为核心的 7P 理论（Booms & Bitner, 1981）的具体应用，除了包括传统营销组合要素 4P，即产品、价格、渠道和促销，也包括人员（people）、有形展示（physical evidence）和过程

---

① 匹赞姆，欧. 饭店业市场营销[M]. 依绍华，等译. 天津：南开大学出版社，2011：7.

（process）。为体现顾客价值导向的营销组合特征，在酒店市场营销组合中采用"4P-4C"组合模式。

1. 产品-顾客（product-customer）

酒店生产的目的就是通过向顾客提供满足其需求的产品和服务，保证顾客获得最大的价值，在此基础上实现企业的盈利目标。在酒店产品和服务的传递中，接待者与被接待者的关系是一种经济关系。从某种意义上看，顾客不是客人，客人与酒店之间是对等的经济关系。顾客付出货币等要素获得酒店提供的产品利益，包括产品、服务、人员和形象等，双方通过交换实现各自的利益。因此，酒店的"产品-顾客"策略必须在充分了解顾客需求的基础上，进行产品和服务内容及其传递过程的设计，研究各影响因素，包括种类、质量、特色、展示、品牌、支持系统以及辅助系统等，保证顾客价值最大化。

2. 价格-成本（price-cost）

价格是酒店产品的价值表现。从企业角度来看，价格是产品和服务的收费标准，包括经营成本和企业利润两个部分。从顾客角度来看，价格是顾客价值和利益的体现。顾客对产品和服务的认知价格或价值影响着顾客的购买意愿和满意度。根据顾客价值理论，顾客付出的价格是一个整体的概念，包括货币要素和非货币要素，如寻找和评价可供选择产品和服务所耗费的时间、精力，这些都是顾客获得满意的产品和服务的同时必须付出的成本，即顾客成本。因此，酒店产品的"价格-成本"策略应该考虑顾客成本和价格水平的关系，建立顾客导向的定价目标。

3. 渠道-便利（place-convenience）

营销组合渠道要素包括产品和服务的分配和运销，旨在为最终顾客的购买和消费提供便利。与有形产品渠道相比，酒店服务的渠道有其特殊性。酒店营销渠道的便利性不仅取决于其地理位置和交通条件，也取决于其为顾客创造的消费环境，如可视程度、照明效果、店内通道、指示导引以及各类接待服务的方便程度等。由于酒店产品具有生产与消费的同时性和不可储存性等特点，顾客向生产场地移动和直接参与生产过程成为实现交易的前提条件。因此，为向目标市场提供便利的渠道服务，地点的选择成为酒店渠道-便利策略研究的重点。例如，经济型酒店往往临近购物场所或其他有吸引力的、人口密度较大的地区，商务型酒店往往建立在交通便利的城市商业中心，度假型酒店则设置在景点或城市周边休闲区域等。

4. 促销-沟通（promotion-communication）

市场营销组合中的促销要素包括所有与销售产品和服务有关的销售方式和手段的综合运用。酒店促销的是一段服务的经历，包括有形要素和无形要素。顾客对所购买的酒店产品和服务的评价多依赖于有形证据，而无形服务多体现于对顾客个人需求的满足及其感受。因此，酒店促销的有效性取决于与顾客沟通的效果。酒店促销除了广告、互联网营销、直接营销、移动媒体、营业推广、专题活动、公共关系、人员推销等方式，还包括优质服务、口碑、主客互动关系、有形证据等酒店特有的销售方式。

5. 人员（people）

人员是指作为服务提供者的员工和参与到服务过程中的顾客。员工和顾客都是酒店服务产品的重要组成部分，也是影响服务质量的直接因素。在酒店市场营销组合中，人员要素相对于其他要素具有不可控制性，较为特殊。对酒店服务质量的评价主要来源于顾客对服务过程和效果的总体感受。服务过程质量的好坏直接取决于员工的服务状态和水平。因此，一方面，酒店应该采用内部营销策略，通过塑造满意的员工创造和维护忠诚顾客；另一方面，应合理引导和管理员工与顾客的互动关系，从而提高服务质量。

【阅读链接1-14】　　　　　员工——酒店之"心"[①]

6. 有形展示（physical evidence）

无形服务有形化是克服酒店服务无形性局限的重要手段。有形展示包括服务运营的物质环境以及用于宣传产品和服务的有形证据。酒店顾客购买产品获得的核心利益是愉悦的体验和感受，非可见的实物产品，具有购买风险。因此，酒店不能仅依赖于广告和营业推广等销售方式，还应将无形服务通过多种有形的线索和证据展示出来，以此增强顾客对产品和服务的认知和理解，提高其购买信心，促成现实的购买行为。

7. 过程（process）

服务过程由酒店服务的产生、传递和交付等一系列活动组成，是影响酒店服务产品质量的关键要素。在市场营销组合中，酒店服务过程要素包括服务生产的设计、程序、机制、活动流程以及与顾客之间的接触和互动等方面的内容。相对于其他组合要素，服务过程的差异化更易形成不可复制的竞争优势，越来越多的酒店对供应循环、特许政策、支付政策和运行机制等服务传递系统进行创新，形成酒店特色化经营，为持续发展奠定了基础。例如，麦当劳和万豪酒店通过服务传递过程标准化达到了在整个运营过程中提供持续服务的目的；航空公司和汽车租赁公司可通过计算机预订系统和存货控制系统实现运营标准化。

问题与讨论

1. 简述市场营销的内涵。为什么说营销既是企业的一种职能，又是企业的一种经营思想？
2. 辨析营销、促销与推销的概念及其相互关系。
3. 简述服务营销的特点并说明其与一般营销的区别。
4. 试分析新旧营销观念的区别，如何正确看待不同社会阶段的营销观念？
5. 酒店产品服务性的特点给管理带来了哪些挑战？如何克服这些挑战带来的问题？
6. 如何理解顾客价值的概念？企业提升顾客价值应考虑哪些因素？
7. 为什么说顾客价值优势就是企业生存和发展的关键优势？
8. 简述酒店市场营销组合的主要内容和基本特征。
9. 选择一家熟悉的旅游企业（饭店或航空公司等），讨论其常客计划的内容及对提高顾客忠诚度的意义。

[①] 田志龙，戴鑫，戴黎，等. 服务营销研究的热点与发展趋势[J]. 管理学报，2005（2）：217.

拓展阅读

1. 科特勒，阿姆斯特朗. 市场营销：原理与实践[M]. 17 版. 楼尊，译. 北京：中国人民大学出版社，2020.
2. 汤普森. 创造顾客价值：IBM 公司的金牌培训书[M]. 赵占波，译. 北京：华夏出版社，2003.
3. 沃茨，洛夫洛克. 服务营销[M]. 8 版. 韦福祥，等译. 北京：中国人民大学出版社，2018.
4. 李巧. 数字时代营销变革：基于价值管理视角[J]. 企业管理，2022（1）：117-119.
5. 郑向敏. 创造顾客价值：中国酒店成熟的标志[J]. 饭店现代化，2009（9）：12-13.

课程思政

中国经济改革成就、经验与挑战

战略篇
识别顾客价值

第二章　酒店市场营销环境

本章目标

通过本章的学习，了解酒店市场营销环境的概念、构成及特点；掌握酒店市场营销微观环境和宏观环境的构成要素；掌握酒店市场营销环境的分析方法。

引入案例

数字化转型助力酒店"破茧成蝶"[①]

面对新冠疫情，如今，很多酒店在应对时更从容了。这是因为客人在酒店"秒"办入住已成为现实，有酒店安装了"刷脸核身"和"无证核验"系统，客人仅需8 s就能完成身份证、健康码核验，离店时还能自动扣款、预约开票。这一改变不仅提升了客人的入住体验，更在疫情防控常态化阶段减少了客人与酒店员工的接触，保障了双方的安全，它既出于数据与算力的推动，也是酒店数字化转型意料之外的成果。

在人工智能、大数据、云计算等新技术的推动下，我国商业形态正在向"数字化"方向发展。"推动文化和旅游市场主体数字化转型"已被写入《"十四五"文化和旅游市场发展规划》。事实上，越来越多的酒店管理者已经意识到数字化转型对于酒店发展的重要性，尤其是在行业遭遇新冠疫情冲击的当下，数字化变革为酒店拓宽了发展思路。

促转型势在必行

一项最新调查数据显示，目前，国内90%以上的酒店集团管理者认为数字化转型非常重要。在他们看来，酒店的数字化转型正在从多个维度优化酒店的管理和运营体系。例如，销售渠道的数字化有利于降低佣金成本、提高营业收入，集团内部系统的数字化可以缩减运营成本、提高运营效率，智能设备产品的有效应用能够改进产品服务、改善用户体验。总体来看，数字化转型可以让酒店进一步提升市场竞争力。

运用技术做减法

酒店智能化和数字化是有所不同的。酒店数字化强调的是利用数字化技术对酒店的业务模式、运营方式进行系统化、整体性变革，更关注数字技术对组织整体的赋能，同时包括运用数字化手段挖掘客户需求、提升服务品质，从而为酒店创造更大的价值。

打通支付平台、人像核验、门禁系统等实现客人自助入住；在酒店内合理布局自助系统设备，提供无接触服务；优化酒店大堂空间，将前台的占地面积从12%缩至5%，进一步释放消费空间；构建数字化全渠道销售体系，客人云预订率达到60%、云支付率达到57%，App用户数达到6000万人、微信小程序用户数达到3200万人；为企业大客户提供整体差旅解决方案，降低企业的差旅成本……以上就是华住集团的实践。

[①] 王玮. 数字化转型助力酒店"破茧成蝶"[N]. 中国旅游报，2021-10-28（005）.

落地须通盘考虑

数字化转型是酒店战略转型的大项目，需要统一部署、集中投资，其中还涉及组织结构变化、人才要求变化、运营流程变化，甚至要考虑投资回报率。这是酒店数字化转型必须要解决的问题。

提问：什么是酒店市场营销环境？数字化转型的引入对于酒店市场营销有何影响？智能化建设和数字化转型都对酒店市场营销具有较大的影响，除此之外还有哪些因素会对酒店市场营销产生影响？

引入案例解析

无论是新建酒店，还是现有酒店，都以利润最大化作为其经营的最终目标，而获取利润的前提是把酒店产品与服务销售出去。

建立和经营一家酒店需要了解该酒店所处的环境，分析酒店所处的宏观、微观市场营销环境，这是酒店市场营销人员的首要工作，对于酒店企业实现经营目标和获取相应的市场地位具有重要作用。

第一节　酒店市场营销环境概述

一、酒店市场营销环境的概念

市场营销环境由影响市场营销管理者与其目标顾客建立和维持牢固关系的能力的所有外部行为者和力量构成。[①]

酒店市场营销环境是指酒店企业在其市场营销部门以外，影响其发展及其与目标顾客保持成功交易关系的各种参与者和因素，一般具有不可控或不易控制的特点，能够同时给酒店提供发展机会、造成威胁。

酒店市场营销活动受其内、外部可控与不可控因素的综合影响，因此从本质上来说，酒店市场营销活动就是努力使其可控制的内部因素与不可控制的外部因素相适应的过程，是在特定时空条件下发生的，这一特定时空条件就是酒店市场营销环境，即酒店的生存空间。

二、酒店市场营销环境的构成

酒店市场营销环境的内容广泛而复杂，包括与酒店市场营销活动相关的所有内、外部因素与条件，不同因素对同一家酒店的市场营销活动的影响和制约不尽相同，同样的因素对不同酒店的市场营销活动的影响和制约也不完全相同。

---

① 科特勒，阿姆斯特朗. 市场营销：原理与实践[M]. 17版. 楼尊，译. 北京：中国人民大学出版社，2020：68.

酒店市场营销环境泛指所有制约酒店营销决策及其实施的内部和外部因素，包括微观环境和宏观环境。微观环境是指与酒店紧密相关，涉及能直接影响其营销能力和效率的各种参与者，包括酒店的供应商、营销中介、顾客、竞争者、社会公众和企业自身（能够影响酒店营销决策的内部各相关部门）；宏观环境是指能够通过影响酒店微观环境而间接影响酒店营销能力和效率的巨大社会力量，包括人口环境、经济环境、政治法律环境、社会文化环境、自然环境和科学技术环境等，如图2-1所示。微观环境直接影响和制约酒店的市场营销活动，宏观环境主要以微观环境为中介间接影响和制约酒店的市场营销活动。

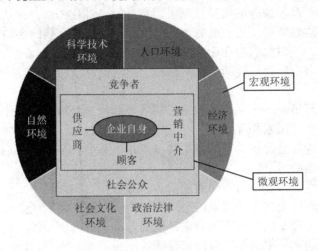

图2-1 酒店市场营销环境的构成

酒店对其内、外部自然的、社会的、经济的条件具有较强的依赖性，从而导致酒店企业对所面临的营销环境变化的反应更加激烈，许多酒店会由于营销环境的突然变化而遭受巨大的冲击。

营销环境的变化既有可能给酒店带来可以利用的市场机会，也有可能给酒店造成一定的威胁。酒店企业研究市场营销环境的目的就是通过市场营销环境分析，明确自身正面临哪些方面的挑战和威胁，面临着怎样的发展机遇，进而提高酒店的竞争力和规避风险的能力。

三、酒店市场营销环境的特点

1. 客观性

酒店企业从事市场营销活动，必须面对各种各样的环境条件，也必然受到各种各样环境因素的制约和影响，这些环境因素既有宏观的，又有微观的，都是客观存在的因素，不以酒店经营者的个人意志为转移。

同时，酒店企业是旅游产业的重要组成部分，与旅游六要素——食、住、行、游、购、娱中的"食"和"住"密切相关，旅游产业是一个依赖性和关联性很强的产业，酒店企业也不例外。因此，酒店企业必定是在特定的社会经济和其他外界环境条件下经营和发展的，酒店企业经营者必须清醒地认识到这一点并做好充分的思想准备工作，以便随时应对酒店所面临的各种环境的变化。

2. 差异性

酒店市场营销环境的差异性表现在两个方面：一是不同的酒店会受到不同环境因素的影响和制约；二是相同的环境因素对不同酒店企业的影响并不相同。

不同的国家、民族、地区在经济、社会、政治、法律、自然、科学技术等各个方面存在着广泛的差异性，从而形成了各具特色的个性化需求。我国酒店企业所面临的市场营销环境发生了很大变化：一是国家对旅游产业定位的调整，自1998年把旅游业界定为国民经济新的增长点开始，随着国民经济的发展，国家多次调整旅游业的产业定位，2001年把旅游业界定为"需求潜力大"的产业，2008年把旅游业称为"现代服务业"，2009年将旅游业定位为"国民经济的战略性支柱产业"，旅游产业定位的调整对酒店企业的市场营销活动产生决定性影响；二是消费倾向的转变，过去我国消费者追求物质产品的数量化，现在消费主流则转向追求产品和服务的质量及满足消费者的个性化需求，消费者的消费心理越来越成熟，消费倾向的转变对酒店企业的市场营销活动会产生直接的影响。

由于市场营销环境对酒店企业影响的差异性，酒店企业在经营过程中必须以自身资源禀赋为基础，根据自身所处环境的变化制订相应的营销计划和营销战略。

3. 相关性

酒店市场营销环境是一个系统，包括宏观环境和微观环境，由多个影响因素构成。在这个系统中，各个影响因素相互依存、相互作用、相互制约，从而使酒店市场营销环境具有相关性。这是因为社会经济现象的发生往往不是由某个单一因素决定的，而是受到一系列相关因素共同影响的结果。

酒店企业在其经营过程中直接面对消费者，其市场营销活动不仅会受到经济因素的影响和制约，还会受到社会文化等因素的影响和制约。因此，酒店企业必须充分认识各种因素之间的相互作用，在全面分析市场营销环境的基础上进行市场细分、确定目标市场，进而制订市场营销计划和营销战略，以便充分满足市场需求。例如，酒店门市价格不仅受市场供求关系的影响，还受季节性、科技进步、财政政策、投融资政策等的影响。

4. 变化性

酒店企业所面对的市场营销环境随着科学技术、交通、通信等因素的发展而不断发展变化。例如，互联网的出现和应用在丰富酒店经营手段的同时，可以使顾客享受更加便捷的预订和住宿服务，导致顾客的需求越来越多样化、个性化，酒店企业之间的竞争越来越激烈。

酒店所面临的市场营销环境因素的变化存在差异，有的因素变化得快一些，而有的因素变化得慢一些；有的因素变化得大一些，而有的因素变化得小一些。一般来说，经济、科技等因素的变化相对较快、较大，对酒店市场营销活动的影响相对较短且跳跃性较大；而社会文化、人口、自然等因素的变化相对较慢、较小，对酒店市场营销活动的影响比较稳定。因此，酒店企业必须不断地调整和修正自身的营销计划和营销战略，以适应市场营销环境的变化，抓住市场机会，规避市场风险，保持并扩大市场份额。

5. 双重性

酒店市场营销环境的双重性是指某种营销环境既能给酒店企业提供市场机会，使其在经营中具有一定的竞争优势，又有不利于酒店市场营销的因素，会给酒店企业的经营造成困扰，进而对其市场地位构成威胁，即市场机会与威胁并存。

营销环境的改变对于一家酒店来说是市场机会，而对于另一家酒店来说就可能是威胁，反之亦然。酒店企业在其经营过程中，需要密切注意市场营销环境的发展变化，做到趋利避害，这样才能获得更大的经营成果。

6. 可影响性

营销环境的客观性导致酒店市场营销环境对于酒店营销活动的影响具有强制性和不可控性，决定了酒店企业不可能从根本上控制营销环境的变化，但是酒店企业可以通过对自身内部要素的调整与控制对外部营销环境施加影响，最终促使某些环境因素向有利于酒店经营的方向转变。

现代营销学认为，企业经营成败的关键在于企业能否适应不断变化的市场营销环境。"适者生存"不仅是自然界的法则，也是企业营销活动的法则，酒店市场营销活动也不例外。面对不可控的外部市场营销环境，酒店企业可以积极发挥营销人员的主观能动性，预测、分析和发现营销环境变化的趋势、特点，结合自身的资源禀赋情况，及时甚至超前采取相应的营销措施，以适应市场营销环境的变化。

【阅读链接2-1】　　　　世界杯读秒　酒店民宿抢先蹭流量

第二节　酒店市场营销微观环境

酒店市场营销微观环境又叫作作业环境或直接营销环境，是指那些与酒店企业紧密相联，能够直接与酒店交流和沟通并影响酒店为顾客提供服务的能力的机构或个人，包括供应商、营销中介、顾客、竞争者、社会公众和企业自身（见图2-2），对这些微观环境因素，企业是可以通过自身的努力加以影响、改善的。

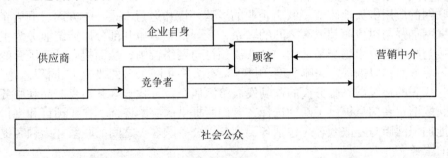

图2-2　酒店市场营销微观环境的构成要素

酒店市场营销活动的目的是通过向目标市场提供有吸引力的产品和服务，创造顾客价值和顾客满意，从而建立酒店与顾客间的关系。这一目的能否达成，不仅取决于酒店市场营销活动的成效，还取决于酒店市场营销微观环境的其他要素，即供应商、营销中介、顾客、竞争者、社会公众和企业自身。

一、供应商

酒店的供应商是指那些向酒店企业及其竞争者提供日常经营活动所需资源的企业和个人。这里的资源包括原材料、能源、设备、劳务、布草、备品、资金等。

供应商对酒店企业的市场营销活动有着直接的影响并制约着酒店营销计划的制订和实

施,主要表现在三个方面:第一,供货的及时性与稳定性;第二,提供资源的质量水平;第三,提供资源的价格变动。供应商是否能够及时地为酒店提供成本低廉而又符合质量要求的资源,直接影响酒店为顾客提供产品和服务的质量与生产成本,从而影响酒店的获利能力。

酒店企业的经营需要供应商连续、及时地为其提供所需要的各种资源,以保证其为顾客提供产品和服务的时效性和服务质量的稳定性。另外,供应商提供资源的质量和价格直接影响酒店产品和服务的质量与成本,因而酒店企业在选择供应商时必须关注供应商的供货质量和价格。同时,酒店企业既要与主要的供应商建立长期的信任关系,又要避免因供应商的单一化而导致受制于人。

二、营销中介

酒店市场营销微观环境中的营销中介是指为酒店融通资金、销售产品和服务、给最终顾客提供各种营销服务的机构,包括中间商、营销服务机构、金融中介机构等。

1. 中间商

中间商是协助酒店寻找消费者或直接与消费者进行交易的商业企业。酒店企业的中间商主要包括旅行社、在线网络服务商、交通运输服务企业等。

旅行社是指以营利为目的,招徕、接待旅游者并为旅游者提供食宿等有偿服务的企业,它也可为旅游者代办各种相关手续。旅行社是旅游产品供应商与消费者之间的纽带和桥梁,具有组合旅游产品(包括酒店所提供的住宿、餐饮等相关产品和服务)并向消费者推介和销售的职能。旅行社对于酒店企业寻找顾客、销售产品和服务给最终顾客具有重要的作用,同时,旅行社可以协助酒店企业了解并反馈顾客需求,对于酒店企业改善产品和提高服务质量也有重要影响。在选择旅行社时,酒店必须选择那些声誉好、能向顾客提供所承诺的产品并支付酒店服务费用的企业。

互联网的应用极大地改变了酒店企业的经营环境和运营方式。一方面,酒店企业可以通过互联网加强与供应商和顾客之间的联系,互通信息,抛开部分以传统业务为主的中间商而直接与顾客进行市场交易活动,如在线预订与网络营销,从而提高酒店经营的现代化程度;另一方面,以携程、去哪儿网(携程持有去哪儿网45%的股权)、同程艺龙、途牛、飞猪等为代表的在线网络服务商的蓬勃发展给酒店企业寻找顾客并销售产品和服务给最终顾客、获取消费者信息提供了新的选择,它们所提供的旅游咨询、在线预订和支付服务可以有效地加强酒店与零散顾客(包括各类商务、公务顾客)之间的联系并为顾客提供更加个性化的服务。

交通运输服务企业也可以为酒店企业提供中介预订和推广服务,它们可以在消费者消费相关交通运输服务的过程中帮助酒店企业进行促销和预订,从而扩大酒店企业的服务受众群体。

2. 营销服务机构

营销服务机构是指为酒店企业提供市场调研、市场定位、市场推广、营销咨询等方面的营销服务的企业,包括市场调研公司、广告公司、传媒机构及市场营销咨询公司等。

营销服务机构可为酒店企业提供与市场营销相关的服务,在服务质量、服务价格和创造性等方面存在较大差异,酒店企业应选择那些符合自身需要、人员素质比较高、口碑好的营销服务机构。

3. 金融中介机构

酒店市场营销微观环境中的金融中介机构主要包括银行、信贷公司、保险公司等能够提供资金融通或保险服务的金融机构，以及为酒店企业 IPO[①]提供辅导、承销、包销等金融服务的证券公司和投资银行等。

酒店企业在一定的情况下需要金融中介机构为其提供融通资金的服务，因而其市场营销活动会因贷款成本的上升或信贷来源的限制而受到严重的影响，因此酒店企业必须与一些金融中介机构建立密切的联系。同时，酒店企业必须谨慎行事，不能盲目屈从于金融中介机构不切实际的扩张欲望。

【阅读链接 2-2】　　　　　　可口可乐与万代公司

营销中介对酒店企业市场营销活动的影响巨大，是其产品和服务销售中的一个重要环节，所以营销中介的选择非常重要，关系酒店营销计划的成败。酒店市场营销人员应全面、深入地调查、分析营销中介的发展趋势，做好营销中介的选择、评估和管理工作。

三、顾客

顾客是酒店企业产品和服务的最终消费者，是酒店产品的直接购买者或使用者，是酒店市场营销的出发点和归宿，是酒店企业市场营销最重要的环境因素。它既可以是组织，也可以是个人。

根据顾客的购买动机，可以将顾客市场分为消费者市场（consumer markets）、生产者市场（business markets）、中间商市场（reseller markets）、政府市场（government markets）和国际市场（international markets）五种类型，如图 2-3 所示。消费者市场由个人和家庭组成，他们购买酒店产品和服务的目的是个人消费；生产者市场由为了商务、差旅而购买的企业构成，它们购买酒店产品和服务的目的是保障企业经营并最终获取利润；中间商市场由为了转卖以获取利润而购买的批发商和零售商构成，一般指旅行社；政府市场由为了履行政府职责而购买的各级政府机构构成；国际市场由国外的购买者构成，包括国外的消费者、生产者、中间商和政府机构。

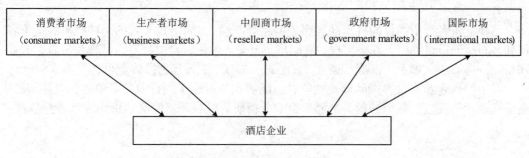

图 2-3　酒店企业的顾客市场类型

[①] 首次公开发行（initial public offering，简称 IPO），即股份公司首次向社会公众公开招股。目前我国已经上市的酒店类公司包括锦江股份、华天酒店、金陵饭店、首旅酒店和东方宾馆等十家。

上述五种市场的顾客在消费需求与消费方式上各有自己的特征，酒店企业的目标顾客可能属于这五种市场中的一种或几种，酒店的营销人员需要对这五种市场类型顾客的需求特点和购买行为展开深入、认真的研究。

根据购买行为的主体，又可以将上述五种市场类型的顾客划分为两大类：个体购买者和组织购买者。个体购买者是指购买决策由个人或家庭做出，购买的目的是满足个人或家庭的物质或精神需要，一般被称为散客；组织购买者是指购买决策由企业、政府机关、事业单位等团体组织做出，购买目的是开展业务、行政事务或奖励员工。

散客人数众多、市场分散、构成复杂，年龄、性别、职业、偏好、受教育程度、个人习惯等差异较大，对此，酒店企业需要有针对性地开展市场营销活动。与此同时，散客往往具有购买频率高与缺乏专业知识等特点，因此比较容易接受酒店企业的宣传，从而做出购买行为。组织购买者数量少、购买规模大，购买是为公，而不是为私，费用由组织承担，与散客相比，其需求价格弹性较小，更关注产品与服务的质量。

四、竞争者

竞争者有广义和狭义两个层次。对于酒店企业来说，广义的竞争者是多方面的，凡是与酒店企业之间存在利益争夺关系的其他经济主体都可能成为酒店的竞争者，如酒店上游的供应商和下游的旅行社；狭义的竞争者是指所提供的产品和服务与酒店企业类似且所服务的目标顾客也与之相似的其他企业。

菲利普·科特勒认为，竞争者可以分为四种类型：一是愿望竞争者；二是平行竞争者；三是产品形式竞争者；四是品牌竞争者。

愿望竞争者是指提供不同产品和服务以满足消费者的各种不同需求，与酒店企业争夺同一顾客购买力的所有其他企业。例如，一个消费者花费1万元旅游，他就要在食、住、行、游、购、娱等方面进行消费分配，这时酒店提供的产品和服务与旅游交通、旅游购物、游览观光、旅游娱乐等产品和服务之间就存在竞争关系，相关主体即成为酒店企业的愿望竞争者。

平行竞争者又叫作普通竞争者、类别竞争者或属类竞争者，是指提供不同种类的产品或以不同的方法满足相同购买者需求的竞争者，反映的是满足同一消费需求的不同产品之间的替代性。由于同样可以满足消费者食、住方面的需求，星级酒店与青年旅社、小餐馆、农家乐等企业之间就存在竞争关系，互为平行竞争者。

产品形式竞争者是指提供同种但不同型号的产品或标准不同的服务的竞争者。星级酒店中的一星级酒店、二星级酒店、三星级酒店、四星级酒店、五星级酒店就互为产品形式竞争者。

品牌竞争者是指提供同种产品和服务但品牌不同，以满足购买者的某种愿望的竞争者。例如，同是五星级酒店，香格里拉、富丽华、万豪、凯悦、希尔顿互为品牌竞争者；再如，同是经济型酒店，如家、汉庭、速8、宜必思、锦江、7天互为品牌竞争者。

对于酒店企业来说，产品形式竞争者、品牌竞争者属于同行业的竞争者，也是与酒店企业竞争得最直接、最激烈的，是酒店企业分析研究微观环境时必须密切注意的竞争者。

五、社会公众

社会公众是指对酒店企业实现其市场营销目标的能力有实际或潜在的利害关系或影响力的团体或个人。酒店企业所面临的社会公众主要有以下七种。

1. 金融公众

金融公众是指影响酒店企业获取资金能力的金融机构或个人，如银行、投资公司、证券经纪公司、保险公司、股东等。金融公众与金融中介最大的区别就是金融中介直接为酒店企业提供融通资金、保险、IPO 等服务，而金融公众的范围大得多，所有能够影响酒店企业获取资金能力的金融机构或个人都是金融公众，包括股东。

2. 媒介公众

媒介公众是指传递新闻、特写等的公众，包括报社、杂志社、广播电台、电视台等大众传播媒介，它们对酒店企业的形象和声誉具有重大影响。

3. 政府公众

政府公众是指负责管理酒店企业营销活动的有关政府机构。酒店企业在制订营销计划时，应充分考虑政府的政策，遵守政府制定的有关法规和条例。

4. 社团公众

社团公众又称为民间公众，是指保护消费者权益的组织、环保组织及其他群众团体等。酒店企业的营销部门或公共关系部门必须密切注意并及时处理来自社团公众的意见。

5. 社区公众

社区公众又叫作地方公众，是指酒店企业所在地附近的居民和社区团体。和社区公众保持良好的关系，尽可能为社区的发展做出贡献，有助于酒店企业收获社区居民和社区团体的好评，树立良好的企业形象，促进酒店企业市场营销活动的顺利开展。

6. 一般公众

一般公众是指除上述各种公众之外的社会公众。一般公众虽然不会有组织地对酒店企业采取行动，但企业形象会影响他们的消费行为。

7. 内部公众

内部公众是指企业内部的公众，包括董事会成员、经理、企业职工。

以上所有社会公众均对酒店企业的市场营销活动有着直接或间接的影响，处理好与广大公众的关系是酒店企业营销管理中一项极其重要的工作。

六、企业自身

企业自身包括市场营销管理部门、其他职能部门和最高管理层。酒店企业要开展市场营销活动，必须依赖于各部门的配合和支持，即必须开展接待、餐饮、住宿、财务、市场营销、安全保卫、工程维护、人力资源等业务活动。

酒店内部各个部门之间的协作是否默契直接关系酒店市场营销活动能否顺利开展。市场营销管理部门必须与酒店最高管理层及各个职能部门紧密合作，营销决策必须与最高管理层的战略和计划保持一致，同时各个部门必须加强联系、沟通和协调。只有这样，酒店企业的市场营销活动才能成功。

第三节　酒店市场营销宏观环境

酒店市场营销宏观环境又叫作间接营销环境，是指酒店企业运营的外部大环境，是指通过影响微观环境来影响酒店企业营销能力和效率的一系列巨大的社会力量，包括政治、法律环境，经济环境，社会文化环境，人口环境，科学技术环境和自然环境等，如图 2-4 所示。

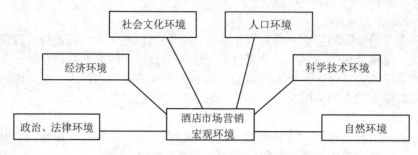

图 2-4　酒店市场营销宏观环境的构成要素

宏观环境对于酒店企业来说，既不可控制，又不可影响，它对酒店企业市场营销活动具有十分重要的影响。宏观环境既可能给酒店企业提供发展机遇，也可能给酒店企业的发展造成威胁，酒店企业必须根据宏观环境的变化趋势制订自己的营销计划与营销策略，以实现市场营销目的。

一、政治、法律环境

政治与法律是影响酒店企业市场营销活动的重要的宏观环境因素，在任何社会制度下，酒店企业的市场营销活动都会受到政治、法律环境的限制与约束。政治调节酒店企业市场营销活动的方向，法律则规定酒店企业市场营销活动及其行为的准则，政治与法律相互联系，共同影响酒店企业的市场营销活动。

1. 政治环境

政治环境是指酒店企业市场营销活动的外部政治形势和状况以及国家的方针和政策，分为国内政治环境和国际政治环境，包括政治体制、政党制度、方针与政策、政策的稳定性、政府的廉洁与效率、国际关系等。

国内政局稳定可以为酒店企业顺利开展市场营销活动提供环境保障，政局动荡必然导致酒店的市场营销活动面临较大的风险。例如，受中东战争、两伊战争、海湾战争、伊拉克战争、塔利班恐怖分子和叙利亚局势动荡等政治因素的影响，中东大部分地区的旅游业和酒店接待状况起伏不定；2001 年的"9·11"恐怖袭击事件、2022 年的俄乌冲突等事件都对当地的旅游业和酒店接待造成了较大的影响，为了恢复到事件发生前的水平，当地酒店企业在市场营销活动上付出了巨大的努力。

【阅读链接 2-3】　　　明知"黄金周"旅游又贵又累，为何大家还趋之若鹜

2. 法律环境

法律环境是指国家或地方政府颁布的对参与酒店接待市场交易的法律主体所应享有的权利和承担的义务加以规范的法律、法规、法令和条例等，对酒店市场消费需求的形成和满足具有不可忽视的调节作用。这些法律或规定都是在酒店企业的控制范围之外的。

【阅读链接2-4】　　　　　　　电竞酒店亟待监管

二、经济环境

经济环境是指影响消费者的购买力和消费方式、酒店企业的市场营销方式与规模的经济因素，主要包括经济收入、消费结构、经济发展状况、货币汇率等。

1. 经济收入

（1）宏观经济收入。宏观经济收入的主要指标为国内生产总值。国内生产总值（gross domestic product，GDP）是一个按市场价格计算的，反映在一定时期内（如一年、一季），一个国家或地区常住单位生产活动最终成果的总量指标，即一个国家或地区在某一时期内生产的，按市场价格核算的最终产品（包括有形产品与无形服务）的市场价值的总和。

从酒店企业市场营销的角度来说，一个国家的GDP可以反映该国市场总需求的规模。一般情况下，一个国家的GDP越高，其市场总需求的规模越大，市场越活跃，无论是个人还是组织，因公和因私出游的人次越多，用于酒店消费的支出就越多。当然，与GDP相比，人均GDP更能反映一个国家或地区的需求强度。

（2）个人收入。个人收入是指一个国家的所有个人、家庭和私人非营利性机构，在一定时期内（通常是一年）从各种来源所得到的全部收入，包括工资、福利、退休金、利息、租金、利润、社会保险、赠予等所有现金收入和实物收入。

消费者的购买力取决于个人收入，但并不是每个消费者都把全部收入用来消费，因而个人收入只是反映购买力高低的一个重要指标，个人可支配收入才是影响消费者购买力的决定性因素。个人可支配收入是指在个人收入中扣除社会保险金和个人所得税负担后所得的余额，它构成消费者的实际购买力，可以分为消费和储蓄两个部分（个人投资是由储蓄转化而来的）。

可任意支配收入是指在个人可支配收入中扣除衣、食、住、行等生活必需消费支出后，可以自由支配的收入，通常用于购买耐用消费品、奢侈品、储蓄、投资、旅游等非生活必需品，是消费需求最活跃的影响因素，因而是酒店企业开展市场营销活动所要考虑的主要内容。

2. 消费结构

消费结构是指总消费中用于购买各种产品和服务的支出占总支出的比例。微观消费结构是指消费者个人或家庭总消费中用于购买各种产品和服务的支出占总支出的比例；宏观消费结构是指一个国家或地区居民总消费中用于购买各种产品和服务的支出占总支出的比例。

德国统计学家恩格尔根据经验数据提出了恩格尔定律，即一个家庭的收入越少，家庭收入或家庭总支出中用来购买食物的支出所占的比例越大，随着家庭收入的增多，家庭收入或家庭支出中用来购买食物的支出的占比将逐渐下降。

恩格尔系数是根据恩格尔定律计算得出的,可以用来衡量宏观(国家或地区)或微观(家庭)的富裕程度,其计算公式为

$$恩格尔系数 = \frac{食物支出金额}{总支出金额} \times 100\%$$

只有在恩格尔系数足够小,家庭有能力购买生活必需品以外的娱乐产品、耐用品甚至奢侈品时,人们才会选择旅游消费(含酒店消费)。

【阅读链接 2-5】　　全球 22 国恩格尔系数一览:中国已成富裕国家

3. 经济发展状况

酒店企业的市场营销活动会受到国家或地区的宏观经济发展状况的制约。经济发展水平不同,居民的收入不同,顾客对酒店产品和服务的需求不同,从而在一定程度上影响酒店企业的市场营销活动。一般情况下,针对经济发展水平较高地区的消费者开展市场营销活动,更偏向于品质竞争,而不是价格竞争。

宏观经济发展状况还会影响酒店企业和消费者的预期。当宏观经济发展比较健康、经济增长比较稳定而持续时,消费者预期比较乐观,用于旅游消费的支出就会增加,用于酒店消费的支出也相应地增加,在相同预期下酒店企业则会加大营销投入的力度,提供更多的产品和服务或者提供质量更高的产品和服务。当宏观经济发展状况较差时,酒店企业和消费者的预期则比较悲观,消费者的支出会减少,酒店企业则倾向于提供更加有针对性的、符合消费者个性化需求的产品和服务,同时开展有针对性的市场营销活动。

【阅读链接 2-6】　　开夜市、卖酱货,商务酒店做起社区生意

4. 货币汇率

货币汇率反映了不同国家货币之间的比价,对国际旅游需求的变化有重要的影响,同时对于接待入境旅游者的涉外酒店有较大的影响。

在以本国货币标示的价格未变的情况下,汇率变动会导致以外币计算价格的上升或下降,进而影响国际游客对于酒店产品和服务的需求。汇率的变化不会直接影响一国涉外酒店的顾客需求,但是会影响国际游客需求在不同国家涉外酒店之间的分配。

【阅读链接 2-7】　　　　　　海外市场成亮点

三、社会文化环境

在酒店企业所处宏观环境中，社会文化环境比较特殊，它不像其他环境因素那样显而易见、易于理解，却又无时无刻不在深刻影响着酒店的市场营销活动，无视社会文化环境的市场营销活动必然会陷入被动甚至归于失败。社会文化环境主要包括家庭结构、社会阶层、宗教信仰与相关群体等。

1. 家庭结构

家庭是社会的一个基本单元，是消费的基本单位，影响或决定家庭成员的大部分决定。家庭结构有两种形式：核心家庭与扩大家庭。核心家庭包括父母和未婚的子女；扩大家庭常常几代同堂，家庭规模较大。家庭结构的区别主要是由经济原因造成的，国家越穷，家庭规模越大。

购买者的家庭成员，尤其是配偶和子女对购买者购买行为的影响最强烈、最直接。例如，孩子非常渴望去迪士尼乐园玩，那么这个家庭就会考虑在条件允许时带孩子去迪士尼乐园游玩（距离较远的消费者就有可能选择在迪士尼乐园附近的酒店住宿）。

2. 社会阶层

社会阶层是根据消费者个人或家庭具有的相似的价值观、生活方式、职业、收入水平、受教育程度等所划分出的一种相对稳定的社会圈子。

社会阶层是购买力的一种社会表现，同一社会阶层的人基本上具有相似的购买力和购买行为。人们通常购买某些具有地位标志的商品来表明自身的社会地位，如出行选择商务舱或头等舱、入住五星级酒店。不同社会阶层的人往往具有不同的价值观和生活方式，因而具有不同的购买力和购买行为。在某些情况下，社会阶层甚至比购买力更能决定消费者购买商品的质量和金额。因此，酒店市场营销人员有必要明确本酒店所提供的产品或服务是否有变成某种地位标志的可能性，以便有针对性地采取相应的市场营销策略。

3. 宗教信仰

世界上许多国家和民族都有自己的宗教信仰，宗教信仰直接影响消费者的生活习惯和消费行为。宗教的发源地是信徒朝拜的圣地，从而成为宗教旅游的重要目的地。大量信徒和旅游者的涌入会给目的地的接待住宿业带来发展的机遇和巨大的接待压力，对于当地酒店企业的市场营销活动产生重要的影响。

4. 相关群体

相关群体是指能够影响消费者的态度、消费行为和价值观念等的群体，如亲戚、朋友、同学、同事、邻居等。

受羊群效应、示范效应、攀比心理、从众心理等的影响，消费者在与相关群体的接触、交往过程中，会潜移默化地影响他人或受他人影响，从而逐渐成为相关群体效仿的对象或将相关群体的规范和行为作为自己的行为准绳，最终形成一致的消费需求特征。

除家庭结构、社会阶层、宗教信仰与相关群体等因素的影响之外，一个国家或地区的社会教育水平与个人受教育程度、语言文字、民风民俗、价值观念等因素也会对消费者的消费行为和酒店企业的市场营销活动产生影响。

不同的社会文化环境会使消费者的消费行为和消费方式产生较大的差异，形成不同的喜好与禁忌，这就要求酒店企业在针对不同的目标市场开展市场营销活动时，必须认真分析潜在消费者所处的社会文化环境，从而开展有针对性的市场营销活动，满足目标顾客的需求和欲望。

四、人口环境

人口的多少直接决定着市场潜在容量的大小，人口越多，市场规模就越大。年龄结构、地理分布、婚姻状况、出生率、死亡率、密度、流动性以及文化程度等人口统计特征都会对市场规模产生深刻影响并直接影响酒店企业的市场营销活动。

对酒店企业而言，影响其市场营销活动的人口环境主要包括人口总量、人口结构与人口分布。

（一）人口总量

在其他条件一定的情况下，人口的多少决定着市场容量，即人口总量与市场容量、消费需求成正比。二战结束时，世界人口仅25亿，2017年已达75亿，庞大的人口基数使得消费剧增，旅游者绝对数大幅度增加，人们用于酒店的消费支出也不断上升。

在收入水平接近的情况下，人口总量就是决定需求总量的关键因素，人口总量越大，因公或因私出行的人越多，需要酒店提供住宿和餐饮等产品和服务的消费者越多；反之，酒店消费则比较少。但是，如果经济发展水平不同，则不能进行此类比较，经济发展水平比较低的国家和地区对于酒店产品和服务的消费需求低于经济发展水平比较高的国家和地区。

（二）人口结构

人口结构是指不同特征的人口数量占人口总量的比例。对于酒店市场营销来说，主要的人口结构因素包括年龄结构、性别结构和职业结构。

1. 年龄结构

年龄结构是指各年龄段人口数量占人口总量的比例。对于酒店企业来说，其接待的顾客以成年人为主，一部分未成年人不需要占床位，消费率太低。另外，未成年人的数量也比较少，不是市场主流，也不可能成为酒店的目标顾客。不同年龄段的消费者具有不同的消费特征，这就需要酒店市场营销人员在定位目标市场的前提下，根据目标顾客的年龄结构特征采取针对性营销措施。

根据《第七次全国人口普查公报（第五号）》，2020年11月1日零时我国60岁及以上人口为2.64亿，占总人口的18.7%，其中65岁及以上人口为1.91亿，占总人口的13.5%[①]，老龄化情况日益严重。

---

① 第七次全国人口普查公报（第五号）[EB/OL]．（2021-05-11）．[2023-11-29]. http://www.stats.gov.cn/sj/tjgb/rkpcgb/qgrkpcgb/ 202302/t20230206_1902005.html.

【阅读链接 2-8】　　　　　酒店如何打动银发客群

2. 性别结构

性别结构是指酒店接待顾客中不同性别顾客各自所占的比例及数量。受到生理、心理、家庭角色等因素的影响，不同性别的顾客在购买决策中会表现出一定的差异性。通常认为，男性顾客的购买行为更为理性，目的性更加明确，购买过程中更为自信，但缺乏耐性，被动性购买偏多；而女性顾客则更倾向于主动发起购买行为，更有耐性，更注重产品和服务的利益和实用价值，购买目标相对模糊，更易受到环境因素的影响，从而产生冲动性消费。

3. 职业结构

职业不同的消费者，出行的频率不同，需要的酒店产品和服务不同，购买能力也不同。例如，企业市场营销人员出差的可能性明显高于教师、技术人员、农民等。另外，不同的职业意味着不同的经济收入水平和支付能力，出游意愿也会不同。酒店企业的市场营销活动应该针对不同的职业群体的消费能力和消费特征采用相应的营销措施。

（三）人口分布

人口分布是指人口的城乡差异。受文化背景、经济收入等的影响，城乡居民的消费行为存在着较大的差异。

城市居民相对受教育程度较高，思想比较开放，接收的信息量大，对于新生事物一般持积极、开放的态度，消费观念比较超前，而农村居民消费观念比较保守，接受新生事物的速度一般慢一些。酒店企业需要注意消费行为的城乡差别，并相应地调整营销策略。

五、科学技术环境

"科技是第一生产力"，作为市场营销环境的一部分，科学技术环境不仅直接影响酒店企业的内部运营，还与其他环境因素相互作用，与经济环境、社会文化环境的关系更为紧密，给酒店市场营销带来了机遇和挑战。

科学技术的进步可以使企业通过新的生产方法、生产工艺或者新材料，生产出质量、性能更高的产品或全新的产品，从而提高竞争能力，同时为酒店企业的市场营销提供了先进的技术手段，如酒店信息管理系统、中央预订系统、顾客数据库系统的应用等，有助于酒店企业提高经营效率、降低经营成本，从而提高综合效益。

新技术的出现也使酒店企业面临挑战。通常情况下，科学技术进步会使社会对产品和服务的需求发生重大变化，对产品和服务的需求量与科技发展水平成正相关，即科技发展水平越高，对酒店产品和服务的消费需求量就越大。基于高新技术的电子商务的发展使得酒店企业面临一个共同的挑战——市场的全面开放，借助网络，信息的容量和传递速度以几何级数递增，不断地消除酒店内部各部门、不同酒店企业之间的界限，甚至是不同国家之间的界限，迫使酒店企业不得不面对来自全球的竞争和挑战。在此背景下，网络预订、虚拟客房、遥感技术与 360°全景虚拟漫游等高新技术在酒店的运用越来越广泛。同时，人工智能（AI）、云计算、大数据以及支付宝、微信、云闪付等电子支付方式逐渐普及。

【阅读链接 2-9】　　　　　　智能酒店好玩，更要好住

六、自然环境

　　自然环境是指自然形成的各种因素——阳光、水、空气、土壤、岩石、植物、动物等的综合，是人类和其他一切生物赖以生存和发展的物质基础。人与自然环境相互依存、相互影响，共同构建了自然界的生态平衡。

　　自然生态是脆弱的，随着消费者对环境保护越来越关注，酒店企业在其日常经营和市场营销活动中也需要密切注意自然环境问题。例如，在建设和日常运营中采用无污染或少污染的设施设备，以减少对生态环境的破坏；加强对员工的环境保护教育，倡导节约用水、不随意使用一次性物品等。

　　在当今越来越关注生态保护与可持续发展的社会环境下，即使酒店不是以绿色酒店为主题，也应该努力承担保护环境的社会责任，建设环境友好型酒店，在顾客心目中树立良好形象，从而提高酒店竞争力。

【阅读链接 2-10】　　　　　　国内"零碳酒店"启动

第四节　酒店市场营销环境分析

　　在了解酒店市场营销环境及其构成要素的基础上，企业需要采取一定的方法分析市场营销环境，从而制定有针对性的市场营销战略。对于酒店市场营销环境的分析，通常采取以下两种方法：一种就是逐一分析酒店市场营销微观环境和宏观环境的要素，然后综合形成酒店市场营销环境分析报告和结论。另一种就是采用专门模型或分析方法，常用的有波特五力分析模型、PEST 分析和 SWOT 分析。其中，波特五力分析模型是分析酒店市场营销微观环境的常用方法；PEST 分析是分析酒店市场营销宏观环境的常用方法；SWOT 分析则是综合分析微观与宏观环境的常用方法。

一、波特五力分析模型①

波特五力分析模型（Michael Porter's Five Forces Model）又称波特竞争力模型、波特五力分析法，由哈佛大学教授迈克尔·波特（Michael Porter）于20世纪80年代初提出，主要用于行业（产业）内竞争环境和竞争强度的分析，对企业战略制定产生了全球性的深远影响。波特五力分析模型将大量不同的因素汇集在一个简便的模型中，可以用于分析一个酒店的基本竞争态势。

"五力"是指影响行业内竞争的五种力量，分别是供应商的讨价还价能力、顾客的讨价还价能力、潜在竞争者的进入能力、替代品的替代能力、同业竞争者的竞争程度（见图2-5）。这五种力量反映出这样一个事实：酒店行业的竞争大大超出了现有参与者的范围，顾客、供应商、替代品和潜在竞争者都是酒店的竞争对手（营销中介和社会公众虽然会对行业竞争产生正面或负面的影响，但不属于五力分析的研究范畴），这种广义的竞争可以称为"拓展竞争"。

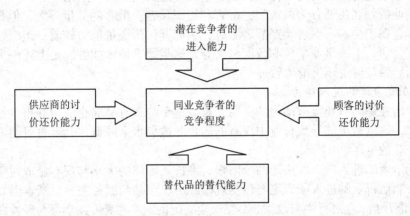

图2-5　波特五力分析模型

这五种力量的不同组合变化决定了酒店行业的竞争强度并最终影响行业利润率，最强的一种或几种力量占据着统治地位，并且从战略形成的观点来看起着关键性作用。假设一个酒店不受潜在竞争者的威胁并处于很高的市场地位，若它面临一个先进的、低成本的替代品，则该酒店只能获得比较低的收益；即便没有替代品出现，也不存在潜在竞争者的威胁，现有竞争者的激烈竞争也将限制其潜在收益。

1. 供应商的讨价还价能力

供应商主要通过提高投入要素价格与降低单位价值质量的能力来影响酒店企业的盈利能力与服务竞争力。供应商讨价还价能力的强弱主要取决于它们提供给酒店的投入要素，当供应商所提供投入要素的价格占酒店产品与服务总成本的较大比例、对酒店产品生产过程非常重要，或者严重影响酒店产品与服务的质量时，供应商对于酒店的潜在的讨价还价能力就大大增强。

一般来说，满足如下条件的供应商具有比较强的讨价还价能力。

➤ 供应商所在行业被一些具有比较稳固的市场地位而不受市场激烈竞争困扰的企业所控制，其产品的买主很多，以至于每一个单独买主都不可能成为供应商的重要客户。

---

① 波特. 竞争战略[M]. 陈小悦，译. 北京：华夏出版社，1997：2-28.

> 不同供应商的产品各具特色,以至于买主难以转换或转换成本太高,或者很难找到可与原供应商产品相竞争的替代品。
> 供应商能够方便地实现前向联合或一体化,而买主难以实现后向联合或一体化。

酒店企业的供应商向酒店提供的产品以布草、备品、菜品原材料等为主,大多属于低值易耗类,相比于酒店产品和服务的价值,成本普遍较低,不满足上述三个条件中的任何一个,导致酒店供应商的讨价还价能力相对较弱。

2. 顾客的讨价还价能力

顾客主要通过压价与要求提供较高的产品或服务质量的能力来影响酒店企业的盈利能力。一般来说,满足如下条件的顾客可能具有较强的讨价还价能力。

> 顾客的总数较少而每个顾客的购买量较大,占了卖方销售量的很大比例。
> 卖方行业由大量相对来说规模较小的企业所组成。
> 顾客所购买的基本上是一种标准化产品,同时向多个卖主购买产品在经济上完全可行。
> 顾客有能力实现后向一体化,而卖主不可能实现前向一体化。

酒店企业的顾客主要分为两大类:散客和组织顾客。散客的数量很大,但每个顾客的购买量很小,偶尔会购买酒店类产品和服务,因而其讨价还价能力较弱;组织顾客包括旅行社、航空公司、工商事业单位和政府机关等,这类顾客通常能够满足上述一个甚至多个条件,从而导致其讨价还价能力较强。

3. 潜在竞争者的进入能力

新建酒店在提高行业接待能力的同时,难以避免与现有酒店企业争夺市场份额以期赢得一席之地,这就有可能导致行业中现有酒店企业盈利水平降低,甚至有可能危及行业内现有酒店企业的生存。

潜在竞争者的进入能力取决于两个因素,即进入障碍的大小与现有企业对于进入者的反应情况。酒店行业的进入障碍主要包括规模经济、产品与服务差异、资本需要、转换成本、销售渠道开拓、政府行为与政策、不受规模支配的成本劣势(如学习与经验曲线效应)、地理环境等;现有企业对进入者的反应情况,主要是指现有企业采取报复行动的可能性大小,取决于有关酒店的财力情况、报复记录、固定资产规模、行业增长速度等。

新酒店企业进入可能性的大小取决于其对于进入行业后所能带来的预期利益、所需花费的代价与所要承担的风险的主观估计与比较。

4. 替代品的替代能力

两个处于相同行业或不同行业中的企业可能会由于所生产的产品互为替代品,从而产生相互竞争行为。对于酒店企业来说,能够提供替代品的企业是指所有能够提供餐饮与住宿接待服务的企业,如酒楼、餐馆、酒吧、家庭旅馆、农家乐等。

源于替代品的竞争会以各种形式影响行业中现有企业的竞争战略。首先,现有酒店企业门市价以及获利潜力的提高将由于存在能被顾客接受的替代品而受到限制;其次,替代品生产者的入侵使得现有酒店企业必须提高产品与服务的质量,或者通过降低成本来降低价格,或者使其产品与服务更具特色,否则其出租率将难以提高,其利润增长目标就有可能无法完成;最后,源于替代品生产者的竞争强度受顾客转换成本高低的影响,替代品的价格越低、质量越好,用户的转换成本越低,竞争强度越大。

5. 同业竞争者的竞争程度

行业中大部分企业的利益是紧密联系在一起的,而各企业的竞争战略目标都是获得相对于竞争对手的优势,所以在实施中必然会产生冲突与对抗现象,这些冲突与对抗就构成了现有企业之间的竞争。这种竞争常常表现在价格、广告、产品介绍、售后服务等方面,竞争强度与许多因素有关。

一般来说，出现下述情况意味着行业中现有企业之间竞争加剧：行业进入障碍较小，势均力敌的竞争者较多，竞争参与者范围广泛；市场趋于成熟，需求增长缓慢；竞争者企图采用降价等手段促销；竞争者提供几乎相同的产品或服务，用户转换成本很低；一个战略行动如果取得成功，其收入相当可观；行业外部实力强大的公司在接收了行业中实力薄弱的企业后发起进攻性行动，结果使得刚被接收的企业成为市场的主要竞争者；退出障碍较大，即退出竞争的代价比继续参与竞争更高，这里的退出障碍主要受经济、战略、感情以及社会政治关系等的影响，具体包括资产的专用性、退出的固定费用、战略上的相互牵制、情绪上的难以接受、政府和社会的各种限制等。

酒店行业普遍存在进入障碍小而退出障碍较大、产品或服务同质化严重且易于模仿、用户转换成本很低、降价促销是主要促销手段之一等现象，从而导致同类型、同档次酒店企业间的竞争十分激烈，即使是不同类型、不同档次的酒店之间也存在一定的竞争。

根据上面对于五种竞争力量的讨论，酒店企业可以采取的措施是，尽可能地将自身的经营与竞争力量隔绝开，努力从自身利益需要出发影响行业竞争规则、先占领有利的市场地位再发起进攻性竞争行动，这样才能巩固自己的市场地位，提高竞争实力。

【阅读链接 2-11】　　三亚湾红树林度假世界的五力分析模型

二、PEST 分析

PEST 常用于分析酒店市场营销的宏观环境，即分析宏观环境中的政治、法律环境，经济环境，社会文化环境，人口环境，科学技术环境，具体内容详见本章第三节的相关内容。

在 PEST 分析的基础上还有一些变形，如 SLEPT 分析（sociological、legal、economic、political、technological，社会、法律、经济、政治、技术）、SPENT 分析（sociological、political、economic、natural、technological，社会、政治、经济、自然、技术）等，它们都是针对宏观环境分析的，只是侧重点不同而已。

三、SWOT 分析

SWOT 分析也称为道斯矩阵、态势分析法，是市场营销中常用的一种基础性环境分析方法，它把企业内外环境所形成的优势（strengths）、劣势（weaknesses）、机会（opportunities）、威胁（threats，有人称之为风险）结合起来进行比较客观的分析，以制定适合企业自身内部条件与实际情况的营销战略。优势与劣势分析主要着眼于企业自身的情况及其与竞争对手的比较，而机会和威胁分析将注意力放在酒店外部环境的变化及其可能给酒店企业造成的影响上。

在充分分析酒店企业的优势、劣势、机会与威胁的基础上，需要把所有的内部因素（即优势和劣势）集中在一起，然后用外部的力量对这些因素进行评估，并制定相应的营销战略，即把分析所得出的所有优势分成两组，一组与宏观环境和行业中潜在的机会有关，另一组则与潜在的威胁有关；用同样的方法把所有的劣势分成两组，一组与机会有关，另一组与威胁有关，如图 2-6 所示。

宏观环境	企业内部	
	优势（strengths） 1. 2. 3.	劣势（weaknesses） 1. 2. 3.
机会（opportunities） 1. 2. 3.	SO 战略 利用优势和机会	WO 战略 改进劣势和利用机会
威胁（threats） 1. 2. 3.	ST 战略 利用优势和消除威胁	WT 战略 消除劣势和威胁

图 2-6　SWOT 分析与酒店战略

酒店进行 SWOT 分析时，首先关注的是企业自身，关注本酒店内部条件以及与竞争对手相比较的优势和劣势，然后分析环境中的机会和威胁。而事实上，酒店企业在制定竞争战略与策略时，首先应该关注的是市场和外部环境，然后分析企业自身，并根据企业的优势判断企业是否能够把握机会、是否能够规避环境威胁，由此 OTSW 分析（也称倒 SWOT 分析）也就产生了。

【阅读链接 2-12】　　三亚湾红树林度假世界 SWOT 和 PEST 分析

问题与讨论

1. 什么是酒店市场营销环境？
2. 请举例说明酒店市场营销环境的特点。
3. 酒店市场营销微观环境包括哪些要素？
4. 酒店市场营销宏观环境包括哪些要素？
5. 选择一家酒店为样本，分析其市场营销环境。
6. 酒店市场营销环境分析的波特五力分析模型、PEST 分析与 SWOT 分析分别指什么？如何运用？
7. 酒店市场营销环境分析的波特五力分析模型、PEST 分析与 SWOT 分析能否结合在一起运用？如何运用？试举例分析。

拓展阅读

1. 张显富. 天津H酒店网络营销策略分析[D]. 昆明：云南财经大学，2022.
2. 周翀燕. 高端度假型酒店市场营销环境分析：以杭州安缦法云酒店为例[J]. 商业经济，2017（12）：78-79.
3. 王浩，李卉妍. 三亚经济型酒店团购营销环境分析及策略研究[J]. 旅游纵览（下半月），2015（14）：78-80.
4. 褚俊洁. 天津世茂酒店营销策略优化研究[D]. 兰州：兰州理工大学，2022.
5. 王程. 三亚湾红树林度假世界发展分析[J]. 江苏商论，2022（5）：66-69.
6. 王舒伦. Y酒店营销策略优化研究[D]. 长春：吉林大学，2022.

课程思政

深学细研掀热潮　奋发有为正当时　　展现新时代精神风貌　提升酒店业服务质量

第三章 旅游购买行为分析

本章目标

通过本章学习,了解旅游购买行为的概念及类型;理解旅游购买行为分析的意义;理解旅游购买行为模型及旅游购买决策过程;理解个人旅游购买决策的参与者及其特征;掌握个人旅游购买行为的影响因素;理解组织机构购买者的概念及分类;理解组织机构购买决策的类型及其参与者;掌握组织机构旅游购买行为的影响因素,并能熟练运用理论分析现实中的旅游购买行为。

引入案例

酒店比租房更"香"吗[①]

近期,"这'届'年轻人把酒店住成了自己家"的话题很火,也让酒店的长租生意备受关注。尽管长租并非酒店业的新业务,但仍有不少业者认为这是酒店在疫情冲击下为扭转惨淡入住率开出的一剂良方。

年轻人"在酒店安家"真的是一种新消费趋势吗?

上周末,在如家商旅北京三元桥国展中心店的大堂,记者见到了长租在这家酒店的客人张女士,跟她同住的是其母亲和6个月大的孩子。"我太想念孩子了,所以选择了离单位很近的酒店住下,这样我可以一有空就回来照顾孩子。"张女士告诉记者。作为仍在哺乳期的母亲,这是她能想到的平衡工作和家庭的最优方案。

为什么选中端酒店而不选公寓或民居?"因为更安全、更舒适、更省心。"张女士回答。对于"选房",她相当谨慎,几乎把单位周边所有的住宅小区、公寓和酒店都考察了一遍,反复比较后,决定带着孩子和母亲入住这家酒店。让张女士感到满意的除了酒店的整体环境,客房的布局、采光、收纳空间以及齐全的洗衣、烘干设施,酒店自带的健身房也是打动她的因素。

"其实,单从价格上来看,长租酒店比租一个普通的公寓还是要贵一些。但是对于我而言,住酒店的性价比更高。"张女士私下算了一笔账,长租酒店省去了额外的清洁费、水电费、健身费,而且租金是一月一结,租时灵活,不用像租房那样"押一付三",也免去了遇到黑中介的麻烦。更关键的是,酒店的服务不仅规范,还很温暖,从店长到清洁房间的大姐都帮她照看过孩子,孩子在大家的呵护下成长得很快乐。

"现在有不少年轻人会感到孤独,特别是那些远离父母到别的城市打拼的'90后''00后',他们在生活中需要被照顾,很多时候,酒店的贴心服务让他们找到了一种归属感。"在分析为何年轻人愿意长租酒店时,一位业者如是说。

[①] 王玮,唐伯侬. 酒店长租生意究竟可以做多大[N]. 中国旅游报, 2022-08-11(5).

"外面突然下雨了,需要我们帮您把房间的窗户关上吗?晚上您回来时要是还下雨,我们打伞去路口接您。"一个工作日的下午,正准备开会的申先生收到了他长租的那家酒店的店长发来的微信,顿时觉得很温暖。

申先生在如家酒店·neo 山西长治八一广场紫金东街店已经住了将近一年。他的工作需要经常加班、频繁出差。帮他把热腾腾的早餐放在桌上,帮他在深夜打印和整理文件,帮他把出差的行李提前收拾好,将他的入住喜好提前告知另一个城市的首旅如家酒店,以方便他入住……申先生说自己已经习惯了被店长这样照顾着。

"目前,酒店长租客人主要为企业协议客人和较为年轻的散客。他们的年龄集中在 25~35 岁,女性占比偏高。这些客人对客房的清洁卫生、隐私安全有很高的要求。事实上,长租酒店的人群也有一部分是需要长时间在某地出差或参加培训的,对于他们来说,为了几个月的异地生活重新购买床上用品和生活必需品还不如住在酒店方便。"某酒店集团相关负责人在为酒店长租客人画像时总结道。

但是,在采访中,记者注意到,不愿意长租酒店的年轻人,除了价格原因,还有更值得关注的理由。

毕业后在北京工作已两年的孔先生告诉记者,住酒店虽然方便,但他还是愿意租一间公寓,不然总感觉自己是住店的客人,找不到"烟火气",更没有办法在休息的时候招待朋友到家里坐坐。

"短时间住酒店是没问题的,如到外地出差或是临时换工作却找不到合适的房子,但时间长了我还是接受不了,在酒店不能自己做饭是最大的问题。"从成都来到北京工作的周女士告诉记者。她觉得除了那些单位有食堂的人,否则想要长租酒店,就需要有一个可以天天吃外卖的"铁胃"。

记者注意到,如今受年轻人青睐的大多数是有限服务酒店,没有配套的厨房设施,也没有办法提供午、晚餐,能有电冰箱和微波炉就算不错了,开火做饭几乎是不可能实现的。另外,空间局促也是长租酒店的一个痛点,一家中端酒店的客房面积在 20~30 m^2,有一个不大的衣柜。如果是行李很多的人,就只能再在酒店附近租一个迷你仓库,将一部分行李打包放进去。

当然,所有的事物都有两面性,从行业的角度出发,业者更在意的是长租客人的这些消费需求能否让酒店在传统业务上有所突破。如果这项业务真的越做越好,那么坚称自己不是"酒店党"的那部分客人所提到的痛点,就需要酒店想办法解决。

"长租是一个比较大的赛道,值得酒店深入探索。把目光放长远、让市场更包容,帮助客人找到舒适度与价格的平衡,盘活闲置房间、优化租住模式,为市场的复苏与反弹做足准备,方是酒店该做的事。"北京联合大学旅游学院教授李柏文说。

提问:什么是旅游购买行为?旅游购买行为受哪些因素影响?本案例中涉及哪些影响旅游购买行为的因素?如果你是一家酒店的总经理,面对长租客会做何选择?应该如何吸引更多的长租客?

引入案例解析

第一节 旅游购买行为概述

一、旅游购买行为的概念、类型及其分析意义

(一)旅游购买行为的概念

旅游购买行为贯穿整个旅游过程,对于旅游者完成旅游活动、满足自身的各种需要具有重要的意义。可以说,如果没有旅游购买行为,旅游活动就无法开展。

所谓旅游购买行为,是指旅游购买者(包括个人购买者和组织机构购买者)做出购买决策,为了满足旅游活动中的各种需要,购买和使用旅游产品(含有形产品和无形服务),并通过与旅游产品和服务人员的互动体验完成整个旅游活动的行动过程。

这一概念包含如下四个方面的主要内容。

(1)旅游购买者,即旅游购买行为的实际执行者,包括两类主体:一类是个人购买者,也就是常说的旅游者,对于酒店来说,就是那些自费的顾客;另一类是以旅行社等企业为代表的组织机构购买者。

(2)旅游购买行为的消费对象为旅游产品。与一般意义上的普通产品不同,旅游产品是一个综合性概念,而不是单独的概念,是旅游者在旅游活动过程中为满足自身的各种需要所购买的有形产品与无形服务的总和,即食、住、行、游、购、娱及其他产品和服务的综合。

(3)旅游购买行为的完成涉及旅游互动或旅游体验。近年来风靡全球的各大主题公园以及主题酒店都是为顾客提供旅游体验、完成旅游互动的成功典范,如美国奥兰多、日本东京、法国巴黎、我国上海的迪士尼乐园,又如西班牙萨鲁的冒险家乐园、加拿大的奇幻乐园、德国鲁斯特的欧洲主题乐园、我国香港的海洋公园等,这些主题公园通过各种环境设计和旅游互动使不同旅游者得到各自所期望的或者远超预期的体验,刺激旅游者的购买行为和再次购买行为。

【阅读链接 3-1】　　　　花式露营热度高　酒店微度假受欢迎

(4)旅游购买行为满足的是高层次的精神需求。相对于日常消费品来说,旅游消费产品具有内涵丰富、档次较高和非生活必需品的特点,通过旅游购买行为,旅游者可以放松身心、陶冶情操、增长见闻、开阔视野,这些都说明了旅游购买行为的高层次性。

(二)旅游购买行为的类型

在现实的购买活动中,受个人、家庭、文化、社会、经济、环境等多种因素的影响,旅游购买者会表现出各种不同类型的旅游购买行为。

根据旅游购买者购买目标的确定程度，可以将旅游购买行为分为确定型旅游购买行为、半确定型旅游购买行为和不确定型旅游购买行为三种类型。

1. 确定型旅游购买行为

确定型旅游购买行为是指在购买之前，旅游购买者对于准备购买的旅游产品有明确的目标和具体的要求，在实际选择旅游产品时，不会花费太多的时间去比较和选择，营销人员的介绍、推荐、促销一般不会对这类旅游购买者产生影响。

确定型旅游购买行为中，所购买的产品通常是价格适中的、消费者经常购买的旅游产品。有时候，某些特定因素的影响也会导致确定型购买行为的产生。例如，对于利用假期亲子游的家庭来说，如果孩子由于某种原因非要到北京旅游，参观天安门、故宫、长城等景点，在这种情况下，该家庭对目的地和景区景点的选择就属于确定型旅游购买行为。

对于确定型旅游购买行为，营销人员应在保证旅游产品品质优良、服务质量良好与产品价格稳定的情况下，重点在产品特色与促销方面做文章，比如对于大量购买或者提前足够长时间预订的消费者给予一定的价格折扣或赠送小礼品、自费项目，以此稳定和吸引更多的旅游购买者。

2. 半确定型旅游购买行为

半确定型旅游购买行为是指在购买之前，旅游购买者对于准备购买的旅游产品没有比较明确的目标和要求，但是有大致的购买意向，在实际选择旅游产品时，需要花费一定的时间进行比较和选择，营销人员的介绍、推荐、促销会对这类旅游购买者产生较大的影响。

半确定型旅游购买行为中，旅游购买者需要搜集各方面的信息，辅助决策，以此降低购买风险。例如，一对新婚夫妇准备到欧洲进行蜜月旅游，欧洲旅游产品对于这对夫妇来说属于较为昂贵的产品，而且由于语言不通，他们不可能自由行，只能跟团旅游。在这种情况下，他们需要通过网络或者实地走访旅行社，搜集欧洲旅游产品的价格、线路设计、时间安排以及旅行社的信誉等信息，从中选择合适的产品，这种购买行为就属于半确定型旅游购买行为。

对于半确定型旅游购买行为，旅游营销人员应在保证旅游产品品质、服务质量的情况下，设计沟通方案，注重与旅游购买者之间的沟通，通过沟通强化旅游购买者对产品的认知，进而增强旅游购买者的购买信心。对应半确定型旅游购买行为的旅游购买者是旅游企业和旅游目的地应该关注的重点对象，需要通过多种促销手段予以招徕。

3. 不确定型旅游购买行为

不确定型旅游购买行为是指在购买之前，旅游购买者没有明确的购买目标和要求，购买行为具有随机性，他们可能在看了很多产品、咨询了很多人之后也不会购买，也有可能因为一次随机性推荐就直接购买产品。

例如，有一对新婚夫妇计划利用婚假出国度蜜月，但新郎是一名高校教师，其单位规定只能利用公共假期或者寒暑假出境旅游，夫妇二人的时间难以协调。于是，二人分别走访咨询了多家旅行社，了解各家产品的行程安排、出行日期、价格、签证安排等相关事宜，前后比较了月余也没能最终决定购买哪家的产品。一次偶然的机会，某旅行社向新娘推荐了泰国旅游线路产品，经过工作人员的一番介绍，新娘当场拍板下定，购买了"五一"期间五天往返的泰国旅游线路产品，这就是典型的不确定型旅游购买行为。

旅游购买者在购买价格较为昂贵且自己不太熟悉的旅游产品时，需要通过网络、App、广告、促销人员等渠道获取相关信息，在这种情况下，购买行为具有比较大的随机性，容易做出不确定型旅游购买行为。针对不确定型旅游购买行为，旅游企业和目的地营销机构需要充分利用科技手段和各种宣传渠道把旅游产品的真实信息传播出去，而旅游营销人员则需要掌握旅游购买者的心理特征，积极主动地做好宣传、推介与服务工作，吸引其购买。

(三)旅游购买行为分析的意义

1. 旅游购买行为分析是为了深刻认识市场

现代市场营销理论的基石是市场导向和客户导向,以实现消费者满意为目标。因此,了解旅游消费者的需要,分析其旅游购买行为,根据其利益诉求设计旅游产品,进而满足目标市场的需求,是旅游市场营销活动的出发点。

通过旅游购买行为分析,认识目标市场的需求、偏好、消费习惯、支付能力以及影响购买行为的因素等,进而选择合适的标准进行市场细分,定位合适的目标市场。在进行旅游购买行为分析的基础上,结合对企业自身资源、市场条件和市场发展趋势的分析,选择有利的市场机会,做出恰当的市场决策——深度挖掘已有产品的内涵或者开发更新换代产品。

2. 旅游购买行为分析是制定营销策略的基础

市场细分是制定大多数营销策略的基础。企业细分市场的目的是找到适合进入的目标市场,并根据目标市场的需求特点制定有针对性的营销方案,使目标市场消费者的独特需求得到更充分的满足。

旅游营销人员只有充分了解旅游购买行为的参与者及旅游购买行为的影响因素,才能制定有效的营销策略。同时,营销人员通过对购后行为的进一步分析,可以得到一些宝贵的反馈信息,从而进行旅游营销活动的修正,进而增强营销活动的针对性和实效性,如图 3-1 所示。

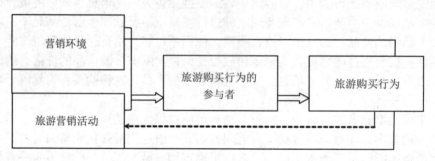

图 3-1 旅游购买行为分析与营销活动的关系

【阅读链接 3-2】 "十一"黄金周 本地与周边游是绝对主流

二、旅游购买行为模型

旅游购买行为模型是对旅游购买行为和过程的简单概括,是一种易于理解的、意义明确的、有组织的描述。它不仅列出了购买行为与购买行为的影响要素等系统关键要素,还表明了这些要素之间的互动关系。

多位学者都曾对旅游购买行为模型加以研究、应用和修正,此处仅介绍两种相对简化但比较著名且应用较为广泛的，即科特勒的行为选择模型和米德尔顿的"刺激—反应"购买行为模型。

（一）科特勒的行为选择模型

旅游营销组织与营销人员在制定营销策略之前，需要分析旅游购买行为，这样才能做到有的放矢。

在市场规模较小时，营销人员可以在日常销售行为中通过观察分析和研究旅游购买行为，但是，随着市场规模的日益扩大，营销决策者就逐渐失去了直接接触旅游者的机会，旅游购买行为分析不得不依赖于市场调研。

研究旅游购买行为，需要从六个方面入手，如表3-1所示。

表3-1 旅游购买行为的认识框架

项　目	内　容
旅游市场的构成	购买者与购买决策的参与者
旅游者购买什么	购买对象
旅游者为何购买	购买目的
怎么购买、买多少	购买行动
旅游者何时购买	购买时间
旅游者何地购买	购买地点

菲利普·科特勒认为，购买者的反应不仅会受到营销刺激的影响，还会受到外部刺激的影响。心理学研究成果显示，旅游购买行为的动机是一种内部心理活动，是一种看不见、摸不着的"黑箱"。科特勒的行为选择模型（见图3-2）就是建立在购买"黑箱"的基础上的，外部刺激因素经过购买"黑箱"后，表现为外在的旅游购买行为。

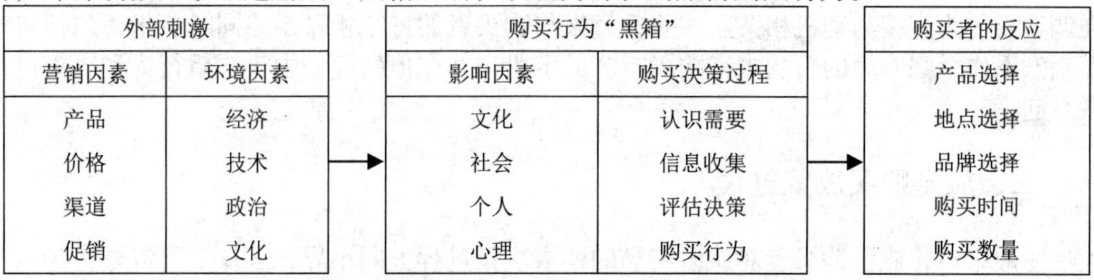

外部刺激		购买行为"黑箱"		购买者的反应
营销因素	环境因素	影响因素	购买决策过程	产品选择
产品	经济	文化	认识需要	地点选择
价格	技术	社会	信息收集	品牌选择
渠道	政治	个人	评估决策	购买时间
促销	文化	心理	购买行为	购买数量

图3-2 科特勒的行为选择模型

从科特勒的行为选择模型可以看出，具有潜在需求的旅游者首先受到营销因素和环境因素等外部刺激的影响，从而产生旅游购买意向，而不同的旅游者对于外界刺激会基于特定的影响因素和决策方式的不同，做出不同的购买行为。

上述分析表明，产生旅游购买行为的全过程，实际上就是旅游者在旅游企业营销的可控因素（产品、价格、渠道、促销）与不可控的外部因素（经济、技术、政治、文化）等外部刺激下，促使旅游者产生想要旅游的心理活动，并在旅游动机的支配下做出旅游决策的旅游购买行为反应。

（二）米德尔顿的"刺激—反应"购买行为模型[①]

米德尔顿（Middleton）在1988年提出了一个相对简化的旅游购买者行为模型，并将

---

① 匹赞姆，等. 旅游消费者行为研究[M]. 舒伯阳，等译. 大连：东北财经大学出版社，2005：15-16.

其命名为"刺激—反应"购买行为模型。该模型中有四个交互作用的组成部分，核心部分是"购买者特征与决策过程"。刺激输入和沟通渠道为输入因子，它们中的大部分都能被市场部经理掌控，产品、品牌、价格、经营商则代表着购买行为输出。在购买过程中，朋友、家人与参照群体的建议对消费者具有重要影响，如图 3-3 所示。研究表明，来自家人、朋友和同事的建议能够极大地影响购买决策（Wells & Gubar，1966）。

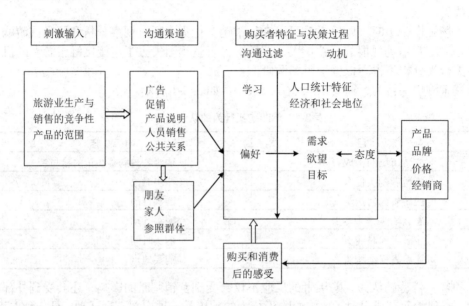

图 3-3 "刺激—反应"购买行为模型

米德尔顿将动机视为购买行为中弥合了感知需求和购买决策之间差距的动态过程。他强调购买行为直接与动机相关联，并反过来与购买者的特征相联系。同时，米德尔顿将产品满意看作最强有力的影响未来购买行为的手段，并在他的模型中将购后行为和决策过程联系起来。

三、旅游购买决策过程[①]

一般来讲，旅游购买者对旅游产品的购买决策过程大同小异，大体上可以划分为六个阶段，如图 3-4 所示。

（一）阶段一：意识到需要

旅游购买者在考虑外出旅游之前，首先需要唤起自己的潜在动机，或者说首先必须具备打算借助外出旅游缓解或消除身心紧张的心理意愿。

但是，即使有了外出旅游的意愿，缺少可用于外出旅游的闲暇时间、有某些其他类型的度假方式可供考虑等抑制性因素的存在也可能影响出游计划的制订。

在这一阶段，人们的出游计划通常还比较模糊，对于自己感兴趣的旅游目的地或旅游产品仅有一些有限的了解。

[①] 曲颖，李天元.旅游市场营销[M].2版.北京：中国人民大学出版社，2018：69-70.

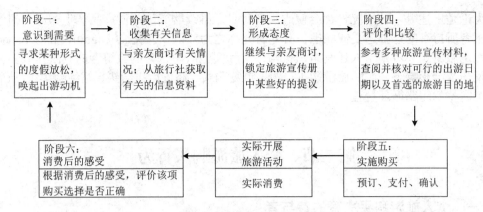

图 3-4 旅游购买决策过程

（二）阶段二：收集有关信息

在这一阶段，旅游购买者可通过对有关信息的收集，了解相关目的地有可能提供的产品和服务。由于可满足需要的旅游目的地可能有很多，因而信息收集工作可能涉及若干同类旅游目的地。

（三）阶段三：形成态度

旅游购买者对于自己所欲购买的旅游产品或所欲选择的旅游目的地持何种态度，既取决于从第二阶段中所获得的信息，也取决于该购买行为是属于高风险性购买行为还是属于低风险性购买行为。

通过咨询他人、核对信息、参考先前的经验等，旅游购买者要么强化自己对该购买行为的原有态度，要么改变对该购买行为的原有态度。

（四）阶段四：评价和比较

在这一阶段，旅游购买者会对可供选择的若干同类目的地或同类旅游产品进行详细的比较，从而做出自己的选择。

在这一过程中，购买者会以各种标准，如价格、便利程度、他人的推荐意见等选择旅游目的地或产品。只有到这一阶段，旅游购买者才会认真考虑某一旅游目的地或某一旅游产品所提供的利益是否能够满足自己的需要。如果两者匹配，旅游购买则进入实施阶段。

（五）阶段五：实施购买

在这一阶段，旅游购买者会落实对所选旅游产品的购买。

以购买某一包价旅游产品为例，旅游购买者会前去有关旅行社办理预订并支付所需费用。此后，旅游购买者会根据旅行社的要求，在距该旅行团发团之前的某一规定期限内，对自己所做的预订进行确认。

（六）阶段六：消费后的感受

一般来讲，如果旅游或度假的经历令人满意，旅游购买者日后很可能愿意再次购买该旅游产品。当然，旅游购买者日后也有可能不会继续购买该旅游产品，其原因一般涉及两种情况：一种情况是该次旅游或度假体验的实际情况与购买者的事先预期不相符；另一种情况是，虽然该次旅游或度假体验的实际情况与购买者的事先预期基本相符，但实际实施旅游行为的消费者可能认为，与此相比，其他某一同类产品更具吸引力。

无论是上述哪一种情况，都会使购买者对日后继续购买该旅游产品产生顾虑。对于旅游购买者所持有的这种感受或顾虑，有些研究称之为"认知冲突"（cognitive dissonance）。

无论旅游购买者是个人还是组织机构，实际实施旅游行为的旅游者的旅游体验与消费经验反馈都会影响下一次的旅游购买决策（重复购买、修订后再购买、拒绝购买），从而形成一个完整的闭路循环过程。

第二节　个人旅游购买行为

一、个人旅游购买决策的参与者

个人旅游购买决策的参与者包括以下五种。

（一）发起者

发起者（initiator）又称为提议者，其在旅游购买决策中通常负责提议发起一次旅游购买，大到对一次外出旅游产品的购买，小到对旅游活动中的交通、住宿、餐饮甚至是某一件旅游纪念品的购买。

发起者除发起购买提议之外，通常还是负责收集旅游信息的人。

（二）影响者

影响者（influencer）通常负责在旅游目的地、交通、住宿等方面提出建议，并帮助收集相关信息，其建议往往对旅游购买决策有一定的影响。

在某些情况下，旅游购买决策的影响者也是该决策的发起者。例如，孩子可能会说："爸爸、妈妈，如果这次期末考试我得到年级第一，你们就奖励我去上海迪士尼乐园玩，好吗？"此时，孩子既是发起者，又是影响者。另外，营销人员的介绍和网友写的旅游攻略也会影响旅游购买决策。

（三）决策者

决策者（policy maker）是最终做出购买决策的人，承担这一角色的人通常是家庭中的权威人物，并掌握家庭的财政大权。

（四）购买者

购买者（purchaser）是旅游购买决策的最终执行人，负责出面与相关旅游企业联络，办理预订等事宜，通常是家庭中时间相对比较充裕和自由的人或者体力比较好的人。购买者一般是负责为决策者跑腿儿的人。

（五）使用者

使用者（user）是旅游活动中外出旅游或度假的人，即旅游产品的实际消费者。

旅游购买决策的形成是一个极为复杂的过程，尤其是对以家庭为单位出游的情况，在购买前、购买中和购买后，每一个家庭成员都有可能同时扮演多个角色。例如，一个家庭准备在寒假出游，经过信息收集和分析、讨论，他们决定在上海迪士尼乐园和广州长隆旅游度假区之间做选择。此时，孩子可能是发起者和影响者，妈妈则可能是发起者、影响者和决策者,爸爸则可能是影响者和购买者,全家人都是使用者。另外,在形成决策过程中,亲戚、朋友、营销人员和网友都可能成为影响者。

二、个人旅游购买决策的特征

个人旅游购买行为非常复杂,其购买决策也具有比较鲜明的特征。

(一)个人旅游购买决策的目的性

消费者的旅游购买行为具有鲜明的目的性特征,旅游购买决策本身带有极强的目的性,即实现自己和(或)家人的一个或若干个目标(可能是娱乐、度假、康体、公务、朝圣、社交、修学、购物、享受等目标中的一个或几个)。

一旦旅游者确定了旅游购买决策的目标,就会围绕目标进行计划、选择、安排和执行,这就是旅游购买决策活动的目的性。

(二)个人旅游购买决策的过程性

旅游购买决策是旅游者在宏观营销环境与微观营销环境因素的刺激下,受个人、社会、文化、心理等因素的影响,产生需求,形成旅游动机,进而确定旅游购买目标,设计旅游购买行动计划或方案,付诸行动的过程,而购买后的旅游体验与消费经验反馈又会影响下一次的旅游购买决策(重复购买、修订后再购买、拒绝购买)。因此,旅游购买决策是一个完整的闭路循环过程。

(三)个人旅游购买决策的自主性

消费者的旅游购买决策通常是个体自主实现的。尽管营销环境与其他外部因素会对旅游者的购买行为产生很大的影响,但是只要旅游个体是具有完全民事行为能力的人,其旅游购买行为就是其主观需求与意愿的外在表现。

作为符合经济学假定的理性人,消费者的旅游购买决策就是由其个人单独、自主做出的。随着经济收入和消费水平的不断提高,旅游购买决策的自主性特征将越来越明显。

(四)个人旅游购买决策的复杂性

个人旅游购买决策的复杂性主要体现在以下三个方面。

1. 个人旅游购买决策内容的复杂性

个人旅游者在做出购买决策前,需要通过分析、对比,确定购买对象、购买目的、购买行动、购买时间、购买地点以及品牌、价格等内容。因此,旅游购买决策的内容是非常复杂的。

2. 个人旅游购买决策影响因素的复杂性

个人旅游购买决策会受到多种因素的影响,具体包括旅游者的个人因素(年龄、家庭生命周期、职业、健康状况、生活方式、个性与自我观念)、心理因素(动机、知觉、学习、信念与态度)、社会因素(社会阶层、相关群体、家庭、角色与地位)、文化因素(文化、亚文化)。这些影响因素相互作用,会对旅游购买决策的内容、方式及结果产生复杂的、不确定的影响。

3. 个人旅游购买决策过程的复杂性

个人旅游购买决策是大脑复杂思维活动的产物。旅游者在做决策时,不仅需要展开包括感觉、知觉、记忆等在内的一系列心理活动,还必须进行分析、计算、推理、判断等一系列复杂的思维活动，从而确定旅游购买决策的各项内容，分析各种影响因素，计算旅游购买行为的各项费用支出与可能带来的各种收益等。

（五）个人旅游购买决策的可变性

旅游购买决策的各种影响因素会随着时间、地点、环境的变化不断发生变化，因此旅游者在实施旅游购买行为的过程中，由于受到收入水平、购买习惯、消费心理、家庭环境等影响因素变化的影响，其旅游购买决策也会发生改变。

三、个人旅游购买行为的影响因素[①]

个人旅游购买行为会受到多种因素的影响，概括起来，包括旅游者的个人因素、心理因素和外部的社会因素、文化因素，如图 3-5 所示。

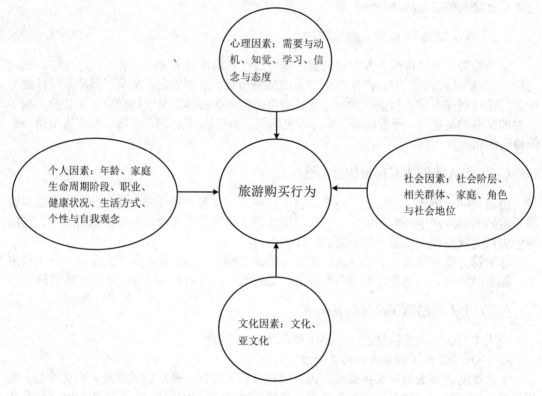

图 3-5 个人旅游购买行为的影响因素

（一）个人因素

旅游购买决策受个人因素的影响，具体包括年龄、家庭生命周期阶段、职业、健康状况、生活方式、个性与自我观念等。

1. 年龄

年龄的差异使不同旅游者在生理和心理状况、收入及购买经验等方面产生差别，因此不同旅游者对旅游产品种类、品牌的态度以及在旅游过程中的购买行为也会有很大的差别。但是，处于同一年龄阶段的旅游者，其购买行为一般会呈现出某一方面的共性。

---

① 胡亚光，胡建华. 旅游市场营销学[M]. 北京：旅游教育出版社，2015：93-108.

一般来讲，儿童、少年喜欢好玩的旅游活动；青年人喜欢新鲜、刺激性、冒险性较强、体力消耗较大的旅游活动，同时他们在旅游购买过程中会更多地受到参考群体的影响；中年人在旅游购买决策方面则更加理智、更具计划性，很少像青年人那样冲动，旅游产品的经济性和实用性是其关注的重点；老年人则倾向于选择节奏舒缓、舒适且体力消耗小的旅游活动。旅游企业在经营过程中，应针对不同年龄段人群设计相应的营销产品组合，以迎合各类人群的需求，促使其做出购买行为。

2. 家庭生命周期阶段

家庭生命周期阶段对个人及家庭的旅游购买行为有很大的影响。家庭生命周期是指一个家庭从形成到消亡的全部过程。具体分为单身阶段、新婚阶段、满巢期Ⅰ、满巢期Ⅱ、满巢期Ⅲ、空巢期和鳏寡期。处于不同生命周期阶段的家庭财务收支情况不同，具有各自的购买行为特点。旅游营销人员只有明确目标顾客处于什么家庭生命周期阶段，并据此开发相应的旅游产品和制订适当的营销计划，才能取得成功。

（1）单身阶段。处于单身阶段的旅游消费者多为随父母居住的未婚青年，他们几乎没有经济负担，消费观念新潮，有较多的娱乐性消费和旅游消费。

（2）新婚阶段。处于新婚阶段的旅游消费者多为结婚后还没生孩子的青年夫妇。他们的经济状况较好，会将家庭经济收入较多地投入耐用消费品的购买，处于消费的一个高峰期。近年来，旅行结婚成为一种时尚，前往条件较好的旅游目的地观光旅游往往成为其首选。

（3）满巢期Ⅰ。满巢期Ⅰ是指有6岁以下孩子的家庭。由于抚育孩子和家庭建设项目过多，大多数这类家庭经济不太宽裕，而一旦经济拮据，首先会压缩旅游消费支出。同时，家庭收入会优先用于抚育孩子方面的支出，旅游消费往往以孩子为中心，经常参加近距离的儿童游乐活动。

（4）满巢期Ⅱ。满巢期Ⅱ是指最小的孩子在6岁以上的家庭。这时，家庭建设基本告一段落，大多数家庭经济状况有所好转，购买产品主要考虑实用性；孩子的教育费用占了家庭支出的较大比例，旅游消费往往也以增长孩子的见识为主，如让孩子参加夏令营、带孩子观光旅游。

（5）满巢期Ⅲ。满巢期Ⅲ是指家庭中夫妇已至中年，孩子已经成年但尚未离家。由于孩子的经济逐步走向独立，这时的家庭经济状况有较大的改善，有较多的可自由支配收入可投入旅游消费，但由于家庭成员都在工作，故旅游消费会因为闲暇时间过少而受到限制。

（6）空巢期。空巢期是指家庭中，夫妇年纪较大，子女已成人，离家居住。在夫妇未退休时，家庭经济收入较好，而退休后家庭的收入有所减少。一般来说，处于该阶段的家庭总收入有所减少，但可自由支配的收入相对增加，因为住房和耐用消费品已经购置完成。如果夫妻双方都已经退休，则进入了有钱又有闲的旅游黄金年龄段，往往选择在旅游淡季出行。

（7）鳏寡期。鳏寡期是指丧偶后的单身老人家庭。这一阶段，由于年龄增长，个人收入减少，身体健康每况愈下，用于旅游消费的支出会下降并趋近于零，同时会增加较多的医疗保健方面的需求。即使有旅游消费支出，也将从观光旅游等行走较多的旅游消费转为相对静止的休闲度假旅游，旅游者往往结伴而行，喜欢参加专门为老年人组织的旅行团。随着老龄化社会的到来，如何针对老年人的特点开发新型旅游产品并满足其需求，是旅游企业面临的新课题，也是巨大的市场机会。

3. 职业

一个人的职业在很大程度上决定了这个人在社会结构中所处的地位，不仅在很大程度上决定了一个人的收入水平，也决定了一个人闲暇时间的多少及其分配情况。例如，教师在寒暑假有较多闲暇时间。此外，不同职业的人由于工作性质可能选择不同的旅游产品。例如，工作繁杂程度高、人际交往频繁、工作任务重的就业者倾向于选择放松型休闲度假旅游产品。

4. 健康状况

任何旅游活动都需要耗费一定的体力和精力。因此，旅游者的身体健康状况就成为旅游购买行为的直接影响因素。

身患重病的人很难参与旅游活动，而健康状况不佳者也只能在体力允许的范围内选择旅程较短、耗时较少的旅游项目。健康状况不同，旅游者对交通工具、住宿设施及饮食的要求也有很大的差异，同时，健康状况会影响旅游者的心理状况，从而间接影响旅游者的购买行为。

5. 生活方式

生活方式是指一个人在生活方面所表现出的兴趣、观念及参加的活动。它对消费行为的影响是显而易见的。例如，一项调查发现，购买包价旅游产品的旅游者和购买自由行旅游产品的旅游者在生活方式上是不同的。购买包价旅游产品的旅游者更热衷于社会交往，为人热情，把度假当成放松的方式，而购买自由行产品的旅游者往往更自信、更喜欢独处。

6. 个性与自我观念

个性在心理学中也被称为人格特质，它是指一个人独特的心理特征。个性促使个人对周围环境有持续一致的反应。而自我观念或自我形象是指个人的自我认知，它与旅游者的个性息息相关。

有关个性类型的论述有很多，较为典型的是著名心理学家莱格关于外向型个性和内向型个性的划分。一般来说，外向型个性的人性格开朗、活泼，易于流露自己的情感，独立性强，不拘小节，喜欢与人交往；而内向型个性的人沉静、小心谨慎、不爱交际。不同个性的旅游者会表现出不同的旅游行为，如表3-2所示。

表3-2　内向型个性和外向型个性旅游者的旅游行为

内向型个性旅游者的旅游行为	外向型个性旅游者的旅游行为
选择熟悉的旅游目的地	选择非旅游区
喜欢旅游地的一般活动	希望获得新鲜的体验
选择晒日光浴和到游乐场所游玩	喜欢新奇、不寻常的旅游场所
低活动量	高活动量
喜欢驾车前往旅游景点	喜欢乘飞机前往旅游景点
喜欢正规的旅游设施，如设备齐全的旅馆、家庭式饭店和旅游商店	一般或较好的旅馆即可，不一定要住高级宾馆，不喜欢专门的旅游商店
喜欢家庭氛围和熟悉的娱乐活动，不喜欢异国氛围；要准备齐全的旅行袋	愿意接触异国文化和居民；旅游的安排只包括最基本的项目（交通工具和住宿）
全部日程都事先安排妥当	只安排最基本的项目，留有较大的余地和灵活性

自我观念，也就是自我形象，是指消费者在心目中把自己看成怎样一个人、怎样一种形象或者企图让别人把自己看成什么样的人。一般认为，自我形象是真实的自我、理想中的自我和别人眼中的自我三者的结合体。这也是营销人员应关注的重要因素。消费者在购买商品时，如果认为该商品与自己的形象相一致，往往会决定购买；如果认为该商品与自己的形象不相称，就会拒绝购买。例如，那些自认为外向型个性的人，对慢节奏的观光游览类旅游产品不会感兴趣，而会青睐于潜水、滑雪等休闲探险类旅游产品。通常，消费者是把购买行为作为表现自我形象的重要方式。因此，旅游者一般会选择符合

或能改善其自我形象的产品或品牌,这就要求旅游企业设计出符合目标顾客自我形象的产品和品牌形象。

【阅读链接 3-3】　　　　什么样的人喜欢入住电竞酒店

(二)心理因素

影响旅游购买行为的心理因素主要包括需要与动机、知觉、学习、信念与态度等。

1. 需要与动机

人的一切活动,包括购买行为都是为了满足自身的某种需要。人的需要是多方面的,有生理方面的,也有心理方面的,还有社会方面的。尚未得到满足的需要会使人产生内心的紧张或不适,当个体的需要达到一定的强度,并且存在一定的外在刺激(刺激物)时,就会产生动机,如图 3-6 所示。

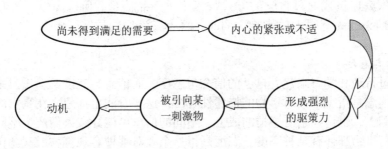

图 3-6　动机的产生过程

因此,动机是一种推动人们为达到特定目的而采取行动的迫切需要,是行动产生的直接原因。购买动机是引起人们购买行为的原动力。旅游动机可以分为以下几种类型:观光旅游动机、度假旅游动机、文化旅游动机、社会关系旅游动机、经济型旅游动机、会议型旅游动机和特殊旅游动机等。

旅游动机具有模糊性、复杂性、变化性、内隐性、冲突性等特点。营销人员要时时跟进旅游市场,抓住主要的旅游动机,运用营销手段将潜在消费者原本模糊的动机明朗化,促成旅游购买行为。

2. 知觉

知觉是将感觉刺激变成有意义的个人经验的过程,简而言之,知觉就是被人们理解了的感觉。消费者在购买商品之前,必须对商品有一个从感觉到知觉的认知过程。消费者通过五种感官(视、听、嗅、味、触)形成对某一商品个别属性的反应,这就是感觉。随着感觉的深入,人们用大脑对感觉到的材料进行综合分析,对商品的各种属性进行理解、整理,得到知觉。消费者通常依据自己所认为的"事实"而不是客观事实购买旅游产品。因此,旅游营销人员可以通过有效引导潜在消费者的感觉和知觉的方式,塑造自身旅游产品和服务的性价比优势和形象优势。

3. 学习

人类的行为有些是本能的、与生俱来的,但大多数行为(包括购买行为)是基于后天经验,即通过学习、实践得来的。

旅游消费者在购买和使用商品的过程中会逐步获得和积累经验,并根据经验调整购买行为,这也是一种学习过程。其学习模式如图3-7所示。其中,驱使力是指存在于人体内驱使人们产生行为的内在刺激力,即内在的需要。刺激物是指可以满足内在驱使力(需要)的物品,一般指刺激物所具有的能驱使人们产生一定行为的外在刺激(吸引消费者购买的因素为正诱因,引起消费者反感或回避的因素为负诱因)。反应是指驱使力对具有一定诱因的刺激物所发生的反射行为。增强或减弱是指驱使力对具有一定诱因的刺激物发生反应后的效果。如果消费者对所购买商品的满意程度高,就会形成重复购买;相反,遭到诱骗的购买经历会给他们一定的教训,防止下次上当受骗。

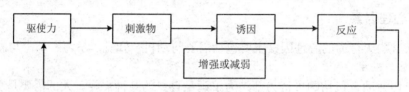

图3-7 旅游消费者的学习模式

此外,接触信息的过程也是学习的过程。旅游购买者可以通过旅行社营销人员或周围的朋友、家庭成员或通过自学的方式收集旅游产品信息,所以高效、畅通的信息渠道对旅游者的购买行为有很大的影响。例如,酒店应该帮助顾客了解其设施、服务项目及其标准。

4. 信念与态度

人们通过行动和学习来建立自己的信念与态度,而信念与态度又会反过来影响人们的购买行为。信念是指一个人对事物的描述性看法,这些看法也许建立在真实的知识、意见和信仰的基础上,也许掺杂有感情的成分。不同的信念可能导致人们产生不同的态度。人们几乎对任何事物都怀有某种态度。态度是指一个人对某种客观事物或观念比较一贯的评价、感觉和倾向。它将人们置于一个对事物有好恶感和趋避心理的思维框架中。例如,旅游者可以放心选购知名旅游企业的产品,而对不熟悉的新产品则犹豫、观望、疑虑重重,很难做出决定。

对于旅游企业来说,生产迎合旅游者现有态度的产品要比改变旅游者的态度容易得多。

(三)文化因素

文化,一般指人类在社会发展过程中所创造的物质财富和精神财富的总和。消费过程本身也是一种文化现象,所以,文化对旅游购买行为具有强烈和广泛的影响。从文化因素分析旅游购买行为时,可从文化和亚文化两方面入手。

1. 文化

文化是决定人们需要、动机和行为的最基本要素,通常指被一个社会全体成员所共同遵守且世代相传的社会规范,由信念、价值观、态度、习惯和行为方式等构成。[①]

每个人都在一定的社会文化环境中成长,通过家庭、学校及其他机构的学习,逐步形成基本的文化理念,从而影响自身思想和行为的每个方面。

[①] BENNETT P D, KASSARJIAN H H. Consumer behavior [M]. Englewood Cliffs: Prentice-Hall, 1972:123.

首先，文化可以指导消费者的学习和社会行为，从而为消费者提供目标、方向和选择标准。文化是酒店和旅游营销不得不关注的部分，不同的文化会导致游客在目的地选择、交通方式选择、餐饮与住宿类型选择等方面出现明显差异，需要营销人员制定不同的营销策略。

其次，文化的渗透性可以在新的区域中创造出新的需求。例如，圣诞节期间，我国旅游宾馆、饭店推出的吸引国内外旅游者的圣诞大餐。

最后，文化是动态的，会随着环境的改变而改变。旅游营销人员应该敏锐地识别出文化的变化趋势，力求根据文化特点设计出一些新的能被市场接受的旅游产品和服务。例如，由于越来越多的人更加关注健康和身体保养，许多酒店调整了康乐部的设施与职能，不再专注于休闲娱乐，甚至有的酒店与当地的健身俱乐部、瑜伽会馆达成协议，使顾客能够利用其设施，并得到专业的健身指导。

2. 亚文化

每一种文化都包含着更小的文化群体，即亚文化群体。亚文化群体是建立在共同经验和相同环境基础上并具有相同价值体系的人群。某一亚文化群体的成员对特定的饮食、服装、生活习惯等与其他亚文化群体有着较大的差异。

常见的亚文化群体包括民族亚文化群体、宗教亚文化群体、地理亚文化群体、种族亚文化群体等，同一亚文化群体内部成员往往具有比较一致的生活方式、生活观念和审美观念等。不同亚文化群体之间则具有不同的文化倾向、习俗和禁忌，甚至有着不同的信仰，从而必然导致来自不同亚文化群体的旅游者有着不同的风俗习惯、品位和爱好等，进而导致旅游需求和购买行为等方面的差异性。

除了传统意义上的亚文化，随着经济社会的发展，还出现了一些新兴的、流行在局部地区或少数人群中的亚文化，这种亚文化是相对于大众文化而言的小众文化，它是非主流、局部的文化现象，具有自己独特的价值与观念[①]，如嘻哈亚文化、电竞亚文化。

无论是长期稳定存在的亚文化，如民族亚文化、宗教亚文化，还是短期快速出现且不稳定的流行亚文化，如电竞亚文化，都是从属于主流文化，具有一定的共性，但又有自己独有的特征，从而导致旅游者在消费选择中表现出明显的差异性。这就要求酒店营销人员根据自己酒店的定位、顾客的文化特征等选择科学的营销渠道与营销策略开展营销活动，从而取得更佳的营销效果。

【阅读链接3-4】　　旅游与文化融合"野奢露营"顺势而起

（四）社会因素

旅游购买行为也会受一些社会因素的影响，具体包括旅游者的社会阶层、参考群体、家庭、社会角色与社会地位等。

---

① 亚文化有"毒"又上瘾，大品牌营销为何要钟情？[EB/OL].（2018-03-08）[2023-11-29].http://www.sohu.com/a/162859859_160576.

1. 社会阶层

在现代社会中,社会阶层是根据人的地位、声望、职业、收入、财产及生活方式等因素划分而形成的较为持久稳定的群体层次。

处于同一社会阶层的旅游者,其购买行为往往表现出较大的相似性。他们倾向于选择相同种类的产品或品牌,对旅游企业的营销活动也有着基本一致的反应。

一般而言,社会阶层较高的人更加自信和开放,愿意接受外界的新鲜事物,对旅游持积极态度,更愿意购买一些无形的历史、文化、艺术类旅游产品;而社会阶层较低的人一般相对封闭,对外界新鲜事物持观望态度,不愿意冒险,更愿意把收入花在购买家用电器、住房等耐用品上或存储在银行中。

【阅读链接 3-5】　　　　社会阶层与旅游需求

2. 参考群体

所谓参考群体,是指对个人的态度、意见和观点有直接影响的群体,它对消费者的生活方式和偏好往往有很大的影响。

参考群体一般包括以下四类:一是主要群体,也称为紧密性成员团体,它与消费者个人关系密切、接触频繁,对消费者的影响最大,如家庭、朋友、同学、邻居等;二是次要群体,也称为松散性团体,即与消费者关系一般、接触不太密切、不保持持续交互影响的群体,如行业协会、学生会等;三是崇拜性群体,也称为渴望团体,这类团体的成员一般为社会名流,如演员、歌手、运动员、学术专家等,部分消费者渴望成为这类团体中的一员,仰慕此类团体成员的名望、地位,狂热效仿其消费模式与购买行为;四是与崇拜性群体相对应的隔离性群体,这类群体成员的价值观和行为往往是人们所不能接受的,如帮派等。

参考群体对旅游购买行为的影响是潜移默化的,他们采用某一特定的消费模式,并运用群体力量影响消费者的购买态度及其对旅游产品的选择。

参考群体主要用以下三种方式影响旅游者的购买行为。

第一,示范新的行为和生活方式。例如,社会阶层较高的旅游者崇尚休闲度假的旅游方式,以此引导旅游方式逐渐从观光旅游向休闲度假转变。

第二,影响人们的态度和自我观念。这主要体现在旅游的"口碑效应"上。旅游者在做出旅游决策时,如果周围的亲朋好友对某一旅游目的地的评价较好,即出现正的"口碑效应",则旅游者会认为亲朋好友推荐的旅游目的地值得一游;若亲朋好友对某目的地的评价很差,即出现负的"口碑效应",则旅游者会认为该旅游目的地很差,不值得旅游。

第三,在旅游者选择旅游产品、品牌和机构时营造某种趋同的压力。例如,如果同一办公室的职员计划"十一"黄金周一起到桂林旅游,则即使某职员本身不太愿意出游,也可能迫于压力,担心脱离集体,选择跟其他人一起出游。

3. 家庭

家庭是社会组织中的一个基本单位,也是旅游者最基本的参考群体之一,对个人旅游购买行为的影响很大。其中,家庭的规模和类型对旅游购买行为的影响最大。

根据家庭成员数量的不同，一般可将家庭分为夫妻家庭、核心家庭、主干家庭和联合家庭四种。夫妻家庭是指由"丈夫"和"妻子"两个人组成的家庭；核心家庭是指由一对"夫妻"及其孩子组成的家庭；主干家庭主要是指作为主干成员的"夫妻"与其父母和孩子生活在一起，此类家庭最少由5位成员组成；联合家庭是指四世同堂的家庭或子女成家后依然与父母共同生活的家庭。

不同类型的家庭在旅游行为、支付能力、旅游内容选择、旅游闲暇时间等方面有很大的不同。一般来说，规模大的家庭由于人多事杂、时间难以统一等问题而不易组织全家旅游活动，而小规模家庭则刚好相反。

4. 社会角色与社会地位

每个人在社会活动以及生活中都会扮演不同的社会角色，在不同角色情境下会做出不同的购买行为。例如，王先生是一家公司的法人，兼任某社团组织的负责人，他在给公司年会预订宴会时更重视细节和质量，而不是价格；但他在给社团团建活动预订宴会时就会更关注价格。

每个社会角色都代表着一定的社会地位，这一地位反映了社会对该角色的尊重程度。消费者在做出购买行为时，通常会选择更能显示自身社会地位的产品。

例如，商务旅游者，尤其是能够代表公司形象的高层管理人员，在公务旅游中会选择乘坐商务舱或者头等舱，住宿通常会选择豪华酒店的套房，这类旅游者往往更关注的是服务质量以及与其社会地位相匹配的产品，而较少关注产品的性价比。

第三节　组织机构旅游购买行为

一、组织机构购买者的概念及分类

（一）组织机构购买者的概念

韦伯斯特（Webster）和温德（Wind）将组织机构购买（organizational buying）定义为一个决策过程，组织机构可以通过这一过程确立购买产品和服务的需求，并通过这一过程在多个品牌和供应商中进行识别、评价和选择。[①]

组织机构购买者是指那些为了转售或者开展自己的业务，确定购买产品和服务的需求，在众多的品牌和供应商中进行识别、评价和选择，进而做出购买决策的组织。

（二）组织机构购买者的分类

组织机构购买者可以分为三大类：企业购买者、中间商、政府与非营利组织购买者。

1. 企业购买者

企业购买者是指以营利为目的，将所购买的产品和服务用于进一步制造产品和服务或者辅助企业的业务开展，从而保障企业顺利经营、在市场中获取收益的各种工商业企业。

对于酒店来说，企业购买者是指需要酒店提供差旅或者接待服务的企业，主要涉及农林牧渔业、矿业、制造业、建筑业、运输业、通信业、公用事业、银行业、金融业、保险业、服务业等。

2. 中间商

---

① FREDERICK E. WEBSTER J, WIND Y. Organizational Buying Behavior [M]. Upper Saddle River, NJ: Prentice Hall, 1972: 2.

中间商是指将购买的产品和服务转售或租赁给他人,以获取利润的个人和单位。对于酒店行业来说,中间商主要是指旅行社。

3. 政府与非营利组织购买者

在大多数国家,政府是产品和服务主要的组织机构购买者之一。

根据《中国统计年鉴2021》,2020年我国GDP达到1 025 917亿元,最终消费支出达556 986亿元,其中政府消费支出占30.5%,达到169 880.73亿元。根据国家统计局答复网友咨询的内容,政府部门购买的产品,除了用于政府消费支出,还包括政府部门的资本形成总额①,即政府购买总额要远大于政府消费支出总额。

非营利组织购买者包括学校、医院、监狱,以及各类不以营利为目的的社团组织,如宗教组织、慈善机构等。非营利组织购买者往往以低预算和拉赞助为特点。对于酒店来说,这一类组织购买者主要是各类各级政府部门,如为政府工作人员提供差旅服务、在新冠病毒疫情暴发期间提供集中隔离服务等。

二、组织机构购买决策的类型与参与者

(一)组织机构购买决策的类型②

组织机构购买决策主要有三种类型:直接重购、调整的重购和新购。对于组织机构来说,直接重购最简单,新购涉及因素最多、最复杂。

1. 直接重购

直接重购是指按部就班地重复以往的购买决策,通常由采购部门负责。被选中的供应商会努力维持产品和服务的质量,落选的供应商则试图发现新方法以提高产品和服务的质量或消除购买者的不满,以便购买者在下一次购买时会重新考虑它们。

2. 调整的重购

调整的重购是指购买者希望调整产品的标准、价格、交易条件或供应商等。这时,原有的供应商会因感到压力而紧张,竭力表现以保护自己的地位,其他供应商则把调整的重购视为一次难得的机会,试图通过提供更好的产品和服务来争取获得新生意。

3. 新购

新购是指首次购买一种产品或服务。此时,成本越高或风险越大,购买决策的参与者就越多,收集信息的工作量就越大。

对市场营销者而言,买方新购是最好的机会,也是最大的挑战,需要尽可能多地接触购买决策的关键参与者,积极地为其提供尽可能多的信息和帮助。

(二)组织机构购买决策的参与者③

组织机构购买由所有参与购买决策过程的个人和团体组成,他们拥有相同的目标并共同承担决策风险,在组织机构购买中扮演不同的角色,具体如下。

1. 发起者

发起者是指提议购买产品和服务的人,可以是使用者,也可以是其他人。

2. 使用者

使用者是指使用产品和服务的人。通常,使用者首先提出购买建议,然后协助确定对产品和服务规格的要求。

---

① 咨询公开[EB/OL].(2022-10-27)[2023-09-08].http://www.stats.gov.cn/hd/lyzx/zxgk/202210/t20221027_1889758.html.
② 科特勒,阿姆斯特朗. 市场营销:原理与实践[M]. 17版. 楼尊,译. 北京:中国人民大学出版社,2020:162.
③ 科特勒,凯勒. 营销管理[M]. 15版. 何佳讯,等译. 上海:格致出版社,上海人民出版社,2016:176.

3. 影响者

影响者是指影响购买决策的人，他们通常协助确定产品和服务的规格并为评价可选方案提供信息。

4. 决定者

决定者是指决定对产品和服务规格的要求和供应商的人。

5. 批准者

批准者是指批准决定者和使用者提供的行动方案的人。

6. 购买者

购买者是指有权正式选择供应商并制定购买条款的人，他们的主要职责在于选择供应商并与之谈判。

7. 把关者

把关者是指有权利阻止销售人员或销售信息接近采购人员的人，如采购代理、接待人员和电话接线员可能阻止销售人员联系使用者和决定者。

需要注意的是，同一个角色可能由多人扮演，同一个人也可能同时扮演多个角色。

三、组织机构旅游购买行为的影响因素

组织机构购买者并不是为了满足个人消费或效用而购买产品或服务，而是为了赚钱、降低经营成本或承担社会或法律责任。例如，作为中间商的旅行社购买酒店提供的住宿和餐饮服务是为了设计团体包价旅游产品或者"机票+酒店"等自由行产品。

与个人旅游购买行为一样，组织机构旅游购买行为也会受到不同因素的影响，这些因素包括环境因素、组织因素、人际关系因素和个人因素。

（一）环境因素

环境因素对组织机构的旅游购买行为有很大的影响，具体包括经济因素、科技因素、政治因素、社会因素、竞争因素等。

一些营销者认为，经济因素是环境因素中的最重要的影响因素，他们相信需求水平、经济发展、货币成本以及市场价格等会对组织机构旅游购买行为产生重大影响。

除了经济因素，科技发展、政治形势与国际关系、社会文化、市场竞争等的影响也是不能忽视的，它们会在不同情况下对组织机构旅游购买行为产生重大影响。比如，有的组织机构更倾向于科技感强的旅游产品、以俄乌冲突为代表的局部战争与地缘危机会导致组织机构放弃购买相关地域的旅游产品，不良营商环境和恶性竞争会使大部分组织机构旅游购买者退缩。

（二）组织因素

每一个组织机构购买者都有其特定的目标、战略、程序、组织结构与规章制度，这些组织因素都会对组织机构的旅游购买行为产生一定的影响。作为酒店营销人员，需要尽可能地了解不同类型的组织机构购买者，如可以深入调查与研究如下问题：有多少人介入购买决策？他们是谁？他们的评估程序与评估标准是怎样的？谁对购买决策的影响最大？

（三）人际关系因素

组织机构旅游购买行为涉及许多不同地位、职权、志趣、说服力的参与者，因而存在复杂的人际关系，这种人际关系的协调与处理也会影响组织机构的购买决策。

（四）个人因素

组织机构旅游购买决策的每一个参与者都具有个人的动机、感知和偏好，这种个人因素会受到诸如年龄、收入、受教育程度、个性和风险偏好等个人特征的影响，进而形成不同的购买决策。例如，技术人才习惯在选择供应商时对竞争性提案进行深入的比较分析；谈判高手则善于在卖者之间挑起竞争，借机达成最优惠的交易条件。

问题与讨论

1. 什么是旅游购买行为？如何理解旅游购买行为？
2. 旅游购买行为有哪些类型？举例说明酒店企业的顾客购买行为能否采用同样的标准进行分类。
3. 分析说明旅游购买行为决策的特点。
4. 以你家曾经或即将开展的一次旅游活动为例，说明不同家庭成员在购买决策过程中分别承担和扮演了哪些角色。简要说明这一旅游购买决策过程。
5. 什么是组织机构购买者？简要说明组织机构购买者的类型。
6. 组织机构购买决策的参与者都有哪些？他们在决策过程中会受到哪些因素的影响？

拓展阅读

1. 张玉达. 基于过程消费的智慧旅游模式研究[J]. 老字号品牌营销，2022（10）：33-35.
2. 肖拥军，王璐. 新冠疫情对武汉乡村旅游购买决策的影响机制：基于乡村旅游地形象感知视角[J]. 国土资源科技管理，2020，37（5）：104-117.
3. 高春艳，彭春芳. 丽江市土特产市场游客购买行为实证分析[J]. 昆明冶金高等专科学校学报，2019，35（6）：105-110.
4. 于爽. 大学生在线旅游决策行为特征研究[J]. 四川职业技术学院学报，2019，29（5）：45-50.
5. 刘书葵. 新时代背景下旅游者购买行为分析[J]. 山西经济管理干部学院学报，2019，27（3）：19-22.
6. 纪峰. 旅游消费决策过程研究[J]. 现代商贸工业，2018，39（34）：14-15.
7. 曹鼎新. 经济型酒店消费者行为分析及营销策略：以 HZ 酒店为例[J]. 江苏科技信息，2017（27）：75-76.

课程思政

低碳节能　降本增效

第四章 酒店营销调研和预测

> **本章目标**
>
> 通过本章学习,了解酒店营销信息的含义与分类;理解并掌握酒店营销信息系统的含义、作用及构成;掌握酒店营销调研的内容、程序和方法;掌握酒店市场预测的程序和方法。

引入案例

独辟蹊径"卖空气"[①]

每位进入上海粤海酒店行政楼层的客人一出电梯就能见到一块电子显示屏,上面清晰地显示着"室外:今天空气 PM2.5 指数:120,空气质量:轻度污染;室内:PM2.5 指数:30,空气质量:优"。上海粤海酒店总经理徐彬指着大屏幕上跳动的数字说:"室外的指数是上海实时发布的空气质量指数,室内的指数是上海本地一家研究空气治理的公司的 24 小时监测数据。通过一年多的测试与技术改造,我们已经将部分客房内的 PM2.5 指数成功控制在 50 以下,做到了客房内空气优等级别。"徐彬透露,2017 年,粤海酒店内标挂"纯净空间"的客房将达到 130 间。此外,上海粤海酒店已经成功申请成为全国首家"纯净空间"注册商标的酒店。

粤海酒店集团旗下的上海粤海酒店于 2004 年开业,按照高端酒店标准建造,拥有 328 间客房。开业后,因地处上海虹口区北部,毗邻宝山,在上海钢铁生意红火时,粤海酒店为承接各类会议常年应接不暇,酒店常处于满房状态。但近年来,由于受外部经济影响,钢铁生意一落千丈。"我们 60%的生意一下子不见了。"粤海酒店市场营销总监虞芝华说。

怎么办?酒店经营必须突围,大家开始头脑风暴。

比硬件,粤海酒店没有很大的优势。从酒店开业起一直在粤海酒店工作的房务总监陈赛娟对此有很深的感触:"近几年,上海新开业的酒店如雨后春笋,特别是一些国际品牌酒店,一个比一个有实力,酒店设施一家比一家奢华。"

比服务,尽管基本保留了 1∶1 的人房比,可以达到人性化和个性化服务,但随着劳动力成本的不断攀升,受硬件设施,以及酒店客房售价不能无限上涨所限,与其他酒店拼服务,粤海酒店并没有太大的优势。

比价格,粤海酒店公关策划部经理陈依认为,离他们不远处就有一家四星级酒店,价格战一旦开打,必然两败俱伤,斗低价不是出路。

"酒店客房可否'卖空气'?"这一念头在徐彬脑海里一闪而过。当时,人们正饱受雾霾的困扰,酒店将净化空气质量作为卖点,不失为一条转型的新路。

[①] 丁宁. 独辟蹊径"卖空气"上海粤海"纯净客房"走俏[N]. 中国旅游报,2017-03-30(A02).

决策班子统一认识后，一个专门的项目班子搭建了起来，大家分头行动：有的去网上搜资料、找案例；有的去联系相关设备供应商，寻求最佳性价比；还有的开始策划文案，思考如何吸引消费市场的目光。

由于是一次创新，所以在实施过程中，大家难免有些拿不准。"我们建设'纯净空间'，应该对标谁？有同事认为，空气过滤方法有不少，包括在每间客房里放一个空气净化器，成本低、效果直观。但是，这类容易模仿的产品推出后，我们的竞争优势能保持多久？"徐彬将目光定格在竞争的门槛。"我们一定要对标国际，抢占竞争的制高点。"为此，她特意请来了香港理工大学空气质量实验室的专家教授，直接参与酒店空气质量系统的改造与研究。

有了知名专家学者的参与，粤海酒店的"纯净空间"项目吸引了国际巨头的注意。韩国三星集团在粤海酒店建设了一间配备空气质量全自动控制系统的"样板房"，做到了恒温、恒湿、恒氧。

"我们做了实验，在一间 PM2.5 达到 500 的客房内启动这套空气质量控制系统，30 分钟可以将 PM2.5 降低到 30 以内，达到最优的级别。"陈赛娟说。

目前，安装了三星空气质量控制系统的套房已经成为粤海酒店的"明星"客房。多家公司的董事长隔一段时间就要来住上几天，他们说自己需要在此"洗洗肺""吸吸氧"。"这'明星'客房也成为多个乒乓球世界冠军的指定入住客房。"徐彬总经理补充道。

在酒店业竞争激烈的情况下，粤海酒店也在节能减排上下了功夫。上海虹口区旅游协会负责人介绍，粤海酒店是上海虹口区旅游协会饭店业分会的会长单位，在区旅游局和协会的支持下，不仅在节能减排、节能降耗方面做得不错，而且在屋顶立体绿化工作上也带了好头儿。现在，对于粤海酒店致力提升室内空气质量，相关部门也都给予了支持。

要么不做，要做就做最好的。"我们之所以采用中央空调净化系统，而不采用单体型空气净化器，是因为后者的功率明显不足。之前经过测试，我们发现当一位客人在客房打开单体型空气净化器时空气质量可以达标，但多开几次客房门或房间里多几个人后，就无法将 PM2.5 控制在规定值以下了。我们搞创新不能搞噱头、摆花架子，所以我们选择了中央空调净化系统。"陈赛娟说道。

为了比选设备供应商，粤海酒店请来了多家设备供应商，请他们各自构建"样板房"，在不断实测中选择最佳合作伙伴。

有了"纯净空间"客房，粤海酒店的市场营销有了新利器，使酒店经营焕发新气象。"'纯净客房'的价格将比原来提高 50 元，预计销售房/夜增加 20%。"虞芝华说道。

在业绩不断提升的喜报中，徐彬再次陷入了沉思。此刻，她想到的是如何将企业的先发优势转变成行业的领先优势。她让同事到国家专利局申请注册商标，通过查证和公示，由于是全国范围内首次申请，粤海酒店以室内空气质量为内容的"纯净空间"获得了住宿业、餐饮业、养老业等六大类的注册商标，成为沪上"酒店卖空气"的"吃螃蟹第一人"。

提问：如何界定酒店营销调研与预测？为什么酒店需要营销调研与预测？本案例采用了哪些调研方法？如果你是本案例中粤海酒店的新任总经理，遇到此类情况会如何做？

引入案例解析

第一节　酒店营销信息系统

一、酒店营销信息的含义与分类

1. 酒店营销信息的含义

所谓信息，是指各种相互联系的客观事物，在运动变化中，通过一定的传递形式而揭示的一切有特征性内容的总称。信息具有客观性、可传递性、广泛性、与载体的不可分性、价值性、可压缩性等。

酒店营销信息是对酒店企业市场营销环境（含微观营销环境和宏观营销环境）各要素与企业内部条件发展变化和特征的真实反映，是反映它们实际状况、特性、相关关系的各种消息、资料、数据和情报等的总称。

2. 酒店营销信息的分类

按照不同的分类标准，酒店营销信息可被划分为各种不同的类型。

（1）按照信息的来源分类。按照信息的来源，酒店营销信息可分为外部营销环境信息和内部营销条件信息。

外部营销环境信息主要来源于酒店企业外部的宏观环境和微观环境。其中，来源于酒店企业外部宏观环境的信息包括所有酒店企业都必须面对的客源地和酒店所在地的 GDP、人均可支配收入、消费结构、经济发展前景以及物价、货币汇率等经济环境信息，国际、国内政治环境与外交政策等政治环境信息，与酒店企业设立、经营相关的法律法规等法律环境信息，宗教信仰、生活习惯、价值观、审美观等社会文化环境信息，现代科学技术的发展现状、发展趋势及其对酒店企业的影响等科学技术环境信息，人口数量、人口结构与人口分布等人口统计环境信息，自然环境与生态保护、可持续发展政策等自然环境信息。来源于酒店企业外部微观环境的信息主要是指酒店企业所处产业和行业自身的信息，如酒店产业政策、酒店企业目标市场顾客、酒店供应商、营销中介、竞争者（包括行业内竞争者、潜在竞争者）及替代品的竞争威胁等。

内部营销条件信息主要来源于酒店企业内部，包括酒店企业资产状况方面的信息、酒店企业组织管理状况方面的信息、酒店企业内部营销组合状况的信息等。其中，酒店企业资产状况方面的信息包括酒店企业的人力、物力、财力、资源、产品或服务等。酒店企业组织管理状况方面的信息主要是指酒店企业在计划、组织、领导、控制等企业管理基本职能方面的信息，包括企业战略计划的制订和执行情况、企业组织结构的合理性、管理者决策的有效性、领导者的综合素质、企业管理制度与企业文化等。酒店企业内部营销组合状况的信息包括酒店营销部门的机构设置、人员构成，以及以客源信息为代表的数据库等软硬件信息。

（2）按照信息的加工程度分类。按照信息的加工程度，酒店营销信息可分为原始信息和经过加工的信息。

原始信息，即在酒店企业营销活动过程中，对各项活动所做的直接记载和真实反映，是通过实地调查而获得的第一手信息。

经过加工的信息是依据原始信息整理、统计、分析所得的第二手信息，即通常所说的二手资料，包括各种公开信息和公开发布的内部资料等。

（3）按照信息的流向分类。按照信息的流向，酒店营销信息可分为横向信息和纵向信息。

横向信息是指产业之间、行业之间、酒店企业之间相互提供的交流信息。

纵向信息可分为自上而下的信息和自下而上的信息。自上而下的信息包括政府行政管理部门发布的各种相关信息、集团总公司下达的各种指令信息,以及酒店企业内部管理层给各部门、各部门传达给员工的各种信息等。自下而上的信息包括下属调查部门的汇报、下属单位的报告和报表等。

(4)按照信息发布的时间分类。按照信息发布的时间,酒店营销信息可分为历史信息和现时信息。

历史信息是指过去产生的信息,是对过去酒店市场的某些方面的描述和记录。现时信息是指目前正在发挥作用的信息。

【阅读链接 4-1】　　　　大数据在酒店网络营销中的价值

二、酒店营销信息系统的含义与作用

1. 酒店营销信息系统的含义

在定义酒店营销信息系统之前需要回答的问题是:何为营销信息系统?

学者从不同角度对营销信息系统进行过界定。伯里恩提出,营销信息系统是一种由人、机器和程序组成的相互影响的有机结构,它从公司内部和外部收集信息,并产生有序的相关信息流,从而为制定营销管理决策提供依据。考克斯提出,营销信息系统是通过经常性、有计划地收集、分析和提供信息为营销决策提供依据的一组程序和方法。科特勒认为,营销信息系统是一种由人、机器和程序组成的连续的、互为影响的结构,用以收集、挑选、分析、评估和分配恰当的、及时的、准确的信息,供营销决策者用于其营销计划的改进、执行和控制。

相比较而言,科特勒对营销信息系统的界定更为全面和准确。

考虑到酒店产品和服务的特性,酒店营销信息系统是指酒店企业内部由酒店营销人员、信息处理机器设备以及运作程序构成的连续的、相互影响的系统,这一系统准确而及时地收集、分析、选择、存储并传输酒店营销信息,使酒店营销决策人员更好地管理营销活动。

由此可以看出,酒店营销信息系统的任务是准确而及时地收集、分析、选择、存储并传输酒店营销信息,目的是为酒店营销决策人员提供决策依据。

2. 酒店营销信息系统的作用

(1)可以解决酒店营销信息存在的问题。反映酒店企业外部营销环境和内部营销条件等的营销信息为制定酒店营销决策提供了基础和保证,然而在酒店企业的实际经营管理中,酒店营销管理人员分析酒店市场营销环境以后,酒店营销信息自身和信息量经常会出现一些问题,如酒店营销信息自身存在含糊、数据不准确等问题,信息量太少、太多,有效信息过少,等等。如果酒店营销信息量太少,则决策时缺乏足够的依据;如果信息量太多,则会增加决策成本,从而影响决策;如果有效信息过少,则无法为决策者提供依据。

为解决酒店营销信息存在的问题,真正发挥酒店营销信息的作用,酒店企业需要通过一套科学的信息管理方法来收集、整理和分析信息,也就是建立完整的酒店营销信息系统。

(2)可以及时、准确地处理酒店营销信息。酒店营销信息处理涉及多个环节,如收集、整理、分析等,而这些环节的工作大都是由酒店营销人员去执行的。人员在收集信息的过程中，不可避免地存在着各种问题。另外，各种酒店市场营销资料由酒店环境流向酒店营销人员，酒店营销人员需要对这些信息加以转换，然后将分析报告递交管理人员。由于人为因素，转换信息并形成报告可能需要较长时间，极易出现问题，而酒店营销信息系统可以及时、准确地解决这些问题。

（3）可以提高信息的使用价值。传统的信息传递形式是单向且无序的，导致信息传递的时间较长、信息传递的渠道不通畅、信息的失真率较高。

在酒店营销信息系统中，信息来源与信息系统之间采取双向沟通形式，能在时间有限的情况下最大限度地收集信息、在最短的时间内最大面积地传播信息，这使得酒店企业对市场的反应能力大大加强，有利于酒店企业采取标准、统一的行动，同时有利于企业集中管理信息，尤其有利于企业内部筛选、检索和甄别信息。

三、酒店营销信息系统的构成

酒店营销信息系统由四个子系统构成，即内部报告系统、营销情报系统、营销调研系统和营销分析系统，如图4-1所示。

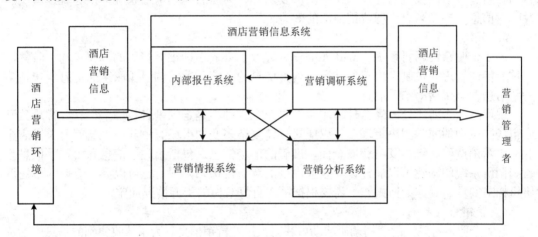

图4-1 酒店营销信息系统的构成要素

酒店营销信息系统处于酒店营销环境和营销管理者之间，该系统内部的子系统从酒店企业的内、外部营销环境中收集各种营销信息，经过酒店营销信息系统加工之后再将信息传输给酒店营销管理者，作为其制定营销决策的依据。

1. 内部报告系统

酒店企业内部报告系统（internal report system）是酒店营销信息系统中最基本的系统，主要向酒店营销人员报告各部门与营销活动有关的运作情况，包括企业内部会计系统、预订系统等。酒店企业的内部报告系统由企业各部门协作建立，各部门相互定期或不定期地报告与彼此运作有关的特定信息。例如，营销部门可定期收到特定报告期内关于收入、出租率的报告，财务部门关于各部门利润率、营销费用的报告，预订部门及前台上报的预订信息等。通过分析这些信息，酒店企业可随时掌握运营情况并及时发现存在的问题。

2. 营销情报系统

酒店企业的营销情报系统（marketing intelligence system）是酒店营销决策人员获取日常有关营销环境及营销活动进展的各种信息的来源，该系统可以为他们提供与外部正在发生的情况相关的各种信息，如政治状况、经济水平、酒店顾客消费行为特征与发展趋势、竞争对手的战略选择与更新等。它与内部报告系统的区别在于，内部报告系统的观察对象为酒店企业内部环境,而酒店企业营销情报系统的观察对象为酒店企业外部环境。

酒店企业营销情报系统的信息来源主要包括顾客、酒店企业的销售人员、中间商、竞争者、新闻媒体等。随着个性化酒店市场的兴起和发展,顾客会产生各种各样的个性化需求。当顾客向酒店企业咨询现有的酒店产品和服务或预订个性化服务项目时,酒店企业即可捕捉到相关营销信息。酒店企业的销售人员直接和顾客接触,能够了解潜在顾客对酒店产品和服务的需求以及现时顾客对酒店产品和服务的态度,这对酒店企业掌握营销信息非常有用。如果酒店企业通过中间商(如旅行社)销售产品和服务,则还应重视中间商所反馈的市场信息。与此同时,酒店企业应关注竞争对手的表现,从竞争对手对市场的反应中,也可捕捉到相关的营销情报。对于外部营销环境状况的了解,酒店营销决策人员除了依靠自己了解、获取信息外,还应通过新闻媒体(包括传统媒体和新媒体)提高获取信息的数量和质量。酒店营销决策人员应制定专门的制度并培训相关人员如何在海量的信息中甄别、筛选营销决策必需的信息,及时报告营销环境及营销活动的发展变化,及时撰写报告或将信息输入酒店营销信息系统。

目前,根据酒店产品和服务的特性,酒店企业应该建立服务档案系统,以收集住店顾客的资料、顾客的投诉与建议、中间商的要求等,为酒店营销情报系统提供客观、真实、及时的信息,提高酒店市场营销活动的效力。

3. 营销调研系统

酒店企业营销调研系统(marketing research system)即根据特定的调研目的,收集、评估、传递管理人员制定决策所必需的各种信息的系统。营销调研所取得的信息既包括第一手信息,也包括第二手信息。

现代酒店企业所处的经营环境越来越复杂,各种不确定因素日益增多,这些都导致酒店市场决策中的非常规决策增多,以应对日益复杂多变的市场竞争环境,这就要求酒店企业建立营销调研系统,及时获取全面、准确的市场信息,包括第一手信息和第二手信息。营销调研系统的构建可以通过设立企业内部的调研机构来实现,也可以委托专业的市场调研机构来实现,具体如何操作,需要根据酒店自身掌握的资源情况而定。

4. 营销分析系统

酒店企业通过系统的营销调研活动可获得大量的营销信息,为了从收集到的信息中筛选出决策所需要的信息,酒店企业需要建立专门的营销分析系统(marketing analysis system)。

酒店企业营销分析系统主要包括统计库和模型库两个部分。统计库是从获取的信息数据中提取有意义信息的统计方法的集合,其中最常用的统计方法有计算综合指标(绝对数、相对数以及平均数)法、指数法、相关分析法、因素分析法、聚类分析法等。模型库是可以帮助营销人员更好地做出决策的模型的集合。企业可利用专门的模型库进行不同变量间的分析。

内部报告系统、营销情报系统、营销调研系统和营销分析系统不是相互孤立的,而是相互影响、相关沟通的,它们共同构成完整的酒店营销信息系统。只有这四个系统相互配合,才能确保酒店营销信息的准确性、客观性、时效性、全面性、适用性和经济性,才能帮助酒店企业制订合理的市场营销计划。

第二节 酒店营销调研

一、酒店营销调研的定义与作用

营销调研是一个系统工程,是一种管理工具,它的目的在于解决市场营销的问题,其最终呈现形式为调研资料和调研结果。

1. 酒店营销调研的定义

根据营销调研的概念，结合酒店企业经营管理的特点，酒店营销调研的定义为：根据市场营销的需要，运用科学的方法，有计划、有目的、系统地收集、整理、分析酒店企业营销活动的有关信息和资料，撰写调研报告，为酒店企业营销管理者正确决策提供科学依据的活动。

2. 酒店营销调研的作用

酒店营销调研的作用主要表现在以下几个方面。

（1）充实和完善酒店营销信息系统。面对复杂多变的酒店营销环境，酒店营销信息系统需要收集大量的信息，并不断更新和完善这些信息。酒店营销调研，尤其是持续、系统的调研，能够获取大量有价值的信息，扩大酒店营销信息系统的信息量，充实和完善酒店营销信息系统。

（2）及时了解酒店市场发展态势。通过营销调研，酒店企业可以及时了解酒店市场发展态势，掌握酒店营销环境、酒店市场供求等相关信息，从而发现有利于酒店企业发展的机会。市场是瞬息万变的，作为管理工具之一的营销调研强调酒店企业在整个营销过程中要时刻关注市场动向、把握市场机会，发现酒店市场营销中的问题，改进企业的营销活动，不断地、更好地满足顾客的个性化需求，并有针对性地开展市场营销活动。

（3）营销调研是酒店企业制定决策的前提和基础。酒店企业决策的制定应以酒店营销调研所获得的数据和资料为依据。科学、合理的酒店营销调研有利于酒店企业解决营销问题，可以为企业制订产品计划和营销目标、选择分销渠道、制定产品价格、调整销售策略以及检查经营成果等提供科学依据。

二、酒店营销调研的内容[①]

酒店营销调研是酒店制定经营决策的前提和基础，贯穿于营销管理的全过程，内容包括市场信息及其变化趋势、市场竞争情况、可控因素的影响、不可控因素的影响和动机等。

（一）市场信息及其变化趋势

酒店应收集国家经济政策、客源地人口构成及其收入水平、潜在需求和现时需求的总量等市场信息并预测其变化趋势，以此预测市场前景，为调整经营结构和营销策略指明方向。

（二）市场竞争情况

市场竞争情况直接影响酒店营销，对此，酒店企业应收集以下信息。

1. 市场占有率

市场占有率既可以使酒店经营管理人员了解本酒店在市场竞争中的地位，也可以使其通过比较本酒店的销售量和其他竞争对手的销售量，计算本酒店的市场占有率。

2. 竞争对手的营销策略

了解竞争对手的营销策略，有助于制定本酒店的营销策略。酒店营销人员可以通过观察、分析竞争对手在传统媒体（如报纸、电台和电视台广告、户外和机场广告、直邮广告）和新媒体（包括微博、短视频平台、微信公众号等）的广告，获得相关信息。

在收集这方面的信息时，市场营销人员应着重了解四个方面的情况。

[①] 王守书，贺学良. 旅游市场营销原理与实务[M]. 北京：清华大学出版社，2015：52-53.

（1）本酒店的竞争对手专注于哪些细分市场。
（2）竞争对手采用什么策略来树立市场声誉。
（3）竞争对手使用哪些广告媒体和营销方法。
（4）竞争对手的营销方案是否成功。

3. 分析竞争对手的特点

竞争对手的特点包括有形特点和无形特点，或者称为硬件方面的特点和软件方面的特点。有形特点包括地理位置、交通条件、建筑与装修风格、设施设备等方面的特点；无形特点包括服务项目、服务质量、顾客满意度、外界印象等方面的特点。

通过分析，营销管理人员应编制竞争对手比较表，便于比较分析和做出决策。

4. 客房出租率

尽管很难获得竞争对手的客房出租率数据，但酒店的市场营销人员仍应做好对已经收集到的资料的汇编工作，以便对本酒店各竞争对手酒店的客房出租率以及发展形势进行比较。

（三）可控因素的影响

在营销调研中，酒店应针对产品、价格、渠道、促销等可控因素对销售的影响，分别进行调查研究，并结合销售成本分析和利润分析，对酒店的战略、策略和未来的业务活动做出规划。

（四）不可控因素的影响

一般来说，酒店很少直接对政治、经济、文化、科技等不可控因素进行调研。大多数情况下，主要通过报刊等收集情报，也有专门的调研公司会提供有关这方面情况的资料。对于酒店不可控因素的调研就是对酒店市场营销环境的调研，包括宏观环境和微观环境的调研，详细内容参见本书第二章酒店市场营销环境的相关内容。

（五）动机

在酒店业，动机调研广泛应用于分析顾客选择某一酒店而不选择别的酒店的原因。换句话说，要研究顾客对各个酒店所提供的产品和服务的看法，分析顾客到某一酒店而不到其他酒店住宿的原因。这种分析是"质"的分析，有助于解决以下问题：酒店的哪些特征会对顾客选择酒店产生决定性影响、本酒店选择的目标市场是否正确、是否提供了目标市场需要的产品和服务、是否满足了顾客的需求等。

三、酒店营销调研的类型

按照不同的分类标准，酒店营销调研可以划分成不同的类型。

（一）按照资料来源分类

按照资料来源不同，酒店营销调研可分为文案调研、实地调研和网络调研。

1. 文案调研

文案调研也称为二手资料分析，是收集、分析历史的和现时的已有信息，获取与调研目的相关的信息的一种调研方法，具有获取信息快、方法简单、节省资金等特点，常用于探测性调研阶段。

2. 实地调研

实地调研是指调研人员采用一系列调研方法和技术对酒店市场情况进行实地调研，得出第一手资料，经整理、分析后得出调研结果的方法。通常，实地调研是在制定出较为详细的调研方案的基础上，由调研人员直接向被调研人员收集第一手资料，然后对这些资料进行整理和分析，提交调研报告。

3. 网络调研

网络调研是指借助互联网直接收集第一手资料或间接收集第二手资料的调研方法。网络调研可以跨越时间和空间的限制，不仅节省了人力、物力和财力，而且有利于调研效率的提高。

（二）按照样本产生方式分类

按照样本产生方式的不同，酒店营销调研可分为普遍调研、重点调研、典型调研和抽样调研。

1. 普遍调研

普遍调研是获得较为完整的酒店营销信息的调研方法，主要是对酒店营销调研总体中的每一个个体单位逐一进行调研，也就是对所要认识的研究对象的全体进行全方位调研。

普遍调研的优点是所取得的资料全面可靠，缺点是费用较贵、时间较长。这种方法适用于调研对象不多或者调研对象集中的情况，但一般来说不宜过多采用。

2. 重点调研

重点调研是从调研对象总体中选出一部分重点单位进行调研。所选择重点单位的数量在调研对象总体中只占一小部分，但其某一主要标志的标志值在总体标志值中占很大的比重。这种方法的优点是节省人力投入和费用支出，同时能较快地获得调研对象的基本情况。

重点调研的适用情况为：调研对象的总体单位数量很大，各单位标志值差异较大，其中少数单位的主要标志如收入、利润、成本、接待量等的标志值，在调查对象总体标志值中占有较大比重，调研任务要求快速掌握调研对象的基本情况。

3. 典型调研

典型调研是在对调研对象已有初步了解的基础上，主观地从调研对象总体中选择一些具有典型意义的或者有代表性的单位，对其进行深入细致的专门调研。

由于典型调研是选择少量典型单位，而不是针对调研总体进行调研，相对地节约了人力、物力、财力和时间，而且方式比较灵活，调研结果具有一定的代表性。然而，由于是通过主观判断来选择调研单位，调研结论也是调研人员主观推测出来的，因此具有一定的主观性，进而影响了调研结果的准确性。

典型调研的适用情况为：调研对象总体数量较大，调研项目较多，调研人员对总体情况非常了解且能准确选择有代表性的典型单位。

4. 抽样调研

抽样调研是一种在调研对象总体中抽取一部分个体作为样本进行调研，然后根据样本信息推断出调研总体情况的方法，是酒店营销调研中最常用的方法。

与其他调研方法相比，抽样调研的优点主要有：工作量小、调研费用少、所用时间短、调研误差可控，既能提高信息的有效性，还能获得比较正确、全面的信息。

（三）按照调研目的和调研性质分类

按照调研目的和调研性质的不同，酒店营销调研可以分为探测性调研、描述性调研、因果性调研和预测性调研。

1. 探测性调研

探测性调研又称为非正式调研或试探性调研，是在情况不明的情况下，为了找出问题的症结，明确进一步深入调研的具体内容和重点而开展的调研。

探测性调研主要解决的问题是"可以做什么"，它的主要功能是发现问题和寻找市场机会，也就是帮助酒店营销调研主体识别市场机会、解决企业的市场营销问题等。

探测性调研可以为精确调研的顺利开展建立假设，从而明确所要探测的问题；可以为进一步调研确立各种假设或问题的先后顺序；可以收集针对某一具体假设的相关调研信息；可以增进调研人员对问题的熟悉程度，以及明确所要探测的问题的概念。

在具体的实施过程中，调研人员往往根据对模糊问题内涵的逐步明确而调整调研程序和调研方法，很少采用具体的问卷形式或概率抽样调查。

2. 描述性调研

描述性调研是对问题有了初步了解之后，需要对已找出的问题做出如实反映和具体的回答时常采用的方法。它主要解决的问题是"是什么"。

与探测性调研相比，描述性调研更为深入和细致，通常不涉及事物的本质和事物发展的内在原因，而是说明调研市场的特征和状况，是市场现象的具体化。

描述性调研一般具有六个要素（5W1H）：为何调研（why）、向谁调研（who）、从调研对象处获取什么信息（what）、获取调研对象何时的信息（when）、在何地获取调研对象的信息（where）和以什么方式、方法获取信息（how）。[①]

通过描述性调研，可以正式、全面、系统地对特定的市场信息和数据进行收集、整理、汇总；可以运用某些描述性统计变量，如平均指标、变异指标、综合指标等，对市场总体情况进行准确、客观的反映和描述。

一般来说，描述性调研要求具有比较规范的调研方案、比较精确的抽样与问卷设计，以及有效控制的调研过程。描述性调研的结果常常可以用各种类型的统计表和统计图来表示。

3. 因果性调研

因果性调研又称为解释性调研，是以解释市场变量之间的因果关系为目的的调研。

因果性调研的主要功能是在描述性调研的基础上，对调研数据进行加工和计算，再结合营销环境各要素的影响，对市场信息进行解释和说明，并进一步分析出何者为因、何者为果。与探测性调研和描述性调研相比，因果性调研更侧重于分析和研究市场，主要解决的问题是"为什么"。

通过因果性调研和因果分析，酒店营销人员能够解释一个变量的变化是如何导致或引起另一个变量的变化的。因果性调研常采用实验法，这就要求酒店营销人员首先假定自变量（x）是因变量（y）的原因，然后在其他变量保持不变的情况下测定 x 和 y 之间的关系。

4. 预测性调研

预测性调研是在描述性调研和因果性调研的基础上，收集酒店市场过去和现在的相关信息，然后依据过去和现在的营销经验和科学的预测技术，对市场未来的趋势进行测算和判断，从而得出与客观事实相符合的结论。

预测性调研的主要目的是预测未来市场变化趋势，回答的问题是"未来的市场将怎样"。预测性调研对于酒店的营销决策和经营管理决策有重要的意义，其调研结果常被直接用作决策的依据。

[①] 宋军，钱耀军. 营销学理论与实务[M]. 北京：化学工业出版社，2015：68.

四、酒店营销调研的程序

酒店营销调研需要综合考虑调研目标、调研内容、调研时间、调研范围、调研方式、调研人员素质、调研经费等因素。正式的酒店营销调研程序分为主题选择、方案构建、调研人员培训、调研执行、数据分析、报告撰写、调研反馈等环节，如图 4-2 所示。其中，主题选择、方案构建为调研准备阶段，调研执行、调研人员培训为调研实施阶段，数据分析、报告撰写为调研结果处理阶段。

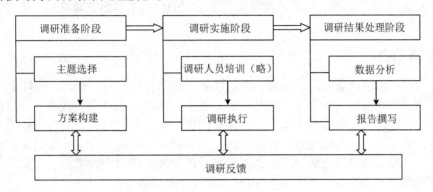

图 4-2　酒店营销调研的程序

（一）主题选择

酒店企业在营销过程中需要解决很多问题，如了解顾客需求以实现市场细分、了解顾客的购买行为以推出适销对路的产品、了解酒店产品的销售情况以调整营销策略、了解酒店企业内部的管理情况以促进企业有效运转等，解决这些问题对酒店企业营销活动非常重要，因此这些问题都可能成为酒店营销调研的主题。

酒店营销调研主题的选择应建立在明确调研目的、查询相关资料的基础上。明确调研目的是整个调研过程的关键环节，它既是调研的出发点，也是调研的归宿。调研目的明确后，就需要查询与调研目的相关的资料，主要是指第二手资料。对查询到的第二手资料进行整理、归类之后，基本上就厘清和确定了调研的主题。

（二）方案构建

方案构建为酒店营销调研程序的第二个环节，方案主要内容包括调研目的、调研对象、调研内容、调研方法、调研进度、经费预算及附录等。

从调研方案的内容可以看出，调研方案是针对酒店营销调研目的全方位、全过程的设计和计划，是整个调研活动的纲领性文件，对整个调研过程具有指导作用。调研方案的构建可以充分体现营销调研人员的组织设计能力与创造能力。

（三）调研执行

完成酒店营销调研方案构建并获得批准以后，即进入调研执行阶段。

调研执行是指依据方案中确定的调研方法（参见本节"五、酒店营销调研的方法"）组织相关调研人员按照规定的时间、地点等进行调研，获取调研数据和资料的过程。

调研执行的过程和效果直接决定着数据分析的质量和调研结果，因此调研人员必须坚持科学、实事求是的原则，严格遵守职业道德，这样才能保证调研的顺利执行。

（四）数据分析

数据分析环节的主要任务是对调研所得的数据和资料进行整理与分析，即对数据和资料进行检查、审核、汇总、编码、录入、统计、分析等，对其正确性、完整性和真实性进行检查和审核。对于审核后的数据和资料，调研人员需要按照其性质、内容或特征对相同或相近的资料进行归类，剔除不真实的数据和资料，汇总后方便编码。编码是指把原始数据和资料转化为符号或数字的处理过程。数据分析的常用工具有 Excel、SPSS、SAS、LOTUS、STATA 等。把经过编码的数据录入所采用的分析工具后，即可进一步对其进行统计分析并绘制表格。

（五）报告撰写

酒店营销调研结论需要以口头或书面的形式提交给相关部门，作为决策依据。

酒店营销调研报告的内容主要包括引言、正文、结论、附件等。其中，引言部分主要介绍调研目的、调研单位的基本情况、所调研问题的事实材料等；正文部分主要介绍调研的必要性、调研方法、调研过程、数据分析和处理说明；结论部分主要介绍本次酒店营销调研的结论及根据结论提出的建议等；附件部分需要列示调研资料来源、资料汇总表、所用到的辅助调研工具（如调查问卷），以及本次调研的局限性等。

（六）调研反馈

酒店营销调研反馈是指在调研结束后，对相关调研结论与建议进行追踪调研、总结反馈以修正调研结论等，旨在积累经验、改进调研方法、提高调研质量，从而进一步提高决策的准确性。

调研反馈的内容主要包括相关调研结论与建议是否引起了相关部门管理者的重视，是否被采纳，采纳的程度、采纳后的实际效果如何，调研结论是否经得起时间和实践的检验，调研过程是否需要改进，等等。

五、酒店营销调研的方法

酒店营销调研的方法是调研方案的重要内容之一。选用的调研方法是否合理决定着酒店营销调研方案可行与否，决定着酒店营销调研的成败。

根据不同的标准，酒店营销调研方法有不同的分类，如按照调研工作的信息来源，可分为文案调研和实地调研；按照调研方法的性质，可分为定性调研和定量调研；按照调研实施的平台，可分为线下调研和网络调研。每种调研方法都有各自的优、缺点和适用范围。在选择调研方法时，调研人员需要综合考虑调研目的与酒店本身的特点，最大限度地反映客观事实，控制误差范围。下面介绍几种常用的调研方法。

（一）文案调研法

文案调研法是指根据调研目的收集相关的各种文献资料并展开分析，这些文献资料主要为各种反映酒店市场变化的历史与现时资料。

1. 文案调研法的作用

文案调研法的作用主要体现在以下两个方面。

（1）为实地调研创造条件。酒店营销调研通常先采取文案调研法，如果文案调研法不能为解决现有问题提供足够的依据，则需要展开实地调研。

通过文案调研法所获取的文献资料，调研人员可以初步了解调查对象的性质、范围、内容、调查重点等，因此文案调研法可以提供实地调研无法或难以取得的市场环境等宏观资料，辅助实地调研验证各种调研假设，解释和说明问题产生的原因。

（2）为酒店企业的市场研究提供重要参考依据。在酒店营销调研方法中，文案调研法常被视作首选的调研方法，尤其是在酒店市场供求趋势分析、相关与回归分析、市场占有率分析、市场覆盖率分析中。例如，在酒店市场供求趋势分析中，通过文案调研法可以收集酒店市场的各种动态资料，然后加以对比分析，来预测市场的发展方向。

2. 文案调研法的资料来源

按照来源的不同，文案调研收集的资料可分为酒店企业内部的文献资料和酒店企业外部的文献资料两类。

酒店企业内部的文献资料主要是各种与经营活动有关的业务资料、统计报表、财务资料、汇总报告等。通过对合同文本、发票等业务资料的分析，调研人员可以掌握酒店企业产品的供应情况，不同地区、不同顾客的需求变化情况，等等。通过对月销售计划报表、营销费用统计报表等各类统计报表的分析，调研人员可以研究酒店企业经营活动的数量、特征及规律，为相关部门的预测和决策提供依据。通过对季度和年度报告、调研报告、经验总结报告等资料的分析，调研人员可以为酒店市场研究提供参考和指导。

酒店企业外部的文献资料主要包括统计部门与各级、各类政府主管部门发布的文献资料，各种信息中心、专业信息咨询机构、行业协会及其分会提供的文献资料，国内外相关书籍、报纸、杂志等文献资料，各级新闻媒体的相关报道，国内外博览会、交易会和专业的学术经验交流会议的文献资料，等等。

3. 文案调研的常用方法

对于酒店营销调研人员来说，根据调研目的科学地查找并获取有价值的文献资料是关键。常用的方法主要有以下两种。

（1）参考文献检索法。参考文献检索法主要是对有关著作、论文等所列示的参考文献或者文中所提及的文献资料进行回溯，从而查找有关信息。

（2）检索工具检索法。使用现有的检索工具，可以在更大的范围内更有效地检索相关文献资料。按照检索工具的不同，主要有手工检索、计算机检索、搜索引擎检索等。

（二）实地调研法

为了解决文案调研法不能解决的问题以及克服文案调研法的局限性，酒店营销调研人员有必要开展实地调研，采用一系列调研方法和技术收集第一手资料，整理分析后得出调研结果，即采用实地调研法来获得原始资料。实地调研法主要有观察法和访谈法。

1. 观察法

观察法是指酒店营销调研人员通过到现场观察而获取所需资料的一种实地调研方法。酒店企业可以委派调研人员直接到现场进行观察，也可以借助录音机、照相机、摄像机、监视器等仪器设备进行观察。

1）观察法的分类

（1）按照所取得资料的时间特征不同，观察法可以分为纵向观察法、横向观察法和纵横结合观察法。

纵向观察法又称为时间序列观察法，是在不同时期进行观察，取得一系列观察记录。横向观察法又称为横截面观察法，是在某一特定时间内对若干个调查对象所发生的事态同时加以记录。将纵向观察和横向观察结合起来，以取得更为可靠的调研资料，即纵横结合观察法。

（2）按照观察的具体形式不同，观察法可以分为直接观察法、机器观察法和实际痕迹观察法。

直接观察法，即调研人员直接进入调研现场进行观察、记录的调查方法。在直接观察法中，使用得较多的是神秘顾客调查法。机器观察法是通过录音机、摄像机、监视器等设备进行观察的方法。实际痕迹观察法是通过观察调研对象使用后留下的实际痕迹进行统计分析以获取信息的方法。

【阅读链接 4-2】　　　　　　　"躺着"挣钱的酒店试睡师

2）观察法的优、缺点

观察法的优点：能够直观、可靠、客观地收集原始资料，直接记录调研的事实和被调研人员在现场的行为，调研结果更接近实际；可以对那些无法、无须或无意进行语言交流的酒店现象或人员进行调研，有利于排除语言交流或人际交往中可能发生的种种误会和干扰因素；简便易行、灵活性强。

观察法的缺点：运用观察法所得到的资料只能反映客观事实的发生过程，并不能说明发生的原因和动机；在具体实施时，经常会受到时间、空间和经费的限制，所以仅适用于小范围的微观酒店市场调研；对调研人员的业务技术水平要求较高，如要具有敏锐的观察力、良好的记忆力、心理学、社会学等必要的理论知识，以及对现代化设备的操作技能，等等。

2. 访谈法

访谈法是一种以语言交流作为收集资料的手段，以询问的方式向被调研人员提出问题，以得到的答复作为调研结果的实地调研方法。

根据调研人员与被调研人员接触方式的不同，访谈法可分为面谈法、电话访谈法。

（1）面谈法。面谈法即按照事先规定的方法，依据调研问卷或访谈提纲，调研人员与被调研人员面对面直接交谈。根据与被调研人员接触方式的不同，面谈法可分为入户面谈法、街头拦截式面谈法、计算机辅助个人面谈法等。根据调查内容的深度，面谈法可分为一般面谈法、焦点小组访谈法和深度访谈法。一般面谈法即一对一地与被调研人员面谈。焦点小组访谈法（group/focus groups discussions）即采用会议的形式，挑选一组具有代表性的调研对象，在主持人的主持下，就某个专题进行探讨，从而获得对有关问题的深入了解。深度访谈法是一种无结构的、直接的、一对一的访谈，在访谈过程中，由掌握高级访谈技巧的调研人员对被调研人员进行深入的访谈，以揭示对某一问题的潜在动机、态度和情感。常用的深度访谈技术主要有阶梯前进、隐蔽问题探询、象征性分析等。

面谈法的优点是可以获取的数据的内容较多、问题较深入、质量较高，缺点是时间较长、费用较高、控制调研质量的难度较大等。

【阅读链接 4-3】　　　　　焦点小组访谈法

（2）电话访谈法。电话访谈法，即调研人员通过电话联系的方式，向被调研人员询问所要了解的内容或征求其意见。传统的电话访谈法使用的是普通的电话、普通的印刷问卷和普通的书写用笔，根据随机抽样的原理，从电话号码簿或者事先确定的抽样方案中随机选择电话号码进行调研。

现在的计算机辅助电话访谈（computer-assisted telephone interviewing，CATI）是采用计算机辅助电话访谈设备和自动随机拨号系统、问卷设计系统、自动访问管理系统、自动数据录入、简单统计系统等，调研人员通过耳机按照指定的程序对被调研人员展开访谈。

电话访谈法的优点在于节约时间和费用，易于控制调研实施的质量，并且可能会对不易接触的调研对象展开访谈；缺点在于抽样总体与目标总体不一致、调研内容难以深入、访谈的成功率可能较低等。

（三）网络调研法

随着信息技术的发展，个体通过网络开展物质活动、精神交往和话语交流等已成为日常，这为网络调研的实施提供了坚实的技术基础。网络调研可以跨越时间和空间的限制，不仅可以节省人力、物力和财力，而且有利于调研效率的提高。

网络调研法是借助互联网络（宽带和移动网络）直接收集第一手资料或间接收集第二手资料的调研方法。按照调研方式的不同，网络调研法可分为网上文献资料分析法、一对一的网上深层访谈法、网上观察法、网站调研法、网页调研法、电子邮件调研法、网络会议法、弹出式调研法、网上固定样本法等，其中应用得较多的为网站调研法、网页调研法、电子邮件调研法、网络会议法。

1. 网站调研法

网站调研法是指将调研问卷设置在访问率较高的一个或多个站点上，由浏览这些站点并对该项调研感兴趣的网上用户按照个人意愿填答问卷的调研方法。

开展网站调研时可以对众多的访问者设置一些过滤问题，在填写问卷前确认访问者是否符合调研对象的要求，对不符合要求的，程序将自动判断并拒绝其填写问卷，这样就可以防止大量无效问卷的产生。因此，这种调研只能反映对该项调研感兴趣的网民群体的态度。

2. 网页调研法

网页调研法是指将设计好的调研问卷放到网站的某个网页上，网民可以根据自己的情况决定是否参与调研的方法。

根据调研问卷的格式和生成系统的不同，网页调研的调研问卷可分为纯超文本格式网页调研、固定格式互动网页调研、定制互动网页调研等。其中，纯超文本格式网页调研的问卷格式为超文本格式（HTML）；固定格式互动网页调研是利用调研引擎或调研软件来设计问卷，可以实现逻辑分支、跳跃、筛选甄别、自动查错等功能；定制互动网页调研的问卷，除具有前两种方式的技术控制功能以外，还可以按照用户的需要设计出更复杂、更美观的问卷，可加入各种功能，如插入实时网页、文件下载等。

3. 电子邮件调研法

电子邮件调研法是指以被调研者的电子邮件（e-mail）地址作为样本框，把设计好的问卷以文件的形式随机抽样发到被调研者的电子邮件信箱，被调研者在方便时填好问卷内容，再通过 e-mail 反馈给调研机构的调研方法。调研机构通过专门的程序对答卷进行自动检查和编辑，再进行数据收集、整理、分析。在样本框相对全面的情况下，这种调研方法可获取调研对象总体多方面的统计资料。

4. 网络会议法

网络会议法（net-meeting）是指调研者把设计好的调研内容以网页的形式在固定的网站上公布，并在调研对象总体中征集与会者，在约定的时间内进行网上座谈的调研方法。

第三节 酒店市场预测

酒店营销调研既是认识市场和取得相关信息资料的基本方法，也是实施酒店市场预测并做出决策的前提和基础。随着市场竞争愈演愈烈，市场预测已成为酒店企业谋求生存和发展的法宝，有助于酒店营销和经营战略的科学化与战略执行的高效化，使酒店走上稳定、可持续发展的轨道。

一、酒店市场预测的含义和分类

（一）酒店市场预测的含义

预测是对未来不确定事件的预报和推测，市场预测是对市场未来状况的预报和推测。

酒店市场预测是在市场营销调研的基础上，运用科学的方法和技术，对各种数据、资料和信息进行系统的、严密的分析研究和逻辑推断，预报和推测未来一定时期内酒店市场的变化和未来发展趋势，从而为酒店企业的营销决策和经营管理提供科学依据，帮助酒店在激烈的市场竞争中赢得主动。

酒店企业市场预测的内容是多方面的，如顾客的人均消费额预测、平均住店时间预测、营业收入与利润预测等。

酒店企业是旅游产业的重要组成部分，容易受到一些严重影响市场的、突发性不可抗力事件的影响，这类事件往往具有不可预测性，如 2020 年暴发的新冠，因此不能期望酒店市场预测能够达到高度的准确。通常情况下，预测期越长，预测的准确性相对就越低。

酒店企业在开展市场预测前，应明确预测目标，并根据市场变化不断调整预测，即酒店市场预测需要不断地对可能性和拟订方案做出客观、细致的评估，以供酒店企业决策者作为参考依据。

（二）酒店市场预测的分类

按照不同的标准，酒店市场预测可分为不同的类型。

1. 按照预测的范围划分

按照预测的范围，酒店市场预测可以分为酒店宏观市场预测和酒店微观市场预测。

（1）酒店宏观市场预测。酒店宏观市场预测是指根据预测目标，从全社会出发，对酒店市场营销的宏观环境及其发展趋势进行预测，内容包括国内生产总值及其增长率、人均国内生产总值及其增长率、物价总水平和社会商品零售总额、工资水平和劳动就业率、消费结构的变化等。

（2）酒店微观市场预测。酒店微观市场预测是指从自身出发，对影响酒店经济行为的微观市场营销环境及其发展趋势进行预测，内容包括对竞争对手经营情况的预测、对顾客偏好与消费支出的预测、对供应商与营销中介的预测等，有时还需要对酒店自身的出租率、接待的季节性、营业收入与利润等进行预测。

2. 按照预测时间的长短划分

按照预测时间的长短划分，酒店市场预测可以分为短期预测、中期预测和长期预测。

（1）短期预测。酒店市场短期预测是指以日、周、旬、月或季为时间单位，对一年以内的酒店市场发展前景进行预测，主要是为酒店企业日常营销活动和经营决策服务，为酒店制订月度、季度等营销计划提供依据，讲究预测的时效性。

（2）中期预测。酒店市场中期预测是指以年为单位，对一年以上、五年以下的市场发展趋势进行预测。酒店市场中期预测主要是为酒店制定中期营销战略和经营发展战略决策提供参考依据。

（3）长期预测。酒店市场长期预测是指以年为时间单位，对五年以上的市场发展前景进行预测。酒店市场长期预测主要是为酒店企业制定市场营销和经营发展的长期规划提供依据。

酒店市场预测的准确性随着预测时间的长短而不同，预测期越长，误差就越大，准确性就越低。由于酒店市场短期预测的不可控因素较少，可用资料充分，预测内容较为广泛，因而预测结果的精度也较高。酒店市场中期预测与短期预测相比，不可控因素较多，预测的内容就应少一些，预测的精度相应低一些。酒店市场长期预测时间长、不可控因素多，因而只能概括地描述未来市场变化的情况。因此，在实际工作中，酒店企业往往侧重于开展短期预测，中期预测和长期预测则做得比较少。

3. 按照预测的方法划分

按照市场预测的方法划分，酒店市场预测可以分为定性预测和定量预测。

（1）定性预测。酒店市场定性预测是指酒店市场营销人员根据一定的经济理论、营销理论和统计理论，凭借经验和判断能力，对酒店市场未来的状态与发展趋势做出综合判断。

酒店市场定性预测一般用于缺乏完整的统计资料、市场环境变幻莫测、影响市场的因素复杂且难以进行定量分析的情况，如预测一家新开业酒店的客房出租率、投资回收期等。

（2）定量预测。酒店市场定量预测一般是从历史统计数据入手，使用专门的统计方法和数学方法建立数学模型以推算和估测预测值的方法，可对酒店未来的市场经济总量、酒店自身经营数据的变动趋势进行描述，据以预测酒店企业经营涉及的某一方面未来数量的变化程度。

酒店市场定性预测与酒店市场定量预测的划分是相对的，没有孰优孰劣之分，只是侧重点不同、适应的条件不同。在实践中，往往需要将两者结合起来使用，即酒店市场定量预测以酒店市场定性预测为前提、酒店市场定性预测以酒店市场定量预测为补充，从而使酒店市场预测的结果能够比较全面地反映预测期市场的状况，发挥酒店市场预测应有的作用。

除上述常用的酒店市场预测类型之外，还有其他分类方式。例如，对于涉外酒店，其市场预测可以按照预测的空间划分为国内市场预测和国际市场预测；按照市场预测值的分布状况，可以将酒店市场预测划分为点值预测和区间预测。

二、酒店市场预测的程序

酒店企业市场预测的程序包括以下五个步骤。

（一）确定预测目的，拟订预测计划

酒店市场预测首先要确定预测目的，即明确酒店市场预测的主题，预测目的的确定直接影响酒店市场预测的结果。预测目的的确定就是要解决预测什么，通过预测要解决什么问题。

只有有了明确、具体的预测目的，才能据以拟订预测计划，包括拟订预测项目、预测期限，调配预测人员，编制费用预算等。

（二）收集与整理资料

酒店营销调研所收集、整理的资料为酒店市场预测奠定了基础，任何市场预测都要基于市场历史的和现时的资料出发。

资料的收集一定要注意广泛性、适用性和可靠性，资料收集得不全面、不系统，将严重影响预测质量，这就要求酒店营销调研必须取得准确、客观、系统、符合时效性要求的资料，这样才能降低预测误差，提高预测质量和预测精度。

【阅读链接4-4】 酒店怎么用好大数据

（三）选择预测方法，建立预测模型

有效开展酒店市场预测，必须根据预测目的和获取的资料，选择恰当的预测方法，建立恰当的预测模型。

1. 选择预测方法

酒店市场预测的方法有很多，既有定性预测方法，又有定量预测方法。如果只要求预测发展趋势，则可选择定性预测方法；如果要求预测出具体数据，就必须运用定量预测方法。

在酒店市场预测的实践活动中，要求将定性预测与定量预测相结合，以定性预测为依据，以定量预测为手段；在酒店市场定性预测中尽可能做到量化，在酒店市场定量预测中则要注意贯穿定性分析，这样才能使酒店市场预测的结果尽量接近客观事物的实际情况。

2. 建立预测模型

一般来讲，酒店市场定性预测可以建立逻辑思维模型，酒店市场定量预测则必须建立数学模型。

数学模型是建立在酒店营销调研已取得的历史数据和现时数据的基础之上的，不同的模型对数据资料的要求以及对预测时间长短的适用情况是不同的。因此，不能盲目地使用数学模型，而应该根据酒店市场预测的目的、数据资料的情况等建立恰当的数学模型，否则将影响酒店市场预测的精度。

（四）预测与预测误差分析

根据选定的预测方法和数学模型开展酒店市场预测的过程中，需要对有关数据进行必要的修订，剔除因偶发因素而产生的异常数据，如在进行季节性预测时，就需要考虑剔除2022年新冠影响所导致的接待数据的异常值。

当预测结果与预期值差异比较大时，应具体分析产生误差的原因，如果是预测方法和数学模型选择不当，就要调整预测方法与数学模型；如果是数据原因，就需要重新整理、分析数据、剔除异常数据、修正错误的数据，然后重新预测。

（五）撰写并提交预测报告

对酒店市场预测进行全面总结，确定预测结果后即可撰写并提交预测报告。

酒店市场预测报告的主要内容有预测目的、预测时间、参加预测人员、主要资料来源、预测方法与数学模型、实际预测结果、对预测结果的分析评价意见、相应的决策方案及各方案的利弊分析等。酒店企业可以根据市场预测报告，选择和制定相应的营销战略和企业经营战略，赢得市场。

三、酒店市场预测的方法

根据预测方法的性质不同，酒店市场预测方法可以分为定性预测方法和定量预测方法两种。

（一）定性预测方法

定性预测方法是指依靠预测者的观察分析能力、经验判断能力和逻辑推理能力开展市场预测，是预测者根据所了解的情况和实践积累的经验，对客观情况所做的主观判断。

定性预测的准确程度取决于预测者的经验、理论、业务水平、掌握的情况和分析判断的能力，主要分为以下几种。

1. 经营管理人员意见法

经营管理人员意见法是指由酒店企业的决策者召集熟悉市场情况的业务部门主管人员，包括营销、前台、客房、餐厅、财务等部门的主管人员，让他们根据各自的经验及对市场的判断，提出预测意见，然后对这些意见加以归纳、分析和判断，最终确定酒店市场的预测结果，并据以制定营销和经营决策。

对于新开业的酒店来说，由于缺乏历史数据的支撑，经营管理人员意见法往往是唯一可以采用的预测方法。由于这种方法具有预测成本低、预测结果具有一定的准确度、利于调动管理人员的积极性等优点，非新开业的酒店也常常采用这种方法进行预测。

这种方法的缺点也非常明显，即对于预测者的各方面能力要求较高、受预测者主观因素的影响较大，因此不宜过分依赖这种方法。

2. 集体预测法

集体预测法是指酒店企业中的决策者、中层管理人员和营销人员依靠个人收集到的数据资料，根据个人的经验、知识、能力并运用相应的数学运算方法，做出个人的判断和预测，然后加以汇总整理，对酒店企业市场前景做出综合预测。

这种方法可以看作经营管理人员意见法的升级版，其优、缺点也与之相似。这种方法涉及多层次的更多的预测人员，各级人员熟悉不同的市场领域，如果运用得当，其预测结果要比经营管理人员意见法的结果更接近实际；基于同样的原因，不同级别人员对市场认识的片面性和不同个人对市场判断的差异较大，运用不好的话，会取得适得其反的效果。

3. 德尔菲法

德尔菲法（Delphi Method）又称为专家意见法，是由美国兰德公司在1950年提出的一种预测方法，它是以匿名的方式向一组选定的专家轮番分别征询意见（专家之间是背靠背的，相互之间并不知道对方的存在及对方的意见），然后对意见加以综合整理、反馈、再整理，逐步取得一致意见。

酒店采用德尔菲法进行市场预测的基本步骤为：成立预测小组，确定预测目标和预测专家若干名，并将预测目标及背景材料通知专家，要求其依据相关材料和个人经验、知识做出预测；专家接到通知后，根据自己的经验和知识做出初步预测，并说明依据和理由，回寄给主持者；主持者对各种预测结果进行归纳整理，对不同的预测结果注明理由和依据，再分寄给各位专家，要求专家修改自己的预测；专家收到反馈意见后，通过分析各种预测意见及其理由，提出自己的修改意见；如此反复多次（具体次数根据预测的复杂程度决定，一般在3~5次），直到专家的意见趋于一致。

德尔菲法的优点是能够集思广益，发挥专家的集体智慧，避免主观性与片面性，使理论、经验与实践相结合，在缺少数据时也可应用，适用范围广；缺点是预测结果的准确程度受到专家的知识水平与能力的局限。

（二）定量预测方法

定量预测方法是指根据收集、整理的数据资料，运用统计方法和数学模型近似地揭示、预测酒店相关变量（如营业收入、出租率等）的数量变化规律，并据此对预测目标做出量化预测。

定量预测方法分为时间序列法和因果关系法。

1. 时间序列法

时间序列法是指把某种社会经济现象的某一统计指标数值按照时间先后顺序排列形成序列的方法，是根据时间序列数据所反映的变化规律，将时间序列数据向外延伸，以揭示市场变化趋势的定量预测方法。

时间序列法有很多种，酒店市场预测常用的有简单平均法、移动平均法和指数平滑法。受篇幅限制，此处仅介绍各方法的原理及简单模型，有兴趣的读者可查阅相关统计学书籍。

（1）简单平均法。简单平均法是指假定前期发生的情况在将来依然会发生，因此把一定观察期内时间序列的算术平均数作为下一期预测值的预测方法。

简单平均法的计算公式为

$$\bar{X} = \frac{\sum X_i}{n} (i=1,2,\cdots,n) \tag{4-1}$$

式中：$\bar{X}$——预测值；

X_i——时间序列中第 i 期的实际发生值；

n——时间序列中数据的个数。

（2）移动平均法。移动平均法是指按照一定的跨越期，采用逐项的方法，对时间序列中的数据由远及近进行平均，计算一系列平均数，把每期平均数作为下一期预测值的方法，即随着时间推移，时间序列中的数据也向前移动，每移动一期，就去掉最前面一期的数据，而新增原观察期之后的一期数据，以保证跨越期不变，然后逐个计算算术平均数，离预测期最近的平均数即预测值。

移动平均法的计算公式为

$$M_t = \frac{X_t + X_{t-1} + \cdots + X_{t-n+1}}{n} = \frac{1}{n}\sum_{i=t-n+1}^{t} X_i \tag{4-2}$$

式中：M_t——第 t 期的移动平均值，即第 t 期的预测值；

X_i——第 i 期的实际发生值；

n——移动平均的项数，即跨越期数。

（3）指数平滑法。指数平滑法是美国经济学家罗伯特·G.布朗于 1959 年在《数据库管理的统计预测》一书中首先提出来的，是酒店市场预测中常用的方法。这种方法是用时间序列中历史数据的加权平均数作为预测值，是一种特殊的加权移动平均法。

根据平滑次数不同，指数平滑法可以分为一次指数平滑法和多次指数平滑法。这里仅简单介绍一次指数平滑法。

设 $y_1, y_2, \cdots, y_t, \cdots, y_n$ 为时间序列观察值；观察值的时间 $t=1, 2, \cdots, n$；$s_1^{(1)}, s_2^{(1)}, \cdots, s_n^{(1)}$ 为时间 t 的观察值的指数平滑值。一次指数平滑值的计算公式为

$$s_t^{(1)} = \alpha y_t + (1-\alpha) s_{t-1}^{(1)} \quad (4\text{-}3)$$

式中：$s_t^{(1)}$——第 t 期的一次指数平滑值；

$s_{t-1}^{(1)}$——第 t-1 期的一次指数平滑值；

y_t——第 t 期的观察值；

α——加权系数，$0<\alpha<1$。

一次指数平滑预测是以第 t 期的一次指数平滑值作为第 t+1 期的预测值。

从式（4-3）一次指数平滑值预测模型中可以看出，预测的关键是确定 α 的值和初始值。初始值可以由时间序列确定，α 的值可以采用试错法，根据预测误差的大小选择恰当的 α 值（详细分析不属于本书的研究范畴，读者可参考相关统计学书籍）。

2. 因果关系法

因果关系法又称为回归预测法，是指从分析事物变化的因果关系入手，在分析酒店市场营销实际数据的基础上，建立回归预测模型，揭示预测目标与其他有关经济变量之间的数量变化关系，据此对预测目标进行预测。也就是说，把预测目标的变化视为"果"，把其他与预测目标的变化相关的因素视为"因"，从而建立因与果之间的数学模型，并根据相关因素的变化推断预测目标的变动趋势。

描述自变量与因变量之间回归关系的数学模型称为回归方程，根据自变量的多少，回归方程可以分为一元回归方程和多元回归方程；根据自变量与因变量之间的关系，回归方程可以分为线性回归方程和非线性回归方程。

有关回归方程的详细内容请参考统计学、计量经济学或多元统计分析相关书籍。

问题与讨论

1. 按照酒店营销信息的划分标准，对学生进行分组，每组至少 3 人。以小组为单位检索各种消息、资料、数据和情报，然后对所检索的酒店营销信息进行分类。

2. 讨论酒店营销信息的获取途径，并以小组为单位尝试进行检索。

3. 检索一家酒店企业的网站，分析其酒店营销信息系统及各子系统的特点，讨论该系统的作用是否得以充分发挥，并提出意见和建议。

4. 围绕某一主题，运用文案调研法进行调研，并讨论文案调研法的适用范围与优缺点。

5. 翻阅最近的报纸、杂志，分别找出两个探测性调研的例子、两个描述性调研的例子、两个因果性调研的例子和两个预测性调研的例子。

6. 针对你所发现的酒店市场营销中存在的问题，设计一份酒店营销调研方案。在条件允许的情况下，将调研方案付诸实施，并分析调研结果，撰写调研报告。

7. 通过网络或其他途径获取一家酒店的经营数据及相关宏观和微观数据，根据酒店市场预测的时间序列法和因果关系法，进行相应的酒店市场预测。

拓展阅读

1. 王冬梅. 新疆兵团旅游市场营销调研分析[J]. 新西部（理论版），2016（13）：47-48.

2. 杨绘宇，杨卫英. 统计学方法在旅游营销调研定量分析中的运用[J]. 商场现代化，2006（18）：101-102.

3. 张华. 大数据背景下的酒店网络营销策略研究[J]. 江西电力职业技术学院学报，2021，34（12）：141-142.

4. 白杨. 朝阳市国内旅游客源市场调查分析[J]. 渤海大学学报（哲学社会科学版），2017，39（4）：73-76.

5. 张驭思，于明亮. 基于数据驱动的酒店线上客户群体流失预测模型应用研究[J]. 现代信息科技，2022，6（10）：181-184.

6. 丁丁. 旅游大数据在酒店客户需求预测中的应用研究[J]. 齐齐哈尔大学学报（自然科学版），2020，36（6）：90-94.

课程思政

共筑中国梦

第五章　酒店目标市场定位

> **本章目标**
>
> 通过本章学习，理解酒店市场细分、目标市场选择和市场定位的概念，及其在酒店营销活动中的重要意义；了解酒店市场细分的基本原则和标准；掌握酒店目标市场选择策略；掌握酒店市场定位的步骤和具体策略。

引入案例

细分市场　创新无止境[①]

如何让酒店暑期产品更契合市场需求，而非千篇一律？有业者认为，针对不同年龄层次的群体推出细分产品或许是突破口。

"在开发暑期亲子产品时，我们就像拿着一个'百宝袋'，在袋子里，可以放入低龄儿童爱玩的挖沙项目，也可以放入射箭、扎染等适配大龄儿童的内容，甚至可以叠加成人喜欢的下午茶。酒店经营者通过一套灵活的产品组合模板，根据不同群体的特征，从'百宝袋'中取出相应产品，用定制服务满足客人需求。在此过程中，适配度决定了产品是否受欢迎。"德胧集团相关负责人分析道。

"当然，注重产品的延展性也是十分重要的。"在德胧集团相关负责人看来，即便是根据细分市场来设计产品，也要注重产品可持续延展的开发潜力。例如，针对低龄儿童研发的产品，要考虑到随着孩子年龄的增长，要有新的、可衔接的衍生产品出现，这样酒店才有陪伴孩子长大的机会。当然，提升产品的知识性、加强体验产品的仪式感都是非常关键的。唯有这样才能让孩子有炫耀的欲望、让家长有分享的冲动，才能看出产品是否受欢迎。

"酒店只有满足暑期细分市场的需求，才能较好地提升吸引力和竞争力。"南开大学教授马晓龙建议，要明确酒店的定位类型、特色服务和环境优势，在酒店产品设计过程中，以这些基础条件作为暑期产品设计的出发点，为不同类型、不同档次、不同环境需求的客人提供多种组合的产品。

"找准亲子游、学生游等不同群体客人的诉求差异，做好市场细分和目标人群的针对性营销，酒店方可在同业竞争中脱颖而出"是多位酒店行业研究者的共识。当然，想要研发出令受众欢迎的产品，要做的远不止这些。

"酒店要持续创新，才能形成带有品牌烙印的产品和服务。"北京第二外国语学院中国文化和旅游产业研究院副教授吴丽云说，如针对目标人群，在客房、餐饮、娱乐等方面进行产品创新；依托科技、设计、管理等形成独具特色的服务，构建有别于其他酒店的特色

[①] 王玮. 瞄准亲子客群　酒店深耕暑期市场[N]. 中国旅游报，2022-07-07（5）.

产品；针对潜在消费需求，通过融合创新形成新市场，并以此作为酒店新的发展方向，融入多样的生活方式。

在资深酒店品牌管理专家夏子帆看来，夏季气温较高，孩子怕热、喜水，酒店可以围绕这两点做文章。例如，可以将关注点放在室内产品的研发上，将酒店应用空间放大，从过去客房内的设施延伸到大厅活动区域，营造更多适合低龄儿童的玩乐空间，包括在室内引进一些游乐设施，打造儿童亲水空间，加强儿童营养餐的研发与落地，等等。

"就近取材"也是让酒店暑期产品更有吸引力的关键。"酒店开发暑期产品的发力点在于提升游客的体验，有的酒店在这方面有着得天独厚的资源和条件。例如，杭州第一世界大酒店就把比邻的游乐场项目延伸到酒店大堂和走廊，孩子可以跟随童话剧里的演员穿行于酒店和游乐场之间，一起玩、一起拍照。再如，青岛丽天大酒店在大堂打造了儿童游乐区，家长在办理入住和退房时，孩子们可以在游乐园里开心地玩耍，大堂经理还会送孩子们酒店定制的小纪念品，这也成为这家酒店在平台点评区最叫好的项目。"杭盖旅业负责人顾晓春说。

虽然酒店市场的复苏发展仍面临着诸多不确定性因素且游客的需求也在不断变化，但酒店业界始终直面挑战，时刻做着创新和创意方面的准备。

提问：什么是酒店市场细分？酒店市场细分的基本原则是什么？酒店目标市场选择的影响因素有哪些？如果你是一家酒店的总经理，面对变化的市场，你会怎么做？

引入案例解析

酒店市场营销的核心思想是在满足顾客需求的基础上获得利润。但是，任何酒店企业都不可能满足全部顾客的所有需求，因为市场是由成千上万的消费者组成的，是一个多层次、多元化消费需求的集合体，不同消费者有着不同的生活背景、需求、愿望和购买行为，即市场是异质的。

随着买方市场格局的形成和发展，顾客需求趋向个性化和多元化，酒店市场的异质性特征日趋明显。因此，酒店企业必须在整个异质市场中分辨出能有效为之服务的最有吸引力的目标市场，采用目标市场营销战略方式，发现市场机会、选择市场机会和抓住市场机会，促进自身可持续发展目标的实现。

目标市场营销战略是继大规模营销和产品多元化营销之后发展起来的新的营销模式，是酒店企业营销活动的核心，直接影响其他所有营销决策。确认和分析预期消费者的过程是目标市场营销战略的重点，也是成功实施营销计划的关键。这一过程可分为三个主要阶段，即市场细分（market segmentation）、目标市场选择（market targeting）和市场定位（market position），因此目标市场营销战略可简称为 STP 战略，如图 5-1 所示。

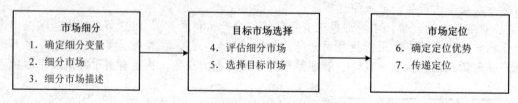

图 5-1　目标市场营销战略的三个阶段

菲利普·科特勒指出："所有营销战略都是建立在 STP 的基础上的。"酒店企业必须结合自身条件和优势，对市场现状做细致的分析和预测，从中选择适合的目标市场，实施准确的市场定位，并制定相应的营销战略，充分利用企业资源优势，最大限度地满足目标市场需求，以期获得长期发展。

第一节　酒店市场细分

一、酒店市场细分的概念与作用

（一）酒店市场细分的概念

市场细分是酒店企业营销的基础，也是目标市场营销战略的重要前提。只有正确细分市场，才能保证酒店企业有效地实施目标市场选择和市场定位，才能实现预期营销目标。

市场细分理论是由美国市场学家温德尔·史密斯（Wendell R. Smith）于 20 世纪 50 年代中期提出来的，被广泛应用在各种营销活动中。温德尔·史密斯认为，市场是由许多具有异质需求的消费者（顾客）组成的，企业为了更好地满足顾客需求，必须进行市场细分。

市场细分就是按照顾客需求的某些特征和变量，把一个整体异质的市场划分成若干个相对同质的子市场的过程。其中，异质市场是存在需求差异的市场，而同质市场是需求趋于一致的市场。市场细分是针对消费者需求进行细分，而不是针对产品或企业进行细分。

市场细分的理论依据是市场需求的差异性，而这种市场需求的差异性表现为三种不同的市场偏好模式：同质偏好、集群偏好和扩散偏好。下面以经济型饭店的价格和服务质量的顾客感知为例进行说明，如图 5-2 所示。

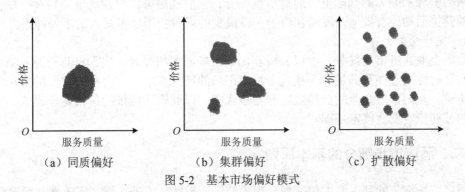

图 5-2　基本市场偏好模式

图 5-2 显示，同质偏好反映了顾客偏好大致相同的市场状态；集群偏好反映了顾客形成独特集群偏好的市场状态；扩散偏好则反映了偏好差异较大、较为分散的市场状态。

在同质偏好模式下，市场不需要细分，企业提供标准化产品即可满足市场需求。在集群偏好和扩散偏好模式下，市场都表现为异质市场，但集群偏好的市场模式对于企业来说较容易按照某种标准进行市场细分，从而划分出相对同质的若干个子市场以备选择。扩散偏好的市场模式则很难进行有效细分，由于过于分散的偏好状态使被细分的子市场可能仍然表现为异质状态，除非企业对市场进行极致细分，触及每个消费者，采取定制营销策略。当然，随着互联网技术的发展，网络营销的低成本使得更多的中小型创业公司具备了服务于个体市场和补缺市场的条件且能够成功地开展定制营销（参见【阅读链接 5-1】长尾理论）。在以上三种市场模式中，集群偏好的市场状态是市场细分的基础。

随着旅游业的发展、同行业竞争的加剧、顾客需求的多元化，酒店企业也开始将市场细分理论应用到实践中，认识到只有选择适合的目标市场，有针对性地进行营销，才能提升市场满意度，获取企业利润。

综上所述，酒店市场细分的概念可以界定为酒店企业根据顾客的需求特征、购买动机、购买习惯、购买行为等方面的明显差异性，把整个市场划分为若干个子市场的过程。

【阅读链接 5-1】　　　　　　长 尾 理 论

（二）酒店市场细分的作用

市场细分是酒店企业开展市场营销活动的重要内容，其主要作用表现在以下几个方面。

1. 把握市场需求

市场需求的异质性要求酒店企业必须进行市场细分，这样才能全面了解和掌握市场需求及其满足状态，识别并抓住市场机会。特别是随着顾客需求的个性化和多元化，酒店企业通过市场细分可以更有效地制定个性化产品和服务的研发方案，以取得更好的市场效果。

2. 有效利用资源

市场细分有利于酒店企业充分利用现有资源，获得竞争优势。特别是中小型酒店企业，在有限的资源和能力的基础上，通过市场细分，它们能更有针对性地选择目标市场并开展相应的营销活动，有效地开发潜在市场，以最少的经营费用取得最大的市场回报。

3. 提升竞争优势

酒店企业通过市场细分，可以分析和识别市场需求的差异，根据自身资源及条件的优势，有针对性地选择和满足一个或几个特定市场的特殊需求，获得最大程度的市场认同和市场份额，从而形成企业的品牌效应和竞争优势，以此取代传统的价格竞争模式，为酒店企业的长期稳定发展奠定基础。

二、酒店市场细分的基本原则

酒店市场细分的基本原则包括细分市场的可衡量性、可进入性、实效性和稳定性。

1. 可衡量性

可衡量性是指酒店细分市场容量大小的判断程度。有些细分变量划分的市场很难衡量，如顾客性格的差异对消费水平的影响等。

2. 可进入性

可进入性是指酒店企业通过营销努力可以使其产品和服务进入细分市场并对消费者施加影响的程度，以及企业具备与该市场竞争对手抗衡的能力，即企业在该细分市场开展营销活动的可行性。

3. 实效性

实效性是指细分市场的容量和成长性足以使酒店企业为之制定相关营销组合策略，并获得良好企业形象和高额收益的程度。例如，国内经济型饭店应注重高性价比及简约化设计，满足大众市场的基本需求，如果过分开发特色西餐服务，则可能因客人太少而无利可图。

4. 稳定性

稳定性是指被细分后的市场应具有相对的稳定性，以便酒店企业制定较长期的市场营销战略及组合策略，从而有效开发和占领目标市场，获得预期效益，避免市场剧烈变化所带来的经营风险。

三、酒店市场细分的标准

酒店市场细分在原则上与一般市场细分并无很大差异，都是以消费者需求的差异性为标准。消费者需求的差异性由消费者的生理特征、社会地位、经济水平和心理等因素的不同所导致，总的来说，酒店市场细分标准的选择需要考虑两种不同类型的要素，即基本要素和决定性要素。

基本要素是指与某个顾客群体相关的基本社会属性和特征，包括地理、人口统计和心理因素；决定性要素是指直接影响顾客对特定产品或品牌的购买行为的因素，包括顾客对产品的偏好、追求的利益，以及对企业营销活动的各种反应程度的细分因素，如购买时间、购买方式和购买原因等，如表5-1所示。

表5-1 酒店市场细分的标准及因素

细分标准	细分因素
地理因素	地区、气候、空间距离、环境、人口密度、城市规模
人口统计因素	年龄、性别、职业、收入、家庭规模、家庭生命周期、家庭年收入、职业、受教育程度、家庭结构、文化宗教、宗族、社会阶层、国籍
心理因素	个性、态度、生活方式、性格、习惯、价值观
行为因素	购买动机、购买状态、购买数量、购买频率、信赖程度、价格敏感程度、服务敏感程度、广告敏感程度、忠诚度

1. 地理因素

以地理因素为依据来划分市场是较为传统的、简单易行的市场细分方法。地理因素，如地理环境、气候条件、社会风俗和文化传统等方面的因素对市场需求的影响比较明显，来自不同地理环境的消费者的需求和偏好差异很大，他们对企业营销策略与活动会有不同的反应。

例如，海外顾客和本土消费者在酒店产品的选择、消费特征等方面存在明显不同，前者注重人文历史价值、接待设施的卫生条件和服务质量等，后者则更关心饭店等级、价格及其硬件条件等。

地理因素往往作为酒店市场进一步细分的基础，酒店企业在使用该因素时，必须结合其他细分变量予以综合考虑，这样才能有效反映被细分市场的真实情况。

2. 人口统计因素

人口统计因素是以人口统计变量，如年龄、性别、收入、教育水平、家庭规模、宗教和种族等直接反映消费者自身特点的因素为标准细分市场。

该细分标准与消费者的需要、欲望和购买行为的变化规律直接相关，易与其他许多变量结合使用且较易量化，所以在众多领域被广泛使用。

同地理因素一样，人口统计因素也应该注意与其他细分变量的综合运用，以提高细分市场的有效性。

【阅读链接 5-2】　　　　　大学生旅游市场具有明显的特征差异

3. 心理因素

相对于人口统计因素和地理因素，心理因素是关于消费者自身的较深层次的复杂因素，包括需要、个性、社会阶层以及生活方式等因素，决定着消费者的购买意愿和行为，具有主观性和"事前"特点。

随着消费者需求的多元化和个性化特点的显现，尽管心理因素较人口统计因素和地理因素来说难以选择和量化，但是酒店企业发现影响顾客需求的因素不再局限于价格和收入等因素，而表现为替代品、心理预期及偏好的影响作用。因此，心理因素可以更加准确、清晰地对市场进行细分，已成为现代酒店企业关注的重要细分变量。菲利普·科特勒曾提出："即使处于相同的人口统计群体的消费者，可能具有非常不同的心理特征。"酒店企业必须具备相应的心理研究条件，通过科学的心理调查过程，才能获得相关的细分变量。

4. 行为因素

行为因素是与消费者购买行为相关的一些变量，包括购买时机及频率、追求的利益、使用者身份、使用频率以及顾客忠诚度情况等，根据这些因素可将市场细分为若干个群体。

（1）按购买时机细分市场，即按消费者购买和使用产品的特定时机细分市场，如某些特定时间，如劳动节、国庆节、春节、寒暑假等。

（2）按顾客寻求的利益细分市场。例如，基于利益的商务市场细分，包括关注接待设施和服务的舒适及完美的豪华品质型，重视快捷、高效服务的商务事业型，在意公务差旅的公务享受型，等等。

（3）按顾客使用情况细分市场，酒店市场可以被细分为潜在使用者、初次使用者、经常使用者和非购买者市场等。

（4）按购买过程及方式细分市场，可以细分为团队和散客市场、客源地购买（在线预订）和目的地现场购买方式的细分市场等。

（5）按顾客忠诚程度细分市场，如会员制、俱乐部等客户管理系统，提供个性化和超值的服务，以增强客源的稳定性。

【阅读链接 5-3】　　　　　　　　利益细分

四、酒店市场细分的程序

酒店市场细分是一个对细分变量加以选择、组合运用和实施具体方法的过程,可以帮助企业有效识别并获得市场机会。一般来说,酒店市场细分的程序可以分为调查阶段、分析实施阶段和评估阶段。

1. 调查阶段——确定市场细分目标

在调查阶段,酒店企业应结合总体经营目标,深入调查研究市场的需求状况,明确其经营的市场范围,在此基础上进行市场细分。

市场细分的目标既包括对市场现状及潜量的评估与挖掘,也包括对未来市场空间的预测和开发等,这些目标都将成为企业选择市场细分标准的依据。

2. 分析实施阶段——选择市场细分的标准

在分析实施阶段,酒店企业应分析潜在顾客的全部需求及其影响因素,选择与市场细分目标直接相关的因素作为细分标准,剔除那些具有共性和普遍意义的因素,形成有针对性的细分因素组合。

酒店企业细分市场变量选择有三种方式,即单一变量细分法、综合变量细分法和完全细分法。

(1)单一变量细分法。单一变量细分法就是根据与顾客需求密切相关的某一最重要的变量因素细分市场的方法。这种方法较为简单易行,但是这种粗略划分的方式只能作为市场细分的起点,可能出现细分市场差异模糊的情况。

(2)综合变量细分法。综合变量细分法就是选择并综合运用与顾客需求差异紧密相关的两种及两种以上变量因素,对特定的市场进行细分的方法。

这种方法相比单一变量细分法能更准确、深入地划分市场中每一个不同的消费群体,有助于酒店企业制定准确、合理的市场营销策略。但是,过多细分变量会产生数量很多的细分市场,也会导致企业营销成本增加,难以选择和满足特定市场需求。

(3)完全细分法。完全细分法根据不同顾客消费需求的差异,最终将每位顾客分成一个特定的细分市场。这种方法的最终目的就是要针对每位顾客的不同需求而定制满足其特殊需求的产品和服务。

这种方法的使用对酒店企业的营销能力和生产能力要求较高,既要充分掌握特定市场的需求,又要具有创意和设计特色产品组合的能力。

3. 评估阶段——有效细分市场的描述

在评估阶段,酒店企业应根据影响消费者需求及购买行为的相关因素,客观描述被细分市场的状况和轮廓,采用有效细分原则进行评估,并对不同细分市场进行差异化命名。

因为细分市场在不断变化,所以这一程序必须定期反复进行。

第二节 酒店目标市场选择

如果说市场细分可以帮助酒店企业发现市场机会,那么目标市场选择就是酒店企业明确服务对象、选择市场机会的过程,这也是目标营销战略的重要环节。

所谓目标市场选择,是指在市场细分的基础上,企业从中选择一个或几个子市场作为经营对象的过程。酒店企业必须结合自身条件和细分市场状况做出综合全面的考虑,正确选择目标市场,采取相应的目标市场选择策略,这样才能实现预期的营销目标。

一、酒店目标市场选择的影响因素

在评估细分市场时,酒店企业应该从两个方面进行综合评估,即细分市场状况和酒店企业能力,分析市场与企业的契合程度以及匹配条件,以确保目标市场选择的正确性和可行性。

(一)细分市场状况

1. 细分市场的规模和发展

细分市场的规模和发展是酒店企业选择该市场后能否长期获利的关键。细分市场的规模主要是指该市场当前市场需求容量和销售状况;细分市场的发展则是指该市场需求未来的潜在空间和发展趋势,即扩大销售额和增加利润的机会以及竞争对手进入市场的可能性。

酒店企业在评估市场的基础上,应该量力而行,特别是那些中小型酒店企业,可以选择进入那些被大酒店和连锁经营酒店企业集团忽视的利基市场,发挥独特优势,提升竞争实力,而不是盲从。

2. 细分市场的结构性吸引力

某些细分市场已经具备了理想的规模和成长性特征,但缺乏盈利和保持长期竞争优势的吸引力,这应引起酒店企业的注意。

迈克尔·波特的竞争理论指出,影响市场结构性吸引力的因素包括五种力量,即同行业竞争者、潜在竞争者、替代品、购买者和供应商。

细分市场中,同行业竞争者越多,市场竞争越激烈,产品同质化、恶性杀价以及频繁促销等现象越严重,从而使企业参与竞争的成本上升,盈利机会减少;潜在竞争者进入细分市场将对企业产生较大的威胁,如国内大众旅游市场需求的快速增加为酒店企业带来了市场机会,同时也不乏海外酒店和民营资本的进入,这些将对相关细分市场的吸引力产生影响;如果细分市场存在众多替代品,顾客对价格的敏感性提高,将限制产品的定价,影响酒店企业利润;如果市场中顾客的成熟程度和议价能力很强,则对酒店企业产品和服务的质量要求很高,造成价格方面的压力,缩减企业利润空间;如果细分市场中供应商具有较强的控制能力和垄断能力,酒店企业则会因缺乏价格优势和经营的主动权而无法获得持续发展的空间。

(二)酒店企业能力

尽管有些细分市场具备良好的条件和吸引力,但是如果不能与企业的营销战略目标以及目标市场保持一致,则应放弃选择。当酒店企业选择进入某细分市场,只有能提供超过竞争者同类产品的价值和优势时,才能保证企业长期的竞争优势和持续发展。

在评估细分市场的基础上,酒店企业应该结合自身的条件和实力对属意的细分市场状况进行综合分析,充分挖掘企业的优势和潜力,如人才、技术、资金、管理能力、营销能力等,将自身的经营目标和资源优势与市场机会相匹配,正确选择目标市场。

酒店企业选择目标市场应该从企业的能力出发,综合考虑企业资源状况、产品的特点、市场的特点及竞争状况,根据不同情况全面衡量做出策略选择。

1. 企业资源状况

企业资源状况主要表现在管理、营销和竞争能力等方面,若企业具备较强的综合能力,则采用差异化策略;反之,条件有限的中小酒店企业则可以采取集中化策略。

2. 产品的特点

对于同质性或需求量较大的产品,可以采取无差异策略;对于异质性、市场较分散的产品则适合采用差异化或集中化策略。同时，产品所处生命周期阶段不同，目标市场选择策略也有不同，如企业在投入期推出具有一定垄断性的特色产品，则可以采用无差异策略或集中化策略，在成熟期更多使用差异化策略。

3. 市场的特点

当酒店企业面对同质化市场需求状况时，可以采取无差异营销策略，反之则采取差异化策略。

4. 竞争状况

竞争状况包括竞争对手的多少、竞争对手实力的强弱及其营销策略等因素。面对实力较强的竞争对手所采取的无差异策略，企业可以考虑差异化策略，提供特色产品，更好地满足具体市场的需求；如果竞争对手采取差异化策略，企业则可以采取集中策略，满足利基市场需求，发挥企业优势资源的作用。

【阅读链接 5-4】　　　　　　站上风口的电竞酒店

二、酒店的目标市场选择策略

酒店企业在评估细分市场的基础上，选择一个或几个被细分的子市场作为目标市场的决策就是目标市场选择策略。目标市场选择策略包括无差异策略、差异化策略和集中化策略。

酒店企业在目标市场选择过程中，应该认真分析各种影响因素，注意每种策略的应用条件及其对企业营销效果的利弊影响，有效选择和调整目标市场策略。

（一）无差异策略

无差异策略即市场全覆盖策略，是指酒店企业以旧的营销观念（生产、产品和推销观念）为导向，把整个市场看作无差异的同质市场，不做市场细分，试图以一种产品和服务来满足整个市场的需求的一种目标市场选择策略。该策略的理论依据是产品成本的经济性。例如，早期的可口可乐公司在相当长的时间里一直采用无差异策略，面向整体市场，只生产一种同种包装、同种口味以及同种宣传的碳酸饮料。

酒店企业采取无差异策略可以通过规模经营降低产品成本，扩大市场覆盖面，为企业获得特定时间内的短期收益。但是随着市场需求的变化和同类产品竞争的加剧，该策略不能充分满足市场需求，尤其是顾客的个性化需求，若不及时改变策略，酒店企业将很快失去市场。

该种策略的适用条件是：特定时间内相对同质的市场需求，如处于产品生命周期投入期的新产品、新服务；酒店企业具有垄断性、竞争优势明显且新产品或新服务难以模仿；具有规模经营条件等。

（二）差异化策略

差异化策略也是一种市场全覆盖策略，与无差异策略的区别表现在：以市场需求为导向，将整体市场看作有需求差异的异质市场，在市场细分的基础上，为每一个细分市场提供不同的产品并采取相应的营销组合策略。例如，洲际饭店集团为不同细分市场的消费者提供不同类型的住宿设施和服务，满足各类消费者的需求，赢得了市场的认同和很高的声誉。

差异化策略可以为企业赢得更高的市场满意度和忠诚度，获得较高的市场份额和稳定的收益，但是由于不同细分市场的需求差异较大，企业在产品开发、渠道设计以及促销宣传方面的营销投入和成本较高，因此企业资源分散，经营风险较大。

该策略的适用条件：具有较强的技术和研发能力、较高的营销管理能力、较高的酒店品牌知晓度以及雄厚的资金实力的大酒店或酒店连锁企业集团。

【阅读链接 5-5】　　　　　　洲际饭店集团多品牌的差异化策略

（三）集中化策略

集中化策略是酒店企业选择一个或少数几个细分市场作为目标市场，并只开发一种或少数产品和服务以及营销组合策略，也被称为利基策略，如近几年发展起来的满足特定市场需求的主题酒店。

集中化策略主要体现了酒店企业"小中求大"的战略思想，即避免在竞争激烈的细分市场与实力强大的竞争者正面较量，集中企业优势条件满足利基市场的特殊需求，以此提高企业形象，获得发展机会。

尽管该策略可以充分发挥企业优势，有针对性地进行市场开发，但是由于经营范围较窄，风险较大。集中化策略适用于资源有限、能力不足的中小酒店企业，也适用于那些在某些领域有特殊经营优势的酒店企业，可以独树一帜，实现特色经营。

三、目标市场选择中应注意的问题

酒店企业选择目标市场时应该符合社会市场营销观念的要求，即兼顾企业、市场和社会三者的利益，以求长期发展。

如果酒店企业目标市场选择不当，将弱势群体，包括儿童、残障以及贫困阶层群体作为目标市场，并对具有潜在不利因素和危险的产品或服务进行营销和宣传，则会引起公众争议，甚至违反社会基本道德规范，失去公信力和市场信誉。酒店企业的社会形象是保证其长期稳定发展的重要因素。

另外，酒店企业目标市场的选择是营销策略、计划的重要组成部分，也是随市场需求、竞争格局的变化而不断修正的过程，因此，酒店企业应该在做好市场调研工作的基础上，跟踪需求及其影响因素的变化，及时调整和更新细分市场的划分标准，制订长期的目标市场进入计划，保证在市场中的持续竞争力。

第三节 酒店市场定位

一、酒店市场定位的概念、特点与主要方式

当酒店企业确定目标市场后，必须制订科学的市场进入计划，即明确市场定位，提供有特色的差异化产品和服务，以区别于竞争者的同类产品，树立市场形象，这样才能有效地抓住市场机会，实施目标营销战略。

（一）酒店市场定位的概念

斯坦利·帕洛格（Stanley Plog，2004）对定位的解释是："确定某一产品或服务的重要品质，从而能够以有意义的方式向消费者展现其有别于竞争产品或服务的特色（内含利益）。"其核心思想就是企业针对目标市场实施特色和差异化经营，使产品和服务在市场中占据重要位置，与竞争者形成鲜明的对比，从而确立某种竞争优势，并通过营销组合策略将这些差异有效地传递给顾客。总之，确立一种竞争优势是成功定位的前提。

酒店市场定位是以定位理论为基础，结合目标市场上消费者的偏好、竞争状态以及资源优势，塑造产品和服务的特色和差异化形象，并通过实施适当的营销组合策略实现酒店企业的战略目标。

【阅读链接 5-6】　　　　　宠物友好酒店　定位爱宠人士

（二）酒店市场定位的特点

1. 定位是产品的市场定位

定位不是针对产品本身的定位，而是针对消费者对该类产品某些特征或属性的重视和偏爱程度而确定的竞争位置。

2. 定位是酒店战略目标的核心

酒店企业通过市场定位突出产品和服务的特色和差异，明确企业竞争优势，从而确定企业的营销战略目标。

3. 定位是树立品牌的过程

定位是酒店企业对产品进行形象设计，从而在目标顾客心目中占据独特的位置，形成特定品牌形象的一种行动。

4. 定位是沟通的过程

定位是酒店企业与市场进行有效沟通的重要途径。酒店服务的无形性特征使顾客很难在购买前了解其价值，定位可以清晰、明确地将酒店产品和服务的信息传达给顾客，并促进其购买行为。

5. 定位是制定营销组合策略的重要前提

酒店企业只有在明确市场定位的基础上，才能结合营销战略目标制定相应的营销组合策略，满足和影响特定目标市场和潜在市场的需求，形成对酒店产品、品牌或组织的总体感知的过程，以此保证酒店经营的可持续发展。

（三）酒店市场定位的主要方式

市场定位是针对影响顾客产品价值感知的属性的重要程度，进行产品特色和差异化形象设计和沟通的过程，主要采取两种方式：一是根据产品客观物质属性进行定位，即客观属性定位法；二是根据顾客主观感知进行定位，即主观感知定位法。

当产品的客观物质属性具有突出的特色和优势，则可以采用客观属性定位法，多适用于制造业有形产品；当产品的物质属性不明显或缺乏特色，则可以采用主观感知定位法，通过品牌、形象等非物质因素表现产品的差异，以此区别于竞争者的同类产品，获得顾客的认同和青睐。

酒店企业进行市场定位时，应该合理选择定位依据，清晰、明确地体现企业的特色和差异化竞争优势。实践中，采用主观感知定位法，即树立酒店特色品牌形象，这样可以超越客观物质属性差异，制造消费者的主观认知差异，取得更好的营销效果。

【阅读链接 5-7】　　　　"动物园+酒店"模式行得通吗？

【阅读链接 5-8】　　　　T 主题酒店的差异化营销战略

二、酒店市场定位的步骤

酒店市场定位的步骤包括以下内容。

（一）识别差异，明确可以作为定位依据的竞争优势

差异化是酒店市场定位的核心，即向顾客提供有价值的、与众不同的、具有独特属性的产品或服务。

在市场定位工作中，酒店企业的首要任务是根据市场、竞争状况以及自身资源条件，正确识别可以作为定位依据的产品差异和竞争优势，保证市场定位的准确性和有效性。酒店企业产品的竞争优势主要表现在，较之于竞争对手，为目标市场提供更高的产品利益。

企业打造竞争优势可以针对影响产品价值的诸多因素创造差异，主要包括产品差异、服务差异、人员差异、渠道差异和形象差异。

1. 产品差异

产品差异是指产品在物质属性方面表现出的与竞争者产品不同的内容。

酒店产品差异主要表现在顾客可见的、有形的产品部分，包括酒店建筑设计、装潢、价格、酒店环境等，如迪拜七星级酒店阿拉伯塔酒店的帆船型建筑以及豪华内饰设计、北京四合院式酒店古朴的建筑设计所体现的产品差异。

产品差异较易被顾客理解并接受，但是同样容易被竞争者所模仿，导致产品的同质化。

2. 服务差异

随着产品同质化现象日趋严重，服务差异化成为酒店企业提升竞争力的重要方式。服务差异化是指酒店企业在服务内容、服务渠道和服务形象等方面采取有别于竞争者且突出自身特色的增值服务，以获得竞争优势的一种方法。

酒店企业可以针对不同目标市场的需求状况，推出各种特色服务，包括超值服务、服务优惠、积分奖励、高端客户体验等。例如，香格里拉酒店向顾客提供房间内入住登记服务，迪士尼乐园提供方便老年人、残障人士以及婴幼儿的轮椅和童车等特色服务。

要实现服务的差异化，除根据目标市场需求差异提供特色服务之外，酒店企业也需要考虑服务细节的差异化，即要求酒店员工在酒店服务的每个环节都做到精细化，进而提升服务品质和顾客体验，实现服务的差异化。

由于服务的无形性特征，其差异和特色很难实现专利的认证和保护，因此易被竞争者所模仿，因此酒店企业必须不断进行服务的创新，保持市场需求的稳定性和持续性。

3. 人员差异

员工和顾客都是酒店产品的重要组成部分，员工对酒店产品顾客感知价值的影响尤为重要，员工的服务态度、沟通技巧、业务熟练程度和专业程度等都会影响酒店产品的顾客感知价值。

人员差异是指酒店企业通过雇用和培训比竞争对手员工更优秀的人员来获得竞争优势。优秀的员工和高品质的服务是体现酒店企业特色和优势的重要渠道。例如，南方航空公司、迪士尼乐园等之所以有很好的市场声誉，关键在于其拥有优秀的员工队伍和高水平的服务质量。

由于人员差异离不开企业文化和战略思想的长期熏陶，因此相对于产品差异和服务差异，它具有较高的模仿壁垒，酒店企业可以凭借人员差异拥有较为长期的竞争优势。

4. 渠道差异

随着互联网技术的快速发展，企业与市场的沟通渠道及其销售渠道模式发生了根本性改变，通过渠道差异化和创新抵制产品同质化和恶性杀价成为酒店企业打造竞争优势的着力点。

渠道差异化可以从企业渠道设计和管理等方面入手，如利用直复营销、网络营销、渠道细分等模式创新来体现竞争优势。很多著名的公司都以渠道差异取胜，如戴尔公司区别于该行业绝大多数厂商通过中间商进行分销的模式，率先采用直销方式，取得了成功。

5. 形象差异

形象差异是指酒店企业在消费者和公众心目中塑造与竞争者不同的产品和企业形象，包括外在形象差异和内在形象差异。外在形象差异是指产品的标志、包装、品牌、环境和色彩等方面的差异；内在形象差异是指传播媒体、事件活动等反映企业在社会公益形象、社会贡献度等方面的差异。

酒店形象差异的设计、塑造和传递，即形象策划，可以促进消费者对酒店产品的认知和购买，对营销活动具有十分重要的促进作用。酒店形象差异的塑造意在表达产品的主要利益和定位，涉及酒店企业、酒店产品和酒店服务等多个方面。

（二）选择差异，以适当的竞争优势确定市场定位

市场定位的关键环节是企业选择和设计有意义的差异，使本企业的产品同竞争者产品区分开，因此，产品差异化是实现市场定位的重要手段。任何产品和服务都是多个属性因素的综合体，包括产品性能、人员、形象、成分、包装、价格、服务、形状、质量等，虽然这些属性都可以实现差异化，从而形成与众不同的独特形象，但是并非所有的差异都是有效的、有价值的。

有效差异化必须满足两个条件：第一，这些差异能够满足顾客特定需求，增加顾客利益，并且能够被顾客轻易认知和接受；第二，这些差异是企业有能力提供并能便捷地传递给顾客的差异。例如，新加坡的威斯汀·斯坦福特旅馆宣称自己是世界上最高的旅馆就不是有效差异化，因为它只满足了第二个条件，但对于许多旅客来讲并不能增加顾客利益，甚至还会令人畏惧。

因此，酒店企业必须科学、合理地选择差异，具体可以遵循表 5-2 中的标准。

表 5-2　基于顾客感知和企业能力的有效差异化标准

基于顾客感知的差异化标准	基于企业能力的差异化标准
相关性： 差异化必须满足顾客的特定需求并能增加顾客利益	可行性： 企业具有创建差异化的能力
有特色： 顾客认为这些差异既有特色又与众不同	可沟通性： 企业有能力向顾客有效传递该差异
可信性： 顾客认为这些差异是真实的并将长期存在	可持续性： 该差异不能被竞争者轻易模仿和超越，企业有具备长期的竞争优势和获利的可能

满足上述标准的差异化一定是有效的差异化，可以帮助酒店迅速占领目标市场并取得竞争优势，但有时有些看上去并不相关的属性也可能成功实现差异化并吸引大量消费者，如近年来爆火的"网红打卡"，某酒店可能会因为某"网红"入住而突然爆火，吸引大量住客。

（三）传递差异，市场定位的沟通与传递

当酒店企业已经确定其定位优势时，必须通过营销组合手段将差异和定位利益通过沟通传递给目标顾客。如果一个酒店将产品定位于"优质"，则必须生产优质产品，制定高价，通过高档的经销店分销，并在品位高的杂志上刊登广告。这是塑造一种始终如一的、令人信服的高质量形象的主要途径。

例如，迪士尼乐园决定其市场定位是给顾客提供高品质的服务和快乐的体验，它必须根据定位目标的要求，整合各种营销手段，提升竞争优势。迪士尼在营销组合活动中建立了严格的员工遴选、培训、考核和激励等人力资源管理制度，突出乐园优秀员工素质和高品质服务水平的人员差异；运用先进的科技手段不断更新和完善娱乐项目和园区硬件环境，

营造欢乐、刺激的乐园氛围，满足游客愉悦身心的需求；通过媒体和节事活动传播迪士尼文化和企业形象，充分发挥品牌的扩散效应，为其跨国多元化经营奠定基础。

另外，酒店企业应该跟踪市场需求和竞争格局的变化，适当调整产品的市场定位，以保持竞争的长期优势。

【阅读链接5-9】　　　　　得年轻人方可得天下

三、酒店市场定位策略

酒店市场定位策略主要包括以下几种。

（一）特色定位策略

特色定位策略是指酒店通过突出企业、产品和品牌的特色，强调自身的独特之处，力求给消费者造成强烈的感知冲击，从而达到吸引顾客的目的。

旅游目的地形象定位对于酒店企业进行特色定位有一定的借鉴作用，每一个目的地都应该有属于自己的特色，这种特色可以来自任何领域，只要具有独一无二的属性和足够的影响力即可，如被誉为"购物天堂"的香港、被誉为"童话世界"的九寨沟、被誉为"风花雪月，逍遥天下"的大理等均体现了目的地特色资源和市场独特利益的结合，取得了很好的效果。

（二）避强定位策略

避强定位策略是指避开直接的、强劲的竞争对手已确立的优势，寻找市场中未被满足的需求，结合酒店自身的优势进行定位的策略。这种定位策略较适合中小型酒店用于发挥有限资源优势，进入特殊细分市场，争取小市场、大份额，以此寻找发展机会。

避强定位策略有利于企业避开与竞争对手的正面对抗。例如，经历三年新冠疫情，2023年成为"旅游业复苏元年"，人们被压抑的旅游热情全面爆发。经文化和旅游部数据中心测算，"五一"假期，全国国内旅游出游合计2.74亿人次，同比增长70.83%，按可比口径恢复至2019年同期的119.09%；实现国内旅游收入1480.56亿元，同比增长128.90%，按可比口径恢复至2019年同期的100.66%。[①]文化和旅游部发布的数据表明，尽管旅游者出游热情极高，但相较2019年的数据来看，人均消费却在下降（对比2019年，国内旅游收入增长不及人次数增长），多数旅游者更倾向于满足基本需求又可以省钱的出游选择，这就给我国众多中小型酒店提供了快速发展的机遇，可以在市场竞争中充分发挥自身优势，避开来自大酒店和酒店集团的竞争压力，向市场提供与广大旅游者经济能力相适应的产品。

---

① 周祎. 2023年"五一"假期文化和旅游市场情况[EB/OL]．(2023-07-28)[2023-11-29]. https://www.mct.gov.cn/preview/whzx/whyw/202305/t20230503_943504.htm.

（三）对抗定位策略

对抗定位策略也被称为迎头定位策略，是指酒店企业针对市场中处于领导地位的竞争对手，采取直接挑战的方式，吸引市场的关注，从而在市场上取得有利位置的定位策略。

对抗定位的目的不仅在于战胜和取代竞争对手，而且在于借助强者的声誉和影响力快速提升本企业的市场知名度，变压力为动力，促进竞争双方共同发展。例如，百事可乐与可口可乐、肯德基与麦当劳就是对抗定位的成功典范。

采用对抗定位策略的酒店企业必须有充足的资金支持，谨慎挑选实力较强的挑战对象，这一策略的风险很大，因此酒店企业应慎重选择。

（四）重新定位策略

重新定位策略是指环境发生变化，在原有市场定位中已经失去竞争优势，企业为扭转经营逆势，调整和重新确定新的定位目标的定位策略。企业的重新定位既是通过为竞争者贴上"负面标签"而突出本企业的特色和差异的策略，又是寻求自我差异化途径的策略。

企业在使用该策略时应该注意维持定位的长期稳定性，不能轻易改变。例如，三年的新冠疫情给旅游业、酒店业带来了巨大的冲击，面对巨变的市场环境，很多酒店开始转变企业定位，调整营销策略。有的酒店在定位上做出重大调整，如面对火爆的电竞市场需求，有的酒店将自身定位从度假酒店调整为电竞主题酒店，大量投资更新、更换设施设备以满足电竞市场的需求；有的酒店则在原有策略的基础上做出微调，如不少北京的商务酒店都开启了夜市生意，小龙虾、羊肉串、卤煮这些在夜市大排档里的菜肴如今也成为北京商务酒店"夜市"中的"标配"，自制酱货、甜品等也成了酒店的王牌，社区餐饮成为酒店业拓展经营的抓手。[①]

问题与讨论

1. 简述酒店市场细分的原则及意义，并举例说明。
2. 常用的酒店市场细分标准有哪些？酒店企业在选择市场细分标准时应注意什么问题？
3. 酒店企业目标市场选择中企业应遵循的原则是什么？举例说明酒店企业目标市场选择策略的类型、条件及利弊分析。
4. 酒店企业应该如何处理目标市场选择中的社会责任和道德问题？
5. 简述市场定位的概念、主要方式以及对酒店企业营销的意义。
6. 酒店企业可以用于市场定位的差异化优势有哪些？应如何选择？
7. 以某绿色主题酒店为例，分析其 STP 是否合理。
8. 讨论酒店目标市场成功定位的原因及方法，可以选择一家具体酒店为例。

拓展阅读

1. 胡晓倩. 高星级酒店宴会发展存在的问题与对策：以上海浦东嘉里大酒店为例[J]. 才智，2019（2）：231–232.
2. 范兴鲁，杨红，李学琴. 音乐文化主题酒店设计探索：以亚朵·网易云"睡音乐"IP 主题酒店为例[J]. 文化产业，2018，11（5）：5–10.

---

① 关子辰，张怡然. 开夜市、卖酱货 商务酒店做起社区生意[N]. 北京商报，2022-06-13（005）.

3. 孙淑英，陈丽，盖伟萍. 商务酒店营销策略分析[J]. 商场现代化，2015（18）：71-72.

4. 廉梦娜. 浅析酒店营销策略的选择与市场定位[J]. 才智，2015（2）：3.

5. 高静，章勇刚. 基于目标市场的旅游目的地定位模式研究[J]. 旅游论坛，2009，2（3）：433-438.

课程思政

此心安处是吾乡　双节市场重文化

第六章　酒店营销计划与营销战略

> **本章目标**
>
> 通过本章学习，了解酒店市场营销管理过程；熟悉酒店营销计划的含义与分类；掌握酒店营销计划的主要内容；明确酒店战略营销计划的层次、内容及其实施的影响因素；了解酒店战略营销的概念与特点；明确酒店战略营销的决策程序；学会运用成长—份额矩阵法（BCG 模型）分析酒店经营效果和选择战略的方法。

引入案例

"喜海言山"民宿项目市场营销计划[①]

"喜海言山"民宿项目位于广东省阳江市海陵岛，是一个小型创业项目，尚未形成品牌化和连锁化；在创业资金受限与可获取的闲置民宅住房数量有限的条件下，其自身的经营规模受到一定的约束，该项目的地面建筑总面积为 $220m^2$，属于小规模经营稳健的创业项目。

在对"喜海言山"民宿项目进行 PEST 分析、波特五力模型分析和 SWOT 分析的基础上，提出其市场营销计划如下（根据原文整理改编，需要了解详细情况的读者可以去查看原文）：

1. 项目市场定位

通过从需求变化、心理行为和地理位置等方面对市场进行细分，本项目选择了围绕粤港澳大湾区城市群辐射的核心区域为主要目标区域，以城市白领、自驾游用户、女性用户等中高端收入人群休闲度假为主要目标市场。

本项目想要接待的主力人群是喜爱户外、海上活动的年轻人，他们拥有较好的经济能力，在紧张的工作之余，他们渴望体验健康、绿色、回归大自然的生活方式；希望利用休假的时间，深入体验外地的文化和生活方式，放松平时紧绷的神经。

"喜海言山"民宿项目的市场定位就是充分领略海生活、慢生活的亲海休闲度假民宿。旅游者可以在海边体验丰富且独具特色的体验性、个性化、刺激的游玩项目，如划船、浮潜、冲浪、水上摩托、跳伞、海钓、海面滑翔、高尔夫、自驾环岛等，能带给游客在陆地上体会不到的体验，这是"喜海"；喜爱户外运动的旅游者也可以离开海岸，深入内陆的小山，呼吸山上的新鲜空气，遥望辽阔的海岸，进行中度的徒步运动，这是"言山"；对于那些比较宅的旅游者，可以在岛上的巷子里悠闲地漫步，伴随着慢慢流过的时间，体会大城市所没有的慢生活；有的游客出来旅游就是为了换个地方睡觉，民宿里配备的设施可以让游客宅在客栈里面也有丰富的内容而不会无聊。

[①] 张景明. "喜海言山"民宿项目商业计划书[D]. 广州：华南理工大学，2020.

2．营销目标

设定营销目标之前先进行市场需求分析，其主要作用是确定营销活动可以达到的最大上限，辅助营销目标的设定。

2017 年海陵岛旅游人数高达 903.8 万人次，位居全国第二；2018 年全岛区共接待游客 913 万人次；2019 年，全年共接待游客 1000.2 万人次，首次突破千万大关，相当于平均每天接待游客接近 2.8 万人次。

本项目在 2020 年下半年暑假前正式营业，且本项目所能提供民宿旅客住房上限是 8 个房间；当地年平均气温在 22.5℃，年晴天 310 天，海水浴时间长达 8 个月。预测全年适游期为 300 天，并以当地酒店平均入住率基准线 75%进行估算，2021 年至 2035 年的营销目标如表 6-1 所示。

表 6-1 2021 年至 2035 年的营销目标

年　　份	平均每天开房间数	每年开房间数
2021 年下半年	6	900
2022	6	1800
2023	6	1800
2024	6	1800
2025	6	1800
2026	6	1800
2027	6	1800
2028	6	1800
2029	6	1800
2030	6	1800
2031	6	1800
2032	6	1800
2033	6	1800
2034	6	1800
2035（至 8 月底）	6	1200

3．营销组合策略

为抓住客户并提高客户忠诚度，占据更多的消费场景，提升消费者黏性，以营销的 4P 理论为基础，根据项目的具体情况，建立企业和客户的每一个理性和感性的连接点，着力打造品牌体验，由此引入关联策略和关系策略，形成 4P+2R 的营销组合策略。

1）产品策略

为了打入当地住宿市场，本项目特别强调产品的设计具有低成本、高质量和创新性特点，民宿房屋设计着重突出这三点。让消费者参与到产品的设计中来，通过奖励性方式提高消费者黏度，加强消费者的体验感，不断地改进产品质量吸引更多的消费者。

2）价格策略

本项目起步阶段，为了打开知名度和提高市场占有率，定价目标主要为这两者服务；其次本项目定位为白领小资和中产阶层，定价主要保持中等价格的定位，以销售目标指导定价。等项目具有一定知名度和相对稳定的入住率，进入一定阶段后，由不断提高入住率转为实现经济收益最大化的定价策略。

通过美团预订平台查询，查询日期为 2020 年 3 月 20 日，海陵岛旅游景区内同业住宿价格范围 498～750 元，为本项目合理定价保持价格竞争力，以低于线上同类产品价格大概

20%的水平进行线下渠道（非 OTA 平台）定价；与 OTA 线上平台（如美团、携程、途牛等）合作机构的定价在线下的基础上，叠加 OTA 线上平台分成比例（15%~20%）作为预订价格，实现线上线下价格差异化，触摸更多终端用户。未来将根据市场动态进行定价。

3）分销策略

（1）直接渠道。直接渠道是住宿企业最重要的分销渠道。80%以上的游客喜欢自驾游，尤其本项目所在区位辐射粤港澳大湾区和珠三角的游客，多数以自驾游为主。借力互联网，通过社交平台，提高销售率，充分利用各种新媒介进行多渠道营销；开通微信公众号，编制发布本项目相关旅游地图与文体活动，从而增加订房、订餐等交易通道。

（2）间接渠道。间接分销渠道主要通过 OTA 揽客实现分销渠道多样化。通过互联网大型平台，如去哪儿网、携程、美团、艺龙、途牛、途家等互联网分销商来提高入住率，扩大知名度。

（3）联盟商家。为扩展销售渠道，可结合周边同业进行客流分源，联合组建民宿同业联盟，整合资源，整体打包营销，并在同业商家客满或不满足游客住宿的情况下，可以通过同业联盟分流客源，签订合作协议，共享收益。

4）促销策略

在考虑本项目实际情况的基础上，通过联合同业联盟，集体举办节庆活动来提高人气，使更多人认识、了解。同时有目的、有计划地制定相应的销售方案，结合景区旅游资源举办活动赠送团购优惠券吸引更多游客对"喜海言山"民宿的关注；可通过开展体验式营销活动提高好感度，由此编写用户住宿体验软文加以推广；结合网络营销，通过社区论坛、社交网络、社交 App、关系群组等进行项目营销推广。

在项目营运初期推出价格优惠，老客户介绍新客户享受折上折等活动进一步扩大销售，不仅可以起到广告宣传效果，也能为项目吸引更多游客入住，实现销售目标。

5）关联策略

与顾客建立关联，在竞争性市场中，顾客具有动态性。顾客忠诚度是变化的，他们会转移到其他企业。要提高顾客的忠诚度，赢得长期而稳定的市场，重要的营销策略是通过某些有效的方式在业务、需求等方面与顾客建立关联，形成一种互助、互求、互需的关系。

通过发布景区旅游、古城古镇旅游、旅游景区附近、乡村旅游地区等资讯，提供各种体验活动，丰富休闲健身生活信息，如登山、冲浪、海钓、游戏、电影等可以满足好奇探索娱乐的需求；特色美食、乡村运动、农事体验、生态观光、自然科普亲子教育、特色旅游线路等满足顾客的口腹之欲和求知审美需要。与游客同行增进感情；与当地民众交流融入本土生活，增加归宿感、信任感和深度游的体验感；在游客间分享经历，交流兴趣，扩大人脉圈，增强认同感，以此构建潜在顾客关联，并积极响应旅客在旅游生活以及其他信息的咨询。

6）关系策略

沟通是建立关系的重要手段，通过主客之间、客人之间的沟通交流形成良好互动，如"读书分享会、教育培训资讯、旅行信息分享会"，打造良好的口碑，提升满意度，提高消费者的参与程度，化被动为主动，达到营销的目的。

设计乡村旅游纪念品，根据县域内特色建筑、特色餐饮设计纪念挂件，也可以让游客将自己手工制作的工艺品作为纪念品带走。另外，透过户外活动团、足球队、篮球队、同事、同学会等组织中的成员，再以成员所属的其他组织寻找新客户或口口相传，从而有机地成长扩大，对现有客户的交叉销售的机会日益增多，维持老的、开发新的，与游客建立良好的客户关系，通过温馨的服务，打响自身品牌。

提问：什么是酒店营销计划？什么是酒店战略营销？酒店应该如何制订企业的营销计划，实施战略营销？

引入案例解析

酒店在经营过程中势必面临激烈的市场竞争和复杂多变的市场营销环境，为了使市场营销活动取得预期的效果，最终实现企业经营目标，必须明确营销管理过程，制订合理的市场营销计划，在此基础上执行合理的 STP 战略和营销战略，在条件允许的情况下，还要导入酒店战略营销。

第一节　酒店市场营销管理流程

酒店的市场营销活动涉及多个因素，为保证营销目标的最终实现，酒店必须预见环境变化以调整企业行为，并对酒店市场营销活动进行时间上、整体上的管理。

一个完整的酒店市场营销管理流程主要由以下五个环节组成：分析市场营销机会、研究和选择目标市场、制定营销战略、制订营销计划、实施和控制营销计划，如图 6-1 所示。

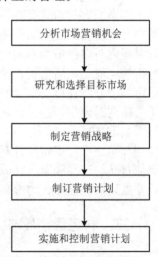

图 6-1　酒店市场营销管理流程

一、分析市场营销机会

市场营销机会就是与酒店企业内部条件相适应，能实现最佳营销因素组合策略和营销目标，可帮助酒店企业打造竞争优势和获得局部或者全局的差别利益，能促成企业自身发展的环境机会。

分析市场营销机会是酒店市场营销管理的第一步，只要市场上存在未被满足的需求，就会有可以利用的环境机会。但是，并不是任何环境机会都是适合酒店的营销机会，关键在于酒店能否结合自身的资源禀赋，抢先发现市场营销机会，选准目标市场，及时做出营销策略，只有做到这些，酒店才能扬长避短，比现时的竞争者和潜在的竞争者获得更大的差别利益，在日益加剧的竞争中居于领先地位。

酒店市场营销机会分析包括对酒店市场营销环境的分析、对顾客消费行为的分析和对酒店市场竞争者的分析。具体应注意以下三个方面的内容。

1. 最大范围地收集意见和建议

发现市场机会、提出新观念的人员可能来自企业内部各部门，也可能来自企业外部，如营销中介、专业咨询机构、教学与科研机构、政府部门，还可能来自广大的顾客，他们的意见都直接反映了市场需求变化的趋势。

因此，酒店必须注意与各方面保持密切联系，倾听他们的意见和建议，并对这些意见和建议进行归纳和分析，以便从中发现新的市场机会。

2. 聘请专业人员负责市场营销机会分析

酒店可考虑聘请行业内专职或兼职的专业人员负责市场营销机会分析。

3. 建立完善的市场营销信息系统，经常性开展市场调研

建立市场营销信息系统对于酒店的发展非常重要。完善的市场营销信息系统可为酒店分析市场营销机会提供大量的数据资料。同时，经常性开展市场调研是对市场营销信息系统中信息资料进行补充的主要手段。

【阅读链接 6-1】　　　　　强调市场调研的马里沃特公司

二、研究和选择目标市场

酒店应把满足顾客的需求放在首位，只有充分满足顾客的需求，酒店才能生存和发展。由于不同顾客的需求存在差异，加之酒店的技术、资源和管理能力有限，不可能占领所有的细分市场，因此酒店企业只能根据自己的任务、目标和内在条件等，选择当前和今后一段时间内对自己最为有利的一个或几个细分市场作为营销重点。酒店企业最终确定要进入的市场，就是酒店市场营销中的目标市场。这一过程分为四个步骤，即预测市场需求、开展市场细分、在市场细分的基础上选择目标市场和实施市场定位。

特别需要强调的是，在酒店市场营销中，酒店不仅要慎重地选择自己的目标市场，而且要慎重选择自己的竞争对手。尤其是当市场增长趋缓、市场竞争加剧时，针对竞争对手规划和实施市场定位与针对顾客规划和实施市场定位有着同等重要的意义，酒店企业不但要使自己的产品和服务在顾客心目中占有一个明确的、与众不同的、有吸引力的位置，而且要做到扬长避短，力求在竞争中处于有利的地位。

三、制定营销战略

营销战略是酒店企业实现其市场营销目标应遵循的主要原则，包括酒店市场营销因素组合、酒店市场营销资源配置和酒店市场营销总费用预算等方面的基本决策。

1. 酒店市场营销因素组合

酒店市场营销因素组合是指酒店用于追求目标市场预期销售水平的可控营销变量的组合。酒店市场营销因素组合中的产品、渠道、价格、促销等各个要素有着不同的运用范围、效用和条件，营销战略就是要把这些营销因素组合成最佳形式。

一般来说，酒店市场营销因素组合的运用要保证营销活动的整体性，各因素相互协调、相互配合，形成较强的合力，面对复杂多变的营销环境，共同实现营销目标。

另外，酒店还应根据市场环境的变化适时对营销因素组合进行调整，变不可控因素为可控因素，减少外界因素的干扰，主动适应市场营销因素配置的变化。

2. 酒店市场营销资源配置

酒店市场营销战略的运用必须建立在一定的企业资源基础之上,尤其是要与市场营销的费用预算相适应,因此酒店必须针对资源分配进行规划。

3. 酒店市场营销总费用预算

一般来说,首先要确定市场营销费用的总预算;其次要确定营销组织各个方面的预算额;最后,分析年度、季度、月度的预算。

酒店的产品和服务必须通过市场交易才能被顾客所购买和消费,这就要求酒店针对目标市场顾客开展科学的市场营销活动。为了实现经营目标,酒店必须付出一定的营销费用,营销总费用受到酒店营销因素组合和营销资源配置的影响。总体来说,酒店在确定营销总费用的预算时,要考虑到酒店的历史和以往做法、竞争对手的情况、企业所要占领的新市场、计划中拟采用的营销策略等因素。

四、制订营销计划

为使营销战略得以落实,营销部门必须制订营销计划。营销计划主要包括产品管理和产品发展计划、价格管理和定价计划、销售渠道管理和分销计划、促销计划等。

一份规范的营销计划书包括内容摘要、目前营销状况、营销机会和问题分析及结论、计划期的营销目标、计划期的营销战略、营销战略的实施计划、费用预算和利润计划及营销计划的控制措施等。

五、实施和控制营销计划

影响市场的因素复杂多变,因此在实施营销计划的过程中可能会出现许多意外情况,酒店必须不断地进行控制,并对计划进行必要的修正,以保证酒店营销目标的实现。

第二节 酒店营销计划

一、酒店营销计划概述

(一)酒店营销计划的含义

酒店营销计划是对酒店市场营销活动方案的具体描述,即酒店企业通过对目前市场发展态势以及自身地位和实力的分析,确定今后的发展目标、营销战略和行动方案等。

酒店营销计划的含义可以从以下三个方面来理解。

首先,酒店营销计划处于指导整个计划周期内各项营销活动的战略层次。例如,营销目标是对计划期内酒店将要达到的目标的约定,它明确了判断酒店成功与否的标准,并以此协调和规范酒店的整体经营活动。

其次,酒店在选择目标市场以后制定营销策略就是对其进入各个细分市场后将要采取的营销活动,如产品、销售渠道、广告和促销、公关与宣传、营销调研、定价以及顾客服务等方面活动的具体安排。

最后,酒店营销计划的结果是一份书面文件,要以准确、明晰的文字或图表明确营销活动的指导方针,保障酒店在计划周期内的各项营销活动能够稳定、连续、有效地开展,从而达到设定的目标。

（二）酒店营销计划的分类

1. 战略营销计划和战术营销计划

按战略和战术关系分类，酒店营销计划可以划分为战略营销计划和战术营销计划。

（1）战略营销计划。战略营销计划是酒店企业在分析当前最佳市场机会的基础上，通过分析市场、细分市场和评估竞争对手的产品等制订有效应对市场环境变化的计划。

（2）战术营销计划。战术营销计划描绘了一个特定时期内的营销战术，涉及产品特征、促销、商品化、定价、销售渠道和服务质量等方面。

2. 短期营销计划、中期营销计划和长期营销计划

按计划的时间周期分类，酒店营销计划可以划分为短期营销计划、中期营销计划和长期营销计划。

（1）短期营销计划。短期营销计划通常以一个财务周或一个财务月为周期，对酒店管理人员的影响极大。相对于中长期营销计划而言，它更侧重于手段与措施问题，可以将其理解为酒店经营工作的指南。

（2）中期营销计划。一般来说，中期营销计划的时间跨度为一个季度或半年，由于住宿接待随季节不同表现出较大的波动幅度，因此中期营销计划要能灵活适应淡、旺季顾客需求量变化的情况。

（3）长期营销计划。长期营销计划的时间跨度为一年，一般包括年度运营计划和适应性计划，其主要内容包括酒店产品的改进和新产品的开发，各细分市场的攻守策略，设施设备的改（扩）建及维修，酒店内部的装饰、装潢与重新装修等经营管理工作的重大安排。

3. 产品营销计划、服务营销计划和客户营销计划

按计划涉及范围分类，酒店营销计划可以划分为产品营销计划、服务营销计划和客户营销计划。

（1）产品营销计划。产品营销计划主要是对酒店产品或服务的目标、战略、战术等做出具体规定。酒店产品的种类很多，酒店可根据产品特性的不同分别制订不同的产品营销计划。

（2）服务营销计划。酒店服务是该计划规划的核心，主要包括对酒店服务项目的设置、特色与创新、服务质量控制系统设计和运行监控等的安排。

（3）客户营销计划。客户营销计划主要包括如何开发目标顾客、与客户建立长期稳定的合作关系、培养忠诚顾客、建立顾客数据库和优化顾客价值结构等工作。

4. 分销营销计划、广告营销计划、促销营销计划、价格营销计划和新产品开发营销计划

按计划的具体功能分类，酒店营销计划可以划分为分销营销计划、广告营销计划、促销营销计划、价格营销计划和新产品开发营销计划。

（1）分销营销计划。分销渠道的选择与管理是分销营销计划的中心内容，用以指导酒店与渠道成员建立友好、双赢的合作关系。

（2）广告营销计划。酒店应根据总体目标安排，协调好内部各部门之间的业务分工，把广告目标与目标市场、市场定位、营销组合等诸多决策结合起来。广告营销计划应全面涵盖酒店的媒体组合规划、广告投放、广告效果评估等工作内容。

（3）促销营销计划。促销营销计划主要规划酒店产品和服务促销的具体目标、战略战术、措施等内容。促销营销计划是酒店或营销组织部门的工作手册和行动指南。

（4）价格营销计划。价格营销计划主要是对在不同环境、时期、目标市场、产品组合等条件下，酒店应遵循的价格体系、政策以及特殊情况下的应对策略等做出规定。

（5）新产品开发营销计划。随着市场环境的不断变化，竞争对手会不断推陈出新，目标市场的需求特点也会相应发生变化，酒店必须经常调整自己的产品结构和产品组合方式，

开发、生产、推广自己的全新产品。新产品开发营销计划应规定阶段性新产品的开发重点、目标市场的投放时机和投放方式等工作内容。

（三）酒店营销计划的内容

营销计划在酒店经营活动中的作用日益突出，不仅为酒店经营提供了方向，还为酒店实现营销目标乃至总体目标规定了具体的逻辑步骤。

1. 确定酒店任务

确定酒店任务需要解决以下几个问题：企业是做什么的？企业应该做什么？顾客是哪些人？顾客预想的价值是什么？

2. 分析酒店环境

酒店营销环境包括多种因素（见表6-2），详细分析见本书第二章和第四章的相关内容。

表6-2 企业环境分析

内容	阐释
背景情况分析	包括总收入、市场占有率、顾客数量、成本、利润以及其他类似的分析
宏观环境分析	酒店必须在宏观的外部环境中经营，人口统计、经济、生态、技术、政治和文化等很多因素都会对企业经营产生影响
酒店经营预测	酒店在设想宏观环境没有发生较大变化的情况下，预测企业的整体经营情况，再结合对本酒店的位置、有形设施、形象、声誉、财务结构等方面的综合分析，确定酒店自身的优势和劣势以及所面临的机会和威胁
竞争对手分析	分析有哪些竞争对手，这些竞争对手在哪些方面会与本酒店形成竞争

3. 制定市场营销目标

酒店的市场营销目标是在分析企业市场营销现状并对未来的风险和机会进行预测的基础上制定的，是酒店营销计划的核心部分，一般要确定以下两个目标：财务目标，如长期投资收益率和短期利润目标等；市场营销目标，如销售量、销售收入、市场占有率等。

4. 制定市场营销策略

这一步骤关系酒店应采取什么措施来实现企业的目标，具体包括确定目标市场、目标市场定位和制定市场营销组合策略。

【阅读链接6-2】　　　数字化背景下酒店营销策略的创新

5. 市场营销研究

市场营销研究既包括内部资料的收集，以明确企业的优势和劣势，又包括外部资料的分析，以提供企业外部机会和威胁的信息。其中，对消费者的研究特别重要，因为它可以揭示顾客和潜在顾客对酒店服务和产品的要求和他们对酒店的看法。

6. 制定行动方案

行动方案即活动程序，具体内容或主要解决：要做什么？由谁负责？什么时候做？何时完成？成本费用如何？要为每项活动编制出详细的程序，以便执行和检查。

7. 编制营销预算

营销预算是一个预计盈利或亏损的报告。酒店的各业务单位编制出营销预算并由决策层审批后，就成为各种营销费用的依据。

8. 反馈和控制系统

反馈系统一般包括销售量和收入分析、市场份额分析、用于销售分析的市场营销费用以及对顾客态度的探索等。对营销计划的实施过程进行监督控制，是保证其顺利实施的重要环节，同时可以随时发现问题，对计划进行调整。

二、酒店战略营销计划的层次与内容

（一）酒店战略营销计划的层次

酒店战略营销计划包含三个基本层次：企业总体战略营销计划、战略业务单位战略营销计划和职能战略营销计划，如图 6-2 所示。它们共同组成了战略营销计划的复杂体系，而最终的目标只有一个——在长期内实现企业的使命。

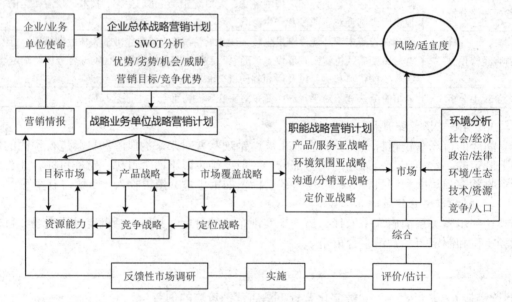

图 6-2 酒店战略营销计划的层次

（1）酒店首先要制订出总体战略营销计划，这个过程通常有两种形式，即自上而下或自下而上，而无论哪一种形式，都体现了全员参与的指导思想，这是保证总体战略营销计划得到酒店全体员工的理解、支持和贯彻的前提。

（2）战略业务单位（strategic business unit，SBU）战略营销计划是根据酒店的总体战略营销计划并结合本单位的情况制订的。它常常是对总体战略营销计划目标的有机分解和落实，一般需要经过本单位有关人员的反复分析、研究制订，并报酒店高层管理者审议批准。它是总体战略营销计划得以实现的保证。

（3）职能战略营销计划是对酒店和战略业务单位的战略目标的进一步战略性分解和落实。它在更具体的层次上解决企业的各个功能性单位的发展战略问题。

在整个战略营销计划的制订过程中，无论哪一个层次的计划，都强调长远的发展方向，注重的都是整体的协调和全局的利益。这是战略营销计划的特点，它不因为战略的制定部门的规格或规模而改变。

（二）酒店战略营销计划的内容

与传统的营销计划不同，酒店战略营销计划更注重长期的、总体的发展战略，同时包含对各个职能部门的战略的分析和制定。图 6-2 描述了战略营销计划所包含的层次。下面对战略营销计划的主要内容加以解释。

1. 明确企业使命

酒店使命一般是指酒店的总体目标，包括酒店的产品、服务、市场、目标和经营思想。酒店使命是通过战略营销计划解释酒店为什么存在、与谁竞争、目标市场是哪里以及如何为该市场提供服务的纲领性表述，也是酒店高层管理人员管理思想的体现。它的确立一般应该符合以下标准，如表 6-3 所示。

表 6-3　明确酒店使命应遵循的标准

标　准	举　例
明确企业（或战略业务单位）的业务范围，阐明顾客是谁、企业将如何向顾客提供服务	"××酒店的使命是以非常低廉的价格向那些价格敏感型旅行者提供现代的、舒适的和整洁的住宿服务。"
明确企业的特殊能力、优势以及它在市场上的独特形象	"××酒店一直并仍将保持其在该领域的优先地位，因为它与预算型旅行者及其需求休戚相关。通过不懈地与目标顾客的沟通并不断调整我们的服务以满足变化了的需求，本酒店将始终是顾客的最佳选择。"
在市场定位方面明确竞争者是谁，主动选择竞争对手	"××酒店的目标市场是位于两种顾客之间的市场，这两种顾客分别是仅仅根据价格选择住宿地点的高度价格敏感型顾客与那些愿意为追加的设施设备多付 20 美元的中间阶层。因此，本酒店的主要竞争对手将是××酒店以及其他进入本市场的酒店。"
明确顾客、雇员、股东和社区等有关各方的相关利益和需求	"××酒店将一如既往地研究顾客的需要，不仅在企业层次上，也在战略业务单位层次上。酒店将不懈地根据酒店的使命来满足这些需要。"
对未来前景有所阐述	"××酒店连锁集团将在适当的地点做适当的开发和扩张。它的战略是将其地区优势逐渐发展为全国性优势，并将于 20×× 年达到这一目标。"

【阅读链接 6-3】　　　　　某饭店餐饮部的组织使命描述

2. SWOT 分析

SWOT 分析也称为处境分析，包含两部分内容：对酒店内部优势与劣势（SW）的分析和对企业外部环境中所潜藏的机会与威胁（OT）的分析。它的目的是寻找能符合酒店资源和能力并能满足市场需求的战略。通过这个过程，酒店可以明确目前所处的状态，构建酒店的发展目标，并以此来培育企业的优势、应付各种威胁、克服各种弱点，最终形成特有的竞争优势。

（1）内部（SW）分析。这是指对酒店内部每一个关键战略业务单位和职能部门的业务状况进行深入的分析，旨在揭示酒店的整体优势和劣势。

- 在酒店战略营销计划当中，内部分析应该包括所有的职能部门和经营领域，如计划、广告、促销、推销、预订、人力资源管理、采购、业务管理、经营管理、财务管理等。
- 内部分析的内容通常包括品牌定位、顾客特征、企业文化与价值观念、企业资源、产品/服务组合、酒店发展目标、企业发展方针以及酒店的组织机构等方面。
- 对于其中任何一个方面，在分析时都要详细地提出一些关键性问题。例如，针对品牌定位问题，可以问：我们的顾客是谁？我们的产品对谁最有吸引力？顾客用我们的产品做什么？我们为他们提供了什么利益？他们对品牌的认知和偏好程度如何？等等。

（2）环境（OT）分析。这是对酒店外部经营环境的分析，也称为环境扫描。它包括宏观环境分析和微观环境分析两个方面。

- 宏观环境当中包含众多的酒店无法控制的因素，如政治制度、经济发展水平、科学技术发展状况、人口资源、社会结构与发展趋势、自然与生态环境、市场竞争结构以及法律体系等。酒店在这些环境当中主要是设法适应，并力求预见环境演变的规律和趋势，从而能够提前对酒店的营销战略做出调整。
- 微观环境是由一些与酒店经营活动密切相关的外部因素构成的小环境。这些因素包括消费者群体、竞争者、供应商、营销中介、社区组织机构与居民、地方政府部门以及相关利益团体等。虽然酒店对这些环境因素同样缺乏控制的能力，但能通过自身的经营在很大程度上对它们施加影响、选择、限制或引导；反之，这些组织机构或个人的策略性行为也将在很大程度上影响酒店经营的成败。

对于所有能够预料或无法预料的环境变化，酒店都应进行深入的分析与评价，正确估测各种环境对企业未来营销活动的影响程度，为酒店调整营销决策提供良好的依据。

例如，每个酒店都有其自身的优势所在，但因为企业所面临的环境是复杂而又多变的，如果不能及时把握市场环境，所拥有的优势有时就可能会成为竞争中的劣势；想要把握机会，就必须拥有超前的预测能力，及时采取行动，毕竟市场机遇只属于有准备的企业；而当遇到重大环境威胁时，酒店可根据实际情况采取对策，如表 6-4 所示。

表 6-4 应对环境威胁的策略

策　略	适 用 情 况	实 施 过 程
对抗	酒店经营者有条件与环境威胁抗衡时	分析环境威胁程度，结合自身实力，采取"对抗"措施，迎接挑战，化解危机
减轻	环境威胁使酒店不可避免受损时	"两害相权取其轻"，努力减轻威胁程度
转移	本行业所遭遇的环境威胁十分严重，但无法对抗或减轻时	采取"走为上"的办法将威胁转移到其他行业，需要注意避免"转移"的盲目性
转化	面临环境威胁时	措施得当，化威胁为机遇

【阅读链接 6-4】　　　　　　　　　酒店引入剧本杀

3. 制定各战略业务单位（SBU）的战略

在酒店战略营销计划当中，还要明确各个战略业务单位的发展战略。它是针对酒店具体战略业务单位而制定的，因此往往更为明确、具体，既包含更多的对策性内容（但仍然是战略而不是战术，这一点很重要），也包含有具体的行动计划和时间要求，它所解决的是酒店如何能够达到既定目标的问题。在这部分内容当中，集中体现的是企业的目标市场策略、产品/服务策略、竞争策略、市场覆盖策略和定位策略。

4. 制定职能部门战略

当酒店的整体目标（使命）已经确定，也明确了各个战略业务单位的发展目标后，接下来的任务就是动员各个职能部门为达到这些目标而全力以赴地开展工作。产品设计与组合、价格策略、销售渠道策略、沟通与宣传策略等的制定将落实到各个职能部门的战略营销计划当中。

三、酒店战略营销计划实施效果的影响因素

几乎所有的大型酒店或营销意识比较强的中小型酒店都会制订战略营销计划，但不是所有的企业都能获得成功。概括地说，战略营销计划的失败常常出于以下几个原因：缺乏对基层管理人员的关注；组织机构的障碍（机构往往先于战略而设，而这些机构难以形成对计划的有效支持）；目标含混不清；对行动计划缺乏足够的信息支持；战略营销计划与其他控制系统的衔接出现失调（包括与预算、信息、奖励等系统）。

虽然失败的原因十分复杂，但失败的企业都有一个共同的特点：对形式、前景和自身状况几乎不了解，缺乏准确的判断。从战略营销计划的制订过程可以看出，影响战略营销计划成败的因素十分复杂。下面我们简要地讨论一下这些因素对战略营销计划实施效果的影响。

1. 积淀性因素与变动性因素

积淀性因素，专门指酒店长期发展过程中形成的惰性结构和文化，它有时会促进强势企业文化的形成，但有时可能意味着保守、自恋而抵制任何创新，所以领导制订战略营销计划的人必须对这种因素有所认识并加以引导、利用或控制，使之成为战略制定中的积极力量。

酒店组织机构的变更和调整、人员的流动、环境的演变则构成了变动性因素，它有可能导致局部功能的错乱或者形成新的模糊群体，但也可能塑造机会，所以酒店管理人员需要通过及时的策略性调整保证这些变动不至于影响总体战略营销计划的执行。

2. 观念性因素与行动性因素

观念性因素是指战略营销计划的制订者对该计划所持有的根本态度，有的酒店管理人员和营销人员虽然制订了战略营销计划且每年都注意更新，但从来没有真正把它当作指导酒店经营的总体方针和行动指南，使计划成了装点门面的东西。

另外，有的酒店管理人员也许很重视战略计划的制订和实施，但执行力不强，使得计

划由于执行过程中的管理、组织和控制性因素的消极影响而失败,这就是行动性因素发挥的作用。

3. 策略性因素与能力性因素

策略性因素包括制订计划时所采用的原则(如规划的过程是自上而下还是自下而上,是动用专家系统还是发动群众等)以及所形成的计划在策略上的得失(如目标过高或过低、优先顺序不科学等)。能力性因素主要是指战略营销计划制订人员的预见力和判断力、计划执行过程中管理阶层的决策能力以及各业务或职能部门的实施能力。

策略性因素与能力性因素显然会影响酒店营销计划的质量以及计划实施的程度。

4. 内部因素与外部因素

影响战略营销计划成败的内部因素来自计划的制订、执行以及控制过程当中,而且涉及酒店各个层级和部门以及所有的人员。外部因素是指环境的影响和变化,是不可控因素。

要想提高战略营销计划的质量,主要的可调整变量还是来自酒店的内部。

【阅读链接 6-5】　　　　自我测评战略营销计划

第三节　酒店战略营销

在当今瞬息万变的市场环境中,酒店必须在现代市场营销观念的指导下,结合自身状况,全面考虑影响市场营销的各种因素,制定全局性市场营销战略,才能提高竞争力,实现经营目标,才能在激烈的竞争中立于不败之地。

一、酒店战略营销与营销战略

酒店战略营销是指酒店为适应环境、市场变化而站在战略的高度,在分析企业外部环境和内部条件的基础上,以长远的观点,从全局出发来研究市场营销问题,策划新的整体市场营销活动。

"战略营销"要求将酒店营销活动提升到决策层次,整个酒店以营销为中心进行组织和运营。与传统职能性营销决策涉及的要素不同,"战略营销"涉及人力资源、新产品开发、生产、销售、市场、财务等部门,营销部门应成为核心。

营销战略作为酒店发展战略的子战略,是对酒店如何在选定的市场中去竞争的一种广义的、长期的描述。由于酒店的经营环境总是处于不断的变化之中,针对特定环境而制定的战术策略也要随之不断加以调整。营销战略的作用就在于对这种短期的战术的调整具有指导意义,它保证酒店向着既定的目标前进。同时,营销战略是酒店整体发展战略最重要的部分,因为它决定了酒店的产品和市场的定位以及对各种营销策略的选择和运用,而这些无不属于整个酒店发展战略的基本组成部分。

【阅读链接 6-6】　　　　　　　　战略与战术

二、酒店战略营销的特点与意义

（一）酒店战略营销的特点

酒店战略营销具有以下几个特点。

1. 全局性和长远性

酒店战略营销体现了酒店的全局发展需要和长远利益，规定了酒店今后相当长一段时期内各部门通力合作所从事的营销活动的指导思想和行动方向，对酒店制定拓展市场的战术策略有决定性作用。一般来说，酒店战略营销着眼于一年以上，尤其是3~5年的发展目标。

2. 适应性和风险性

由于酒店营销环境和内部条件纷繁复杂，并处于不断变化之中，而营销战略是对未来所做的预计性决策，包含众多的假定，是在信息不充分和条件不确定的前提下做出的决策，所以管理者应针对内外部环境的变化（如政治或经济形势变化、管理层变动等）做出相应的战略调整。

因此，酒店战略营销需要适应市场营销环境的变化，同时要承担由于战略调整与环境变化不匹配所带来的风险，从而表现出适应性和风险性的特点。

3. 系统性

战略营销要求酒店把营销活动提升到决策层次，从全局出发来研究市场营销问题，整个酒店以营销为中心进行组织和运营，涉及人力资源、新产品开发、生产、销售、市场、财务等部门，从而具有系统性的特点。

（二）酒店战略营销的意义

酒店战略营销的意义表现在三个方面：第一，使酒店的营销活动得到统筹安排；第二，降低酒店经营风险，提高经营的稳定性；第三，提升酒店的竞争力。

酒店的经营所牵涉的因素很多，而这些因素往往都是不能用数字测量的。因此，酒店如果可以制定有效的营销战略，就可以使酒店的各个部门、营销活动的各个环节有一个共同的努力方向，使整体经营活动有一个良好的运营秩序，将风险降到最低限度，同时增强酒店的竞争优势。

三、酒店战略营销的决策程序

酒店战略营销决策是酒店为了使自己的资源和能力同市场环境相适应，以加强自己的应变能力和竞争能力，而制定长期性、全局性、方向性规划。

（一）确定酒店的任务和目标

酒店的存在是有着特定使命或目的的，这是酒店制定战略营销决策时必须首先予以明确的问题。

酒店的任务具体表现为酒店的业务经营范围和领域，在制定酒店的任务和目标时应该能够明确回答这样一些根本性问题："我们酒店的存在目标是什么？""我们的主要市场在哪里？""顾客的追求和需要是什么？""我们能给顾客提供什么价值？"这些看上去很简单的问题，正是酒店必须实时做出答复的最大难题。

酒店在确定自身的任务和目标时，应遵循以下原则：第一，要尊重历史和现实，全面分析酒店各种条件及主观努力程度，确定目标是可以达到的；第二，具有可行性，酒店任务和目标的制定一定要在酒店能力所及的范围内；第三，目标要具有激励性，这样才能激发员工的主动性；第四，目标要明确并力求量化，突出酒店经营的主攻方向，尽可能地用数量表示，以便在整个管理过程中对执行情况进行控制；第五，目标要主次分明、协调一致。

（二）对酒店经营效果进行评估与分析

在明确了酒店的任务、目标之后，应对目前的经营效果进行评估和分析，以便有针对性地采取发展策略。在评估时，一般采取业务分类分析法，即确定酒店由哪些业务单位组成，然后对所有战略业务单位进行排队分析，以做出资源配置决策。

下面以波士顿咨询公司提出的业务组合评估框架为例进行阐述。

1. 波士顿咨询公司法（BCG 模型）

如图 6-3 所示是波士顿咨询公司提出的成长—份额矩阵。

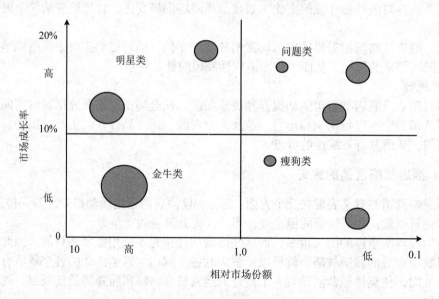

图 6-3　波士顿咨询公司的成长—份额矩阵

图 6-3 中纵坐标的市场成长率代表这项业务所在市场的年销售增长率，横坐标表示相对市场份额，即战略业务单位的市场份额与该市场最大竞争者的市场份额之比，每个圆圈都代表一个战略业务单位，圆圈大小表示该战略业务单位的销售额占企业总销售额的比重，圆圈的位置代表该业务单位市场成长率和相对市场份额情况。

由图6-3可知，成长—份额矩阵分成4个格，每一格代表一类业务，具体如下。

（1）问题类。处于此格中的酒店业务单位已经在一个逐渐增长的市场中有了立足之地，但如果不提高相对市场份额，就会成为瘦狗类业务。这类业务和酒店大量的负现金流联系在一起，大多数业务都从问题类开始，是大量投入还是及时脱身，管理者必须慎重考虑，做出决策。

（2）明星类。处于此格中的酒店业务单位的市场成长率和相对市场份额都较高，是高速成长市场中的领先者。这类业务单位必须投入巨资以支持其发展，是现金消耗者而非现金产生者，但同时也常常带来可观的盈利。

（3）金牛类。当市场成长率下降到10%以下，但仍保持较大的相对市场份额时，明星类业务就成了金牛类业务。因为从这类业务中获得的利润能被"撇脂"获取，所以被称为金牛类业务。这类业务能为酒店带来大量的现金收入，可用来支持其他业务单位的生存与发展。

（4）瘦狗类。这类业务不仅市场成长率低缓，而且相对市场份额也低，如果继续经营，通常要占用相当数量的管理资源，利润回报却很低甚至没有利润。所以，酒店对这类业务一般采取收缩或淘汰的策略。

2. 战略选择

确定了每种业务在成长—份额矩阵上的位置之后，酒店接下来要做的就是为每个业务单位确定目标，并决定它需要何种支持。

针对不同的业务单位，应采取不同的战略，可供选择的战略有以下几种。

（1）发展战略。目的是扩大战略业务单位的市场份额，甚至不惜放弃近期收入来达到这一目标。这一战略特别适用于问题类中有希望转为明星类的业务单位。

（2）维持战略。目的是保持战略业务单位的市场份额。这一目标适用于强大的金牛类业务，使其继续为企业提供大量现金。

（3）收获战略。目的在于增加战略业务单位短期现金收入（如不断减少成本），而不考虑长期影响。这一战略适用于处境不佳的金牛类业务，也适用于暂不具备发展条件的问题类、瘦狗类业务。

（4）放弃战略。目的在于变卖和处理某些业务单位，以便把资源转移到那些盈利的业务单位上，适用于拖后腿的瘦狗类、问题类业务。

随着时间的推移，业务单位在成长—份额矩阵中的位置也会发生变化，成功的业务单位也有一个生命周期。因此，决策者不仅要注意业务单位在成长—份额中的现有位置，也要注意其位置的变化，并做出相应的合理决策。

（三）制定酒店增长战略

酒店的销售额和利润常常低于预期的水平，因此，管理人员往往会制定增长战略以解决这个问题。

一般而言，酒店的增长战略主要有密集型增长战略、一体化增长战略、多元化增长战略三种，每一种战略又有三种具体形式，如表6-5所示。

表6-5 酒店增长战略的主要形式

密集型增长战略	一体化增长战略	多元化增长战略
市场渗透	后向一体化	同心多元化
市场开发	前向多元化	水平多元化
产品开发	水平一体化	跨行业多元化

1. 密集型增长战略

密集型增长（intensive growth）战略又称为集中型发展战略或集约型成长战略，是酒店在现有业务领域内寻求各种未来发展机会的一种战略。

酒店经营者在寻求新的发展机会时，首先应该考虑现有产品是否还能得到更大的市场份额，其次应该考虑是否能为其现有产品开发一些新市场，最后应该考虑是否能为其现有的市场发展若干有潜在利益的新产品，以及为新市场开发新产品的机会，如表6-6所示。

表6-6　产品/市场扩展方格

	现有产品	新产品
现有市场	市场渗透战略	产品开发战略
新市场	市场开发战略	多元化战略①

（1）市场渗透战略。市场渗透战略是指酒店在现有市场上增加现有产品的市场占有率。这要求酒店充分利用已取得的经营优势或竞争对手的弱点，进一步扩大产品的销售量。主要方法有三种：鼓励现有顾客重复购买；尽力争取竞争者的顾客；说服那些从未光顾过本酒店的潜在顾客购买。

（2）市场开发战略。市场开发战略是指酒店为现有产品寻找新市场，满足新市场对产品的需要。可以采取的形式有三种：寻找潜在顾客；进入新的细分市场，激发他们的购买欲望；开辟新的销售渠道或采取新的营销组合，扩大市场范围。

（3）产品开发战略。产品开发战略是指酒店向现有市场提供新产品或改进的新产品，以满足现有市场的不同层次需求。为了渗透或开发市场，酒店管理者应该考虑开发新产品的可能性，如利用现有技术增加新产品；在现有产品的基础上增加产品的花色品种；改变产品的外观、造型或赋予产品新的特色；推出不同档次、不同规格、不同式样的产品等，以迎合不同顾客的需要。

【阅读链接6-7】　　　　"酒店+"：颠覆传统　创新业态

2. 一体化增长战略

一体化增长（integrate growth）战略是指酒店利用自己在产品、技术和市场上的优势，通过与供应商或中间商联合，增加利润、提高效益、加强控制的一种战略，一般包括三种形式，如图6-4所示。

（1）后向一体化。后向一体化是指向一些与酒店的输入有关的活动延伸，如收购供应商或者与之联合生产，以利用在供应系统中出现的市场机会，同时避免供应系统对酒店的管理运营形成制约。

---

① 为新市场开发新产品的多元化战略不属于密集型增长战略，属于酒店增长战略的第三类——多元化增长战略，详见本部分中的"3. 多元化增长战略"。

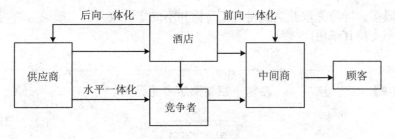

图 6-4 一体化发展模式

（2）前向一体化。前向一体化是向一些与酒店的输出有关的活动延伸，如与旅行社、旅游代理商实行产销联合，以利用在酒店的销售系统中可能出现的市场机会，同时避免销售系统对酒店发展构成的制约。后向一体化和前向一体化又被称为纵向一体化或垂直一体化。

（3）水平一体化。水平一体化又称为横向一体化，就是收购、兼并竞争企业，与其他酒店合资经营，与各地酒店联合建立集中的管理中心或预订中心等。使用这一战略可以扩大规模和实力，取长补短，达到提高酒店声誉、提升酒店竞争地位的目的。

【阅读链接 6-8】　　　　　马里奥特的一体化战略

3. 多元化增长战略

多元化增长（diversification growth）战略是酒店利用经营范围外的市场机会，新增与现有产品业务有一定联系或毫无联系的产品业务，实行跨行业的多元化经营，实现业务的增长。也就是说，多元化战略是用全新的产品占领全新的市场。

通常来说，这是一种风险较大、需要大量资本投入的增长战略，主要有以下三种形式。

（1）同心多元化战略。同心多元化战略是酒店开发与现有产品在技术或销售方面有协同关系的新产品，以便吸引一些新顾客。例如，酒店在经营客房和餐饮之外，还可以开展购物、娱乐等经营活动。

（2）水平多元化战略。水平多元化战略是酒店开发与现有产品在技术和销售上没有联系的新产品，但这种新产品能满足现有顾客的其他需要，如酒店为顾客提供票务预订、交通工具租赁等服务。

（3）跨行业多元化。跨行业多元化是开展与现有技术、产品、市场毫无关联的新业务，建立多种经营的联合公司，如开展房地产、装饰装修等业务。

采用多元化增长战略的外部条件为：社会需求的发展变化给酒店带来了新的发展机会；新技术革命提供了新的技术基础，为新业务的发展创造了条件；竞争局势的不断变化要求酒店以变应变，不断扩展业务，以求得企业的生存和发展。

采用多元化增长战略的内部条件为：酒店资源未能充分利用；酒店本身具有拓展业务的实力；高层领导富有开拓创新精神。

但是，多元化增长战略要求酒店向全新的市场提供全新的产品，未知因素较多，因而不可控因素较多，导致采取此类战略的风险性和不确定性较大，一般酒店的资源禀赋和经营管理能力不支持其采用此战略。

【阅读链接 6-9】　　　　　　疫情下京城酒店多元经营

四、酒店营销战略的新发展

1. CS 战略

顾客满意（customer satisfaction）简称 CS，是一种全新的酒店经营手段，也是酒店赢得客户信赖和忠诚的重要保障。

CS 战略以"顾客中心论"为出发点和战略重点，把顾客是否满意作为衡量各项经营活动和管理活动的唯一尺度，围绕顾客进行产品开发、生产、销售、服务，通过为顾客创造价值实现酒店的价值。

CS 战略把顾客分为忠诚层顾客、游离层顾客和潜在层顾客，在重点巩固老顾客（忠诚层顾客）的同时，不断吸引游离层顾客和潜在层顾客，这样就保证了酒店对顾客研究的细化和服务的针对性。

2. 网络营销

网络营销（on-line marketing 或 e-marketing）就是以国际互联网为基础，利用数字化信息和网络媒体的交互性来辅助营销目标实现的一种新型的市场营销方式，是酒店整体营销战略的一个组成部分。

【阅读链接 6-10】　　　　　　酒店如何开辟线上营销新阵地

3. 大市场营销战略

大市场营销战略是指为了成功地进入特定市场，并在那里从事业务经营，在战略上协调使用经济的、心理的、政治的和公共关系等手段，以获得中间商、供应商、消费者、市场营销研究机构、有关政府人员、各利益集团及宣传媒介等各有关方面的合作与支持。它在 4P 的基础上加入了 2P，即权力（power）和公共关系（public relations），从而进一步扩展了营销理论。

4. 全球当地化营销战略

在市场、成本、竞争和技术等因素的影响下，一体化营销已成为跨国公司重要的营销方式。但由于企业的实际情况、消费者的个性与文化传统等方面因素的影响,跨国公司在开展全球营销时,还必须在具体的营销策略上保持自己的特色,实行"当地营销"(或适应性营销),即从各个国家和地区消费者的需求差异性出发,通过营销策略的差异化和当地化来满足目标消费者的多元化需要。它主要体现在重新细分市场和定位以及产品、渠道、促销、品牌的当地化等方面。

5. 体验营销

体验营销是指酒店通过采用让目标顾客观摩、聆听、尝试、试用等方式,使其亲身体验酒店提供的产品或服务,让顾客实际感知产品或服务的品质或性能,从而促使顾客认知、喜好并购买的一种营销方式。

对酒店而言,服务提供者、顾客、服务设施及场景、服务过程都是实施体验营销的关键要素。酒店服务的体验营销内容包括设计有吸引力的体验主题、提升酒店服务的体验价值、展示体验式有形物、营造互动体验氛围、重视对顾客的感官刺激等。

【阅读链接 6-11】　　共享经济背景下酒店如何做好营销

问题与讨论

1. 以下增长战略分别属于哪种形式?
（1）酒店开展购物、娱乐等经营活动。
（2）商务酒店加强对老年市场的宣传。
（3）酒店收购旅行社,招揽游客入住。
（4）酒店从事房地产开发与经营。
2. 麦当劳采取的以下营销战略分别属于密集型增长战略中的哪种形式?
（1）继续加强对儿童市场的营销活动,增加麦当劳的游乐场数目。
（2）大张旗鼓地对全营养果子面包进行宣传,在成年人中打造较强的客户忠诚度。
（3）增加在非传统设店场所开设销售网点的数目。
3. 酒店营销计划有哪些分类方式?
4. 以某五星级酒店为例,说明影响其战略营销计划成败的因素有哪些。
5. 以某五星级酒店为例,尝试分析其营销战略。
6. 以某经济型商务酒店为例,尝试为其做一份营销计划。

拓展阅读

1. 付艺. 经济型连锁酒店经营分析与发展策略研究[J]. 经营与管理,2021(12):63-68.
2. 李创新,蒋蕾,邓宇,等. 1990—2014年美国入境旅游客源市场竞争态势分析[J]. 陕西师范大学学报(自然科学版),2020,48(4):36-45.
3. 李蕙荞. 互联网背景下酒店营销策略创新思考[J]. 旅游纵览(下半月),2020

(2):90-92.

4. 许飞. 经济型连锁酒店差异化营销战略探析[J]. 旅游纵览(下半月),2017(6):95-96.

5. 龚春. 酒店行业差异化营销战略[J]. 中国商贸,2012(34):120-121.

课程思政

植根民族文化　走特色发展之路

策略篇
创造和传递顾客价值

第七章　酒店产品策略

> **本章目标**
>
> 掌握酒店产品与服务的概念；理解酒店整体产品的概念；掌握酒店新产品开发的原则、程序以及产品创新的趋势；熟悉酒店产品生命周期的影响因素以及各阶段的营销策略；明确酒店服务品牌策略的重要作用及其应用途径；了解酒店服务营销策略的基本内容及实施方法。

引入案例

生活方式酒店的"冷"思考[①]

面对市场趋向改变与客群需求变化，以酒店品牌的推陈出新赋予市场新生机成为首选。近年来，越来越多的酒店开始尝试和探索"生活方式酒店"（lifestyle hotel），锦江、华住和首旅如家这三家酒店集团也先后打入消费者的"生活圈"，加快了品牌"上新"速度，持续扩大私域流量池。

锦江酒店（中国区）发布缤跃酒店品牌。缤跃酒店是锦江酒店（中国区）旗下以健康运动体验为主题的中高端生活方式酒店。在缤跃酒店，客人可以随时动起来，补充能量，锻炼身体，修养身心。目前，以健康为主题的连锁酒店品牌较少，市场仍有较大的发展空间。锦江酒店瞄准这一细分市场，希望通过推出新品牌，进军万亿级健康运动产业市场。

与此同时，伴随中端消费者的旅游需求快速扩容，酒店在旅游度假中的目的地属性越来越被重视。华住旗下高端精品酒店品牌花间堂正式发布了全新子品牌"花间系列"，在传承花间堂"中国家文化"品牌核心理念的基础上，结合项目区位特色、自然风光、地域文化元素与特色体验活动，推出特色IP产品，满足度假市场需求。"花间系列"首个产品——成都青羊宫花间府·三生邸院运营以来，深受热衷"城中隐居"的用户青睐，入住率节节攀升。

首旅如家酒店集团全面升级会员体系后推出"如LIFE俱乐部"。该俱乐部旨在为会员提供更大力度的住宿优惠，以及涵盖食、住、游、购、娱等多个领域的230多项生活方式社群服务。会员即使不出行，也能在居住地参与"如LIFE俱乐部"举办的各类社交娱乐活动，如读书会、品酒会、亲子活动等。

在多样化住宿形式的冲击下，为了谋求与客户关系的长远发展，生活方式已成为酒店业发展的潮流和趋势，如何为客人提供符合其个性和身份的生活体验并塑造使其产生情感共鸣的酒店服务场景，体现生活方式酒店的特色和优势，成为业内关注的焦点。

[①] 林楠.轻奢·社交酒店 引领年轻族群生活方式[J].设计，2019，32（6）：24-27.
谷安迪.未来酒店打造为何需要"生活方式化"与"情境化"的思考？[EB/OL].（2022-04-14）[2023-09-08]. http://www.jiudianguancha.com.

提问：生活方式酒店针对顾客个性化需求，如何提供特色产品和服务，获得竞争优势？

引入案例解析

酒店市场营销的实质是向目标市场提供满足需要的产品和服务，以实现预期利润。酒店产品是买卖双方交易达成的核心要素。因此，酒店产品是企业有效营销的重要前提和基础，酒店产品策略的制定与实施直接影响企业营销组合的整体效果。

第一节 酒店产品概述

一、酒店产品的概念

（一）酒店产品与服务

酒店产品是酒店提供的满足顾客需求的，以无形服务为核心、有形产品为辅助的利益因素的组合，是综合性服务产品，因此也称为酒店服务。

酒店产品具有综合性和体验性特点。其中，综合性表现在两个方面：一方面，酒店产品是由多种资源、设施和服务构成的综合型产品；另一方面，酒店产品是由独立的具体产品构成的综合体，如客房产品、餐饮产品以及康乐产品等。体验性反映了酒店产品非物质形态的服务形式，消费体验和感受是酒店顾客追求的核心产品利益。与一般服务不同，酒店服务是在客人现场参与的情况下，通过提供住宿、饮食及其设施、服务，满足顾客需求，进而获得经营收入的行为。在酒店服务中，作为无形因素的人和设备与场地等有形因素，即员工与服务传递系统都对酒店服务效果和质量有直接的影响。因此，酒店产品是体验型产品。

（二）酒店整体产品的概念

不同的顾客群体需要不同的产品，只有充分理解了酒店产品的概念，才能设计并提供能够满足顾客需求的产品和服务。从营销学角度来看，酒店产品是一个整体产品概念，包括多重利益，满足顾客的有形、无形利益需求，以实现顾客价值最大化。菲利普·科特勒所阐述的关于整体产品概念的五层次模型被广泛应用到酒店产品分析中，对了解酒店产品的本质、有效制定产品策略具有重要的促进作用。

酒店整体产品概念中的五个层次分别为核心产品、形式产品、期望产品、附加产品和潜在产品，如图 7-1 所示。其分布特点是由内层到外层依次进行，越内层越基础，越具有一般性，而越外层就越能体现产品的特色和差异。

（1）核心产品。核心产品体现了顾客所需要的最基本的产品效用或利益，是产品的基础层次，是产品设计的开始。对于顾客来说，核心产品就是其支付一定的货币、花费一定的时间和精力获得的满足其自身物质需求和精神需求的经历和体验。例如，对酒店客房服务的顾客而言，他们真正购买的核心利益是"休息和睡眠"的体验和感受。

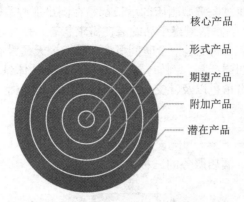

图 7-1　整体产品概念五层次

值得注意的是，核心产品是一个抽象的概念，即凡是被称为酒店的企业都提供的同样的基础服务，它无法体现与其他产品的差异性。因此，营销者必须借助具体的形式产品反映顾客的核心需求，形成顾客认知，便于顾客选择。

（2）形式产品。形式产品是将抽象的核心利益转化为可感知、可依托的产品的有形部分，是酒店产品的基本形式。例如，酒店的客房应配备窗、衣柜、衣橱、桌子、毛巾、浴室以及洗手间等。另外，形式产品也包括商标、价格及宣传册等内容，还可以抽象到质量、美观等方面，它既可以是无形的环境或档次，也可以是具体的地理位置等。

（3）期望产品。期望产品是指顾客在购买产品时期望得到的与产品密切相关的属性和条件，如酒店顾客期望入住的酒店提供干净、舒适的床铺，齐备的洗漱用具，良好的卫生设施，相对安静的环境，以及服务人员提供有礼貌的服务等。期望产品直接影响顾客对酒店服务质量的评价，对制定产品策略具有重要意义。

（4）附加产品。附加产品是指酒店产品所包含的附加服务和利益，它是酒店区别于竞争对手实现产品差异化的关键。例如，全套客房观念的成功就是以附加产品为基础的，这种观念为客人提供的是一种生动的体验，而不只是简单地满足他们的基本需求，如提供洗衣服务、客房送餐服务等。附加产品通过为顾客提供多种附加利益，形成吸引顾客的独特差异，创造顾客忠诚。

【阅读链接 7-1】　　服务之花——被附加服务包围的核心产品

酒店附加产品能够使顾客获得额外的身心满足。提高产品的附加值可以增加产品的整体价值，有助于激发消费者产生购买欲望和购买行为，因而它是增强产品市场竞争力的一种十分有效的手段。在具体应用中应该注意：产品差异化和附加值能带来品牌效应，但也增加了运营成本，要遵循经济效益原则；因差异而形成特色的产品易被模仿，一旦附加产品转化为期望产品，即失去竞争优势，因此酒店必须追踪市场动态，做到及时创新；明确目标市场定位是酒店增加附加产品价值的重要前提，因差异而带来的高价格必须与高品质体验相符合，满足特定市场需求，避免来自低成本企业的市场竞争。例如，提供无多余服务的低成本航空公司的出现、经济型酒店的增长都是在满足那些只需要核心产品的顾客。

（5）潜在产品。潜在产品是指最终产品的潜在需求状态，是顾客需求可能的隐性状态、变化趋势和未来前景。潜在产品也是一个时间概念，虽然今天还没有出现，但当它出现时，就可能会成为附加产品或期望产品。例如，酒店商务顾客除"休息和睡眠"的基本需求之外，可能还包括会客、身份角色以及社交方面的隐性需求，也包括对互联网及商务服务的更个性化的需求等。

【阅读链接7-2】　　　　　　酒店服务的三种需求和三种能力

二、酒店服务质量

从狭义上看，酒店服务是面对面为客人提供劳务性服务的过程。而从广义上看，客人在酒店消费的过程也是接受酒店服务的过程，这里的服务包括客人直接接受的面对面的人工服务、有形设施设备和环境氛围的影响，以及其他间接相关岗位为完成最终消费付出的其他劳动性服务等。由此看出，顾客对酒店服务产品的消费不仅是结果消费，也是过程消费。

随着产品和服务的逐渐趋同，酒店企业无法通过服务结果区别于竞争者，因为顾客对服务质量的评价不仅取决于顾客感知的服务结果，服务过程质量也是其重要的影响因素。结果质量表明"顾客得到了什么服务（what）"，而过程质量则表明"顾客是如何得到服务的（how）"。顾客对服务过程的感知和评价主要取决于顾客在参与服务过程中与所接触的员工、有形设备设施、技术乃至服务系统所产生的互动和关系感知，即服务过程感知。

因此，酒店服务过程的差异化和特色设计成为酒店营销策略的关键，涉及酒店内部营销、关系营销、互动营销、体验营销、服务有形展示策略以及服务流程管理等，对形成良好的顾客感知、培养忠诚客户群具有重要作用。

【阅读链接7-3】　　　　　　服务过程质量的影响因素

良好的质量是企业获得与竞争对手相比的差异性地位和竞争优势，获得高额收益的基础。酒店服务质量是指为顾客提供的服务在适合和满足顾客需求方面的水平，是顾客感知的服务质量。适合和满足需求的程度越高，其质量越高，反之亦然。此概念的核心有两点：

一是服务是否"适合"顾客需求，只有适合的才谈得上质量；二是服务是否"满足"顾客需求，以满足程度的高低来衡量质量的高低。适合与否是衡量质量的前提，而满足与否是衡量质量的条件。

帕拉瑟拉曼（Parasuraman）等学者提出了著名的服务质量评价模型（SERVQUAL，1988），该模型提出了适于衡量一般服务情境服务质量的五个维度，分别是可靠性、响应性、保证性、移情性和有形性，并开发出了服务质量的测量量表。

该模型中的五个维度代表了顾客评价服务质量的信息和标准，顾客从这五个维度对预期的服务和实际接受的服务进行比较，最终形成自己对服务质量的判断。不同文化背景、不同需求特点的顾客对五个维度的关注程度存在差异。其中，可靠性是准确、可靠地执行所承诺服务的能力，是顾客感知质量的重要决定因素；响应性强调在处理顾客要求、询问、投诉和问题时的专注性和快捷性，反映服务的反应能力；保证性是企业服务赢得顾客信任和互动的能力，包括员工的专业能力、综合素质和谦恭态度等；移情性是通过个性和定制化服务获得顾客信赖和忠诚的能力；有形性是所有可以有效传递无形服务的实体物品、人员形象、物质环境以及环境氛围等。

经过多数学者的研究证实，该理论模型能够为服务企业提供有价值的诊断信息，并且使用简单、成本较低，被广泛应用于酒店服务业，并得到进一步完善。

三、酒店产品组合

（一）服务包

服务是顾客参与生产的体验过程，服务产品则是体验过程中所有相互作用的要素集合，如酒店产品包括舒适的客房、安全且卫生的环境、舒适的氛围、可口的饭菜、热情服务的员工以及其他硬件辅助条件等。因此，服务产品是以要素组合的形式提供给顾客的，这个组合也被称为服务包（service package）。所谓服务包，就是在特定环境下企业提供的一系列有形产品和无形服务的体验组合（Kellogg，1995）。服务包中一般包括五个要素，分别是支持性设施、辅助物品、信息、显性服务和隐性服务。

酒店产品由多种服务要素组成，包括客房、餐饮、娱乐、商务、会议及其他服务，每项服务及其组合都涉及服务包的五个要素，只是侧重点不同。酒店产品服务包主要包括：酒店建筑及硬件环境（支持性设施）；客房内一次性用品、毛巾、电水壶等（辅助物品）；顾客的基本情况、服务导引指示等（信息要素）；餐食质量、服务人员的态度和形象、卫生安全情况以及温、湿度等可感知的服务内容（显性服务）；酒店的个性化服务及顾客的愉悦经历（隐性服务）。

（二）酒店产品组合及其测量标准

一般情况下，根据服务包要素理念，酒店顾客购买的并非全部服务，也不是各个分类服务，而是分类服务的组合。随着市场需求的个性化和多样化，酒店产品已不再是单一的住宿和餐饮，酒店为满足顾客群体的不同需求，应该整合现有服务资源，提供有特色的、个性化、差异化产品组合，通过给顾客打造物有所值甚至物超所值的感觉形成竞争优势。

酒店产品组合是酒店提供给顾客的各种不同功能产品和服务的搭配。参与功能搭配的既包括有形产品，如不同类型的客房、餐饮、康体娱乐项目，也包括酒店文化、特色体验等无形服务。例如，酒店餐饮服务在产品组合中因不同需求而得到适当的搭配，针对住店客人只提供常规餐食服务，而针对宴会客人则提供特殊程序服务等。

酒店产品组合开发是一个动态的过程，在目标市场调研的基础上，确定顾客利益诉求，界定组合概念和特性，结合企业资源进行组合要素设计，保证组合的可获得性、交互性和参与性，最终形成满足特定市场需求的产品组合，实现预期目标。

一般来说，酒店产品组合可以从广度、长度、深度和相关度四个维度来衡量。广度是指酒店能提供多少项分类服务，如餐厅服务、客房服务、商务中心服务、康体娱乐服务、旅游服务等；长度是指每一类产品可以提供多少种不同的服务项目，如客房可以分成标准间、豪华间、单人间、三人间以及套房等，餐厅可以分为中餐厅、西餐厅、日式餐厅、韩式餐厅等；深度是指每一项服务能分为多少品种，如酒店套房可以分为总统套房、豪华套房和一般商务套房等，酒店中餐厅能提供多少种不同菜系的菜肴，能提供多少种酒水饮料；相关度是指企业各产品线在使用功能、生产条件、销售渠道或其他方面的关联程度，相关度越强，企业优势资源越可以得到充分利用，越能有效地提高企业的专业能力及市场声誉。对于酒店来说，有些产品线，如客房和餐饮在生产条件上不存在相关性，但通过相同的渠道进行分销，因此，就产品的最终使用和分销渠道而言，其产品组合的相关性则较强。

可以看出，组合广度、长度和深度涉及内容越多，产品组合种类就越细、越多，当然，成本就越高，可能会影响酒店的经济利益。因此，酒店产品组合策略必须以市场需求和经济效益并重为出发点，结合企业目标、资源状况，做出科学的组合决策。

第二节 酒店产品设计与开发

酒店业的快速发展需要企业持续开展营销创新，而酒店新产品的设计与开发是营销创新的基础，也是酒店保持竞争优势的关键。

一、酒店服务设计

服务本身的复杂性和动态性对服务产品系统设计方法提出了很高的要求。服务设计是20世纪90年代逐步兴起，以顾客需求为出发点，通过运用创造性的、人本的、客户参与的方法，确定服务提供内容和方式的过程。服务设计方法在服务产品开发和营销中发挥了重要的促进作用。

由于酒店服务是顾客参与体验的过程，所以酒店产品开发与创新工作的核心环节就是酒店服务设计。酒店服务设计是以顾客体验需求为导向，针对服务传递过程中的产品、流程、服务人员、顾客及其互动相关支撑技术和环境等因素进行分析和设计的过程。它的主要内容包括服务包设计、服务流程整体设计、服务环境及设施布局设计、服务接触与服务行为设计等。

其中，服务包设计主要表现在酒店产品组合的市场效果。服务流程整体设计主要表现在服务组织向顾客提供服务的操作程序和完成该过程所需要素的组合方式，服务蓝图是目前行业内广泛使用的设计方法。服务环境及设施布局设计主要体现在服务者提供服务和顾客体验服务的物质环境，既是生产场地，也是消费场所，设施布局和引导标识是服务环境的核心环节，有形展示是服务环境设计的重要手段。服务接触与服务行为设计涉及服务体验过程中，服务参与者（顾客与服务提供者、顾客与顾客、顾客与服务设施设备以及环境等）之间通过接触而发生的相互影响和相互作用。服务行为是在服务提供过程中服务者发生的行为。服务接触与服务行为设计主要表现在酒店内部营销、关系营销和体验营销的具体实施上。

酒店服务设计涵盖从概念挖掘到服务实施细节这一整个设计过程中的探索、创新和评价性活动，其中基于顾客需求分析的探索性研究是酒店发现市场机会、实现服务创新的关键环节。科学的酒店服务设计具有可用性、满意性、高效性和有效性的特点，可为酒店提供特色产品、树立品牌形象奠定重要的基础。

【阅读链接 7-4】　　　　　　　服务设计中的共同创造

二、酒店新产品开发

相对于一般产品，酒店服务的无形性特点使其缺乏专利保护，很容易被竞争对手效仿和取代，由此导致酒店产品很难保持其独特性，产品生命周期缩短趋势明显。同时，激烈的市场竞争、变幻莫测的市场需求、快速进步的科学技术、分散风险的本能和利益的驱使等导致酒店必须始终保持对环境变化的敏感度，持续不断地进行产品和服务创新，在酒店服务设计上以"新"取胜。因此，酒店产品创新是市场竞争导致的必然结果，也是企业生存与持续发展的重要保障。

（一）酒店新产品开发的模式

新产品是一个相对的概念，不仅包括新问世的产品，还包括那些在原有产品基础上不断改进、创新、发展而来的产品，只要能满足顾客的新需求，企业就能打造新的卖点。这种创新既可以是开发一款新的服务产品，也可以是对原有酒店服务产品的改进和优化（涉及服务设计中相关要素的创新与开发，包括服务包本身及服务流程的创新设计）。另外，相对于一般产品，员工的支持、参与和执行是酒店新产品开发成功的重要保障。

酒店新产品开发有以下四种模式。

（1）全新产品开发模式（或称创新型产品开发）。全新产品是首创型产品，是为满足顾客的新需求而创造的产品和服务，无论是对酒店而言还是对顾客而言，都是新产品。全新产品通常会给企业经营格局带来重大影响。例如，汽车旅馆（motel）在刚刚诞生时就是一种全新产品，因为它的服务对象、服务设施以及经营方法都与原有酒店商业模式截然不同。这种产品在创意策划上难度较大，同时受到酒店技术水平、资金等诸多因素的制约，研制周期较长，有较高的开发成本和风险，数量只占新产品的10%左右。

（2）改进型新产品开发模式。这是指企业利用现有资源和技术条件对现有产品和服务进行局部改进和完善，以提升产品功能和市场适应能力的新产品开发形式。改进型新产品开发模式包括新产品线、现有产品增补品以及现有产品的重新定位等，如酒店利用新技术实现产品升级换代，针对不同市场需求推出新型服务套餐组合；酒店实施大堂布局调整、增加接待设施、改良餐厅菜食；酒店实施服务流程调整，实施服务延时、宠物看护服务、儿童免费加床服务等服务形式创新；酒店升级、升星改造等。改进型新产品广泛出现于酒店创新中，其投入成本相对较低、风险较小，能够有效增强市场吸引力、挖掘市场潜力，是酒店保持和扩大市场份额的重要手段。

（3）仿制型新产品开发模式。仿制型新产品开发是指企业对市场上已经存在而企业还没有的产品加以模仿或稍做改变。仿制型新产品占新产品的20%左右，是企业在不违反商业规则的前提下，以首创产品为示范，通过观摩、学习、借鉴和引进等方法推出的产品，它可以帮助企业快速增加销售收入，提高企业竞争力。

（4）兼并型产品开发模式。除设立研发部进行产品开发之外，企业还可以通过收购、兼并其他企业、专利或生产他人产品的许可证获取新产品。随着新产品开发成本的不断攀升，许多企业宁愿收购、兼并现有品牌，也不去开发新的品牌。例如，如家兼并七斗星、莫泰168和北京都市阳光酒店公司，开发新的市场类型，扩大了市场份额。这种新产品开发模式可以降低经营风险，为企业加快市场扩张创造条件。

【阅读链接7-5】　　　　　餐饮创新促进酒店高质量发展

（二）酒店新产品开发的原则

新产品开发成本高、风险大，为避免产品开发的盲目性和随意性，酒店新产品开发必须遵循科学的开发原则，这样才能保证新产品开发的成功，有效提高酒店的经济效益。

1. 市场导向

市场导向原则是指酒店应坚持以顾客需求为出发点，根据市场需求的变化，有针对性地实施产品的开发与设计，如布丁酒店针对青年人市场开发"快时尚"产品。酒店新产品开发设计人员需要分析不同的目标市场需求，做到"对症下药"，这样才能占据有利的客源市场地位。

2. 特色差异

差异化和特色是新产品创新的核心。新产品应具有鲜明的特色，具有"新"和"奇"的特点，这样才能避免与其他产品的雷同与冲突，给顾客留下深刻的印象，吸引其购买。例如，根据客流量，前台接待人员可以采取主动服务方式，走出接待台，引领客人到电梯间；客房里赠送的水果可以是酒店当地的特色时令水果辅以大众水果；餐厅里提供的餐食不再是高糖、高油食物，而是绿色的、低糖的健康食品；商场除为客人提供必需品之外，还应尽可能地提供当地特产和当地工艺品等。

3. 服务参与

酒店新产品开发除了对产品核心利益的设计，还包括服务过程中服务接触和互动环境的设计与开发，以满足顾客对经历和体验的需求，如按照顾客需求提供宴会服务，邀请客人参与宴会食谱、请柬、仪式及其他相关事宜的计划与安排。

4. 可行性

酒店在设计产品时应考虑产品的经济可行性。一方面，新产品必须能够带来效益；另一方面，产品的价格不能超过目标市场顾客的经济承受能力。同时，要考虑产品在设计布局上的合理性，如顾客办理入住手续的服务流程创新设计。

以上是新产品开发中可遵循的总体性原则，具体经营中还会受到来自内外环境的更为复杂因素的影响而无法达到预期效果，甚至导致失败。导致失败的主要原因包括：对潜在市场容量的错误估计；实际产品的设计不如预期得那样好；产品开发成本过高；对市场竞争的激烈程度预计不足；缺乏有效的营销管理；等等。

新产品开发涉及许多技术性和实践性问题，产品开发的成功不仅取决于这些问题的解决，也依赖于企业目标、资源、市场机会和产品研制计划之间的有机配合和协调。

(三) 酒店新产品开发的程序

与其他行业一样，酒店新产品开发的程序主要包括创意形成、创意筛选、产品概念的发展和测试、初拟营销战略、商业分析、产品设计与开发、市场试销及正式上市八个阶段，如图 7-2 所示。对于一些投入不多、预期消极效应不大的小型产品，一旦创意形成，就可以着手开发，如中餐菜肴、一些小型旅游项目等。但是，对于一些重要的或巨额的产品开发项目，就需要认真做好产品开发计划，遵循科学的开发程序，以确保产品投入市场之后获得成功。

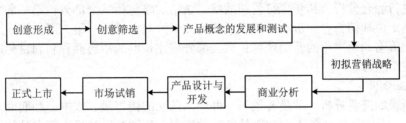

图 7-2 酒店新产品开发的程序

1. 创意形成——发现顾客需求

新产品都是从构思和创意开始的。酒店应对顾客需求进行分析和评估，取得新产品创意，这些创意来源于酒店内部、顾客、竞争者和中间商等。酒店应该畅通信息渠道，广泛收集新的构思和点子，为新产品开发做准备。

（1）酒店内部。大部分创意来自酒店内部一线员工和营销人员，他们每天都与顾客接触，能够从顾客那里得到对产品的反馈和需求信息，为解决实际问题、产生好的创意提供参考。

（2）顾客。对顾客的观察与询问也是酒店新产品创意的来源之一。酒店可以通过消费者调查和客户关系系统挖掘顾客的需求；通过分析顾客的问题和投诉，可以发现能更好地解决顾客问题的新产品。

（3）竞争者。掌握竞争者的动态，分析其产品的成功和失败之处，这往往可以帮助酒店企业形成新的创意。

（4）中间商。中间商的市场关系更为紧密，可以直接了解顾客需求，酒店企业应充分利用中介信息渠道获得市场的第一手资料，为创意的形成提供支持。

（5）其他。具体包括行业杂志、展览和研讨会、政府机构、新产品咨询机构、广告代理机构、营销调研机构、大学和商业性实验室以及发明人等。

2. 创意筛选——评估顾客需求

本阶段的主要工作是对前期信息及创意进行分析、评估和筛选，去粗取精，综合整理，以期尽可能快地抓住好的创意，摒弃无用的想法，从而将目标集中在有开发前景的产品上。集中考察的问题主要是新产品的创意是否和酒店企业的总体任务目标一致，酒店企业的内部条件和管理水平是否适合新产品的开发，酒店企业是否有类似产品的营销经验，销售渠道是否畅通，市场规模与潜量、市场增长状况和竞争程度如何等。

筛选工作一般由营销人员、高层管理人员及专家负责。他们通常利用产品创意评价表，从销售前景、竞争能力、开发能力、资源保证、生产能力、对现有产品的冲击等方面对产品创意进行加权计算，评定出最佳的产品构思。

3. 产品概念的发展和测试

产品概念化是将抽象的创意转化为具体产品的过程，是新产品开发的关键阶段。产品构思并不是一个具体产品，只是经营者希望提供给市场的一种可能的产品设想；产品概念则是把创意具体化，并用某种消费者所能理解的形式（文字、图像、模型等）加以表述，目的是在消费者心目中形成一种潜在的产品形象。

一个产品创意可以转化为若干个产品概念，酒店企业既要了解自身的营销能力、生产能力、研发能力与员工素质等内部因素，也要考虑顾客的购买意图，以便确定对目标市场吸引力最大的产品概念，也就是测试消费者的反应，并就该产品概念的特征与竞争对手的产品做比较，了解它在消费者心目中的位置，从而确定这种产品概念能否最终被市场接受。

4. 初拟营销战略

通过产品概念测试后，酒店需要从技术、营销、经济、社会、资金、资源和法律等方面对方案进行综合分析，初步拟订营销战略。营销战略包括三个部分：第一部分描述目标市场的产品定位和销售量、市场份额以及开头几年的利润目标；第二部分描述产品的计划价格、分配策略和第一年的营销预算；第三部分描述长期的销售额和利润目标以及不同时间的销售战略组合。

5. 商业分析

通常所说的商业分析，就是要预测一种产品概念的销售量、成本、利润额及收益率，预测推广该产品时所需要的人力和额外的物质资源，预测开发和投入新产品的资金风险和机会成本，预测顾客对这种创新的看法及竞争对手的可能反应，预测环境及竞争形势的变化对产品发展潜力的影响，还必须做出关于营销战略的初步决策，如目标市场定位决策、营销目标决策、主要的促销决策等。

6. 产品设计与开发

酒店新产品的设计与开发即按照新产品开发方案开展资金筹集、服务设计、硬件配套安装、员工配备以及组织管理体系设置等工作。在这个过程中，酒店应该注重服务过程体验性和互动性要素的开发，需要避免由于重视实体要素而忽略了服务产品本身的利益，导致产品内容的空洞。

7. 市场试销

试销是新产品小规模投入市场的试验阶段，其主要目的是了解顾客及其他利益群体的反应，发现可能存在的缺陷和潜在的问题。酒店新产品在市场试销阶段可能遇到的困难是，由于服务产品的不可感知性特征和质量控制困难，可供测试的仅仅是酒店产品的实体要素部分，并不是其全部，而消费者只有对完整产品有了体验之后才能够做出判断，况且不同的个体对同一服务产品的感知结果可能完全不同，这会影响新产品试销结果的准确性。所以，只有实际的市场销售才是检验服务产品优劣的最为可靠的方法。

8. 正式上市

通过试销后，酒店新产品可向市场全面推广。对新产品上市时机、地点和方式的选择直接影响新产品能否快速打开市场、能否实现预期的经营目标。

（四）酒店产品创新的趋势

酒店产品创新是基于顾客感知价值的产品设计和开发，是实现营销战略的重要环节。良好的酒店服务设计可以充分地挖掘企业资源的潜能和价值，给酒店带来不断增长的预期效益。随着互联网的快速发展，酒店新产品开发技术也赋予了新的元素，呈现出新的发展趋势。

（1）升级换代速度加快，产品生命周期逐渐缩短。旅游市场需求出现个性化和多样化趋势，酒店产品功能也从住宿和餐饮延伸为商务、娱乐、健身、文化和旅游等综合性极强的一站式服务产品。新的酒店业态不断涌现，从酒店服务对象、服务内容和流程到经营模式都有创新，迎合了新的市场需求。

（2）科技含量上升，具有高附加值和多种功能。在新产品开发中，越来越多的酒店利用新的科技手段更好地满足游客对旅游服务质量和服务快捷性的需求，如宾客可利用客房结账系统在客房内直接按电视上的菜单提示快速结账，避免前台拥挤给宾客带来的不便等。

（3）特色化和个性化。日趋激烈的市场竞争迫使酒店必须采取差异化竞争手段展开产品和服务的创新，特别是对服务传递过程中软性文化和人文元素的设计和创新，应致力于产品的特色化和个性化，注重对产品深层次内容的挖掘，强化产品主题，打造精品，以满足游客的个性化需求和体验互动的需求，增强企业自身的竞争力。

（4）更加注重保护生态环境。回归自然、向往绿色的生态旅游业已成为当今世界旅游发展的主流趋势，旅游设施及服务产品对环保、绿色的要求也越来越高，如环保材料、生态厕所、生态能源、绿色饮食、绿色酒店、绿色消费等。

【阅读链接 7-6】　　　　　亚朵"睡音乐"IP 主题酒店

第三节　酒店产品生命周期

任何产品都和生物体一样，要经历一个从诞生、成长、成熟到衰亡的过程。随着酒店市场竞争的加剧，成功上市的新产品将面对更加复杂的市场环境，如何根据产品所处不同周期阶段采取相应的营销策略，如特色和差异化设计、提高产品和服务质量、降低产品成本等，以延长产品生命周期，成为关系酒店生存和发展的关键问题。

一、酒店产品生命周期的内涵

产品生命周期（product life circle，PLC）是市场营销学中的一个重要概念，它是指一种产品从投入市场到被淘汰，退出市场的过程。产品生命周期不是指自然使用寿命，而是指产品的市场生命周期，即产品满足市场需求的状态所经历的时间。

20 世纪 80 年代初，该理论被引入旅游研究领域，从而形成了旅游产品生命周期理论。酒店产品生命周期就是酒店产品在市场上持续时间的长短以及在此期间所呈现的销售特征。

典型的产品生命周期变化情况是通过产品的销售状况（销售量和利润）和时间两个要素之间的关系来表述的。从理论上来看，酒店产品的生命周期可分为四个阶段，即导入期、成长期、成熟期和衰退期，如图 7-3 所示。

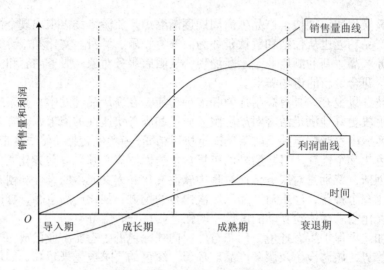

图 7-3 酒店产品生命周期

在导入期阶段，产品的市场知名度较低，销售量和利润增长较慢，多为负数。随着市场逐步打开，客源快速增多，销售量和利润迅速增长，同时竞争加剧，从而进入成长期阶段。在成熟期阶段，游客增长速度趋于平稳，销售量和利润的增长缓慢或处于停滞。在衰退期阶段，产品逐渐被新产品所取代，销售量和利润快速减少。

实际上，并不是所有产品都符合典型的"S"形产品生命周期曲线特点，有些垄断性产品直接进入成长期，投入市场就获利；有些时尚型产品没有成熟期，大起大落的市场态势使其快速获利、快速退市；有些在行业市场中处于领先地位的品牌产品进入成熟期后，一直保持平稳的市场份额，通过产品创新等营销活动进入二次成长阶段；等等。

值得注意的是，酒店产品生命周期概念包含产品需求生命周期、产品需求-技术生命周期、产品生命周期和产品品牌生命周期四层含义。其中，产品需求生命周期最长，顾客都有某种特定的需求希望得到满足，酒店只有关注其需求的变化规律和需求生命周期，利用先进技术和资源设计和开发相应产品来引导和满足这些需求，才能获得持续发展；产品品牌生命周期最短，随着产品更新换代速度的加快，酒店品牌需要实施动态管理和价值提升，以保证生命周期的延续。

二、酒店产品生命周期的影响因素

对于酒店来说，识别产品目前所处生命周期阶段并分析影响其生命周期的各种因素，制定有效的营销战略是十分有必要的。酒店产品生命周期不仅受产品本身吸引力大小的影响，还受竞争情况、经济状况、时间、季节、产品质量、产品价格、服务项目等因素的影响，其主要影响因素可归结为以下几个。

（1）顾客需求的变化。首先，酒店顾客所追求的核心利益是"体验和感受"，因此顾客的购买行为受心理因素的影响很大。顾客观念的变化、兴趣爱好的转移、收入水平的高低、目的地旅游吸引物和环境污染状况、相关群体的评价等因素的改变或时代潮流的变化会直接影响顾客购买意愿和行为，导致企业面临被市场淘汰的风险。其次，文化背景和生活方式不同的顾客，需求也是不同的，这就决定了酒店产品生命周期存在地域上的不同。再次，顾客收入的变化和闲暇时间的增减会直接引起旅游需求的变化。最后，若新产品在开发和设计上存在缺陷，则无法满足顾客不断变化的各种需求，导致生命周期短暂。

（2）酒店产品的吸引力。酒店产品的差异和特色是形成独特竞争优势的关键，也是提供最大顾客价值的保证。特别是通过酒店服务过程的人性化和互动化设计，酒店能够更好地满足顾客需求，形成更强的市场吸引力，有效延长产品生命周期。

（3）酒店企业的经营管理水平。一方面，酒店管理产品生命周期的能力，如设计开发新产品的能力、产品定位准确与否，产品组合配置、促销效果以及服务质量等因素均可直接影响酒店产品的生命周期。另一方面，酒店的硬件条件和服务水平也会影响酒店产品在市场中的运营情况。

（4）环境因素的影响。旅游产品的吸引力不仅仅来自产品本身，在更大程度上取决于环境因素，如自然环境、文化环境、社会经济环境、政策法律环境、科学技术环境、企业的竞争环境等各种环境因素的变化都会从不同层面影响产品生命周期的变化。

三、酒店产品生命周期各阶段应采取的营销策略

为延长产品生命周期、获得最大收益，酒店必须根据不同生命周期阶段的特点，采取相应的营销策略，并进行动态调整。

1. 导入期

处于这一阶段的新产品刚投放市场，消费者对新产品的认知度较低，对价格较为敏感，市场表现为销售量少且销售成本高，企业往往无利可图或利润微薄，具体如表7-1所示。

表7-1　导入期产品的市场特点

销售额	成本与结构	利润	市场规模和结构	竞争者状况
很低，后期稍高	成本总水平较低，但固定成本水平很高，固定成本占总成本的比例很大，单位成本很高	没有利润或在导入期的后期有少许利润	人数很少且多为有刚性需求的消费者，其示范作用很大	没有竞争者或很少，接近垄断

针对以上情况，导入期的营销目标包括培育产品认知、引导产品试用和在市场上进行产品定位。此时，酒店营销策略的重点是"促销-价格"组合策略的应用，如图7-4所示。

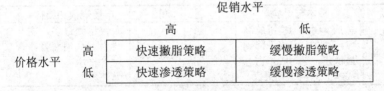

图7-4　导入期"促销-价格"组合策略

（1）快速撇脂策略。快速撇脂策略是双高策略。适用条件：营销对象是那些对新产品陌生但敢于接受新鲜事物、对价格敏感度较低的创新型消费者；酒店产品具有明显的差异特色和垄断性。酒店采取高促销投入和高价格策略快速占领市场，获得高额利润。需要特别注意的是，酒店应该通过提高顾客感知质量加深其对产品的"第一印象"，增强顾客对产品的正面感知，以前期创新型消费者的口碑和影响力带动产品市场规模的进一步扩大，进入快速成长期阶段，如某酒店集团进驻新的地区市场。

（2）缓慢撇脂策略。缓慢撇脂策略是低促销、高价格策略。适用条件：消费者对产品较为了解、对价格敏感度较低且酒店或产品的品牌知名度较高，如知名酒店升级改造后重新面市。

（3）快速渗透策略。快速渗透策略是高促销、低价格策略。适用条件：消费者对产品陌生、对价格敏感且企业具有明显的成本优势和综合实力。酒店采用该策略进入市场的主要目的是快速渗透竞争对手市场，赢得竞争优势，如酒店集团竞争导向的市场进入策略。

（4）缓慢渗透策略。缓慢渗透策略是双低策略。适用条件：消费者对产品陌生且对价格敏感、实力有限的中小型酒店的新产品。

2. 成长期

如果新产品满足市场的需求，就会进入成长期，销售额会迅速攀升，单位成本大幅下降，利润迅速增长。同时，受利润的吸引，竞争者开始进入市场，市场竞争加剧。成长期产品的市场特点如表7-2所示。

表7-2　成长期产品的市场特点

销售额	成本与结构	利润	市场规模和结构	竞争者状况
快速增长，总体水平依然不高	总成本水平开始上升，其原因是变动成本增加，变动成本占总成本的比重持续增大，单位成本呈下降趋势	少许利润，但呈现快速增长趋势	人数增加，大众消费者增加，对价格开始变得敏感	竞争者少，但迅速增加，竞争加剧

酒店在这个阶段所采取的营销策略应该重点解决利润与市场份额两者的平衡问题，以取得最大收益。因此，酒店收益管理在成长期的营销活动中将发挥重要作用。

在成长期，酒店采取的主要营销策略包括：提高产品质量和加强特色品质，完善基础配套设施的建设，保证顾客感知价值最大化；跟踪市场需求的变化趋势，抓住新的市场机会，进入新的细分市场；采用差别定价获得最大收益；利用互联网技术开拓新型分销渠道，形成高效的渠道网络；促销目标从告知转向以信任和偏爱为主要诉求，树立产品形象，形成品牌效应；及时做好客户关系管理工作，发挥关系营销和互动营销的作用，形成忠诚顾客群体；在适当时候降低价格以吸引更多的购买者；等等。

3. 成熟期

成熟期产品的市场特点如表7-3所示。

表7-3　成熟期产品的市场特点

销售额	成本与结构	利润	市场规模和结构	竞争者状况
增长速度放慢，水平接近最高点并饱和	总成本水平达到最高点，单位成本水平降到最低点，变动成本占总成本的比例达到最大	利润额达到最大	人数达到最多，主要为大众消费者，对价格敏感，需求弹性大	竞争者众多，竞争激烈，形成竞争性市场

在成熟期，市场已接近最大潜量，顾客更青睐于产品的品质和品牌，经营相对稳定的企业处于盈利时期，但是也面临着进入衰退期的威胁。因此，酒店应结合这个时期的市场特点，采取一系列营销组合策略，最大限度地延长成熟期。此时，应采取的酒店营销组合策略主要包括市场改进策略、产品开发策略、营销组合策略等。其中，市场改进策略是为现有产品开发新的细分市场或重新定位，如经济型酒店开发更多细分市场，扩展市场份额，增强竞争力。产品开发策略是针对现有市场需求变化，不断进行新产品设计和开发、改进产品功能及增加附加值，形成忠诚顾客群体，稳定市场发展。例如，麦当劳为了吸引新顾客并增加老顾客的使用量，增加了早餐、色拉食品和甜点等项目；许多航空公司为了更好地服务乘客，纷纷开通了网上电子客票系统；等等。营销组合策略是根据环境变化，对组合中的各种营销手段进行调整，特别是利用特色文化创建服务品牌，形成更广泛的市场知名度，实现企业持续发展的目标。

4. 衰退期

如果对某种产品来说，出现了更有前途、更受欢迎的替代品，那么消费者对这种产品的喜爱程度就有可能下降，进而导致市场规模萎缩、产品需求量和销量急剧下降、利润迅速减少，甚至出现亏损。这意味着这种产品可能已经进入衰退期。衰退期产品的市场特点如表7-4所示。

表7-4 衰退期产品的市场特点

销售额	成本与结构	利润	市场规模和结构	竞争者状况
销售额降低、销售规模萎缩	总成本水平降低，变动成本减少，固定成本占总成本的比重增大，单位成本增加	利润降低，继续经营可能亏损	人数减少，主要为品牌忠诚者，价格敏感性较弱	竞争者开始转移或减少

对于每一种衰退期产品，管理人员都要做出是否维持、减少成本或舍弃该产品的决策。面对收入下降，许多旅游企业的管理者往往采取最容易的措施——减少开支，如减少设施维护次数、减少一线服务人员数量或降低其工资、压缩原料成本等；有的管理者可能维持现状而不做任何改动，希望竞争对手会退出；有的管理者会对品牌进行重新定位，希望它能回到成长期；还有的管理者可能采取的行动是放弃该产品。

第四节 酒店服务品牌策略

在瞬息万变的市场环境下，成功的服务品牌是酒店企业打造差异化竞争优势的关键。如何创建和管理酒店服务品牌，形成良好的市场形象和核心发展动力，成为酒店关注的焦点问题。

一、酒店品牌

酒店产品是以无形服务为核心的服务产品，具有明显的服务特性，这些特性决定了酒店服务品牌与有形产品品牌的差别。因此，必须明确酒店服务品牌的内涵，这样才能有效发挥品牌的市场效应。

（一）品牌与服务品牌

1. 品牌

美国市场营销学专家菲利普·科特勒认为，品牌是一个名称、名词、符号或设计或者它们的组合，其目的是识别某个销售者或某群销售者的产品或劳务，并使之同竞争对手区别开来。美国市场营销学会将"品牌"定义为"顾客、渠道成员、母公司等对品牌的联想和行为，这些联想和行为可以使公司获得更多的销售额或利润，可以赋予品牌超过竞争者的更强大的、更持久的差别化竞争优势"。从其本质来看，品牌是企业向购买者长期提供的一组特定的特点、利益和服务，其中价值、文化、个性、情感为品牌的核心基础。

品牌的内涵体现在：① 品牌是无形资产。品牌是企业对市场的品质承诺，也是顾客对企业市场价值的一种认可。② 品牌是商品标志。品牌代表商品的品质、定位及效用等，以此区别于竞争对手的同类产品，便于顾客认知、辨识。③ 品牌是文化。品牌代表企业及其产品的市场形象、口碑、品位、格调和生活方式。

强有力的品牌塑造有助于提高顾客采集和处理信息的效率，降低其采购过程中的感知风险，有助于企业有效地差异化其市场供应物，通过提供产品的较高附加价值应对价格压力。特别是对具有无形性和较高顾客感知风险的服务产业来说，强势品牌更被视为企业的重要资产和可持续竞争优势的关键来源。

2. 服务品牌

创建强势服务品牌是服务企业打造差异化竞争优势的重要手段。相对于实体产品，服务本身的特点使服务品牌的内涵更加复杂，除了品牌理念和概念层次上的共同点，还包括服务过程与顾客体验等诸多无形要素。服务的无形性使品牌成为顾客感知服务价值的有形形式之一，服务的过程性使品牌成为顾客评价服务质量的重要标准。因此，顾客体验导向的服务品牌是服务品牌研究的重点。

服务品牌是在经济活动中通过服务过程来满足消费者的心理需求的一种特殊的品牌形式，它是消费者在服务过程中产生的体验和感知，是服务与消费者之间不断积累、反复变化的一种关系。服务品牌的价值取决于顾客对服务过程的体验，涉及有形设施、服务环境、服务人员、互动接触、体验经验、相关群体口碑等。服务品牌与产品品牌的区别表现在要素构成、沟通方式和顾客感知三个方面，如表7-5所示。

表7-5 服务品牌与产品品牌的区别

	产 品 品 牌	服 务 品 牌
要素构成	核心功能、包装、价格、用途和形象	无形服务、互动体验、服务环境、员工形象、价格等
沟通方式	以广告宣传为主的基本促销手段	文化传播、互动与沟通、有形展示、服务场景及基本促销方式
顾客感知	结果性产品；产品质量控制影响顾客品牌感知的一致性	结果性产品与过程性产品的结合；员工和顾客同时影响品牌感知的一致性

由此可以看出，在服务产品传递过程中，顾客体验的影响因素及其设计与开发是服务品牌建设的核心。

（1）在服务企业中，员工和顾客直接参与生产过程且对服务感知价值的影响很大，员工的态度和行为、顾客的情绪和感受、服务氛围等都会影响服务消费过程中的顾客体验，所以员工管理及员工与顾客的互动体验营销管理都是服务品牌化过程的重要组成部分，是品牌发展的重要基础。

（2）由于服务无形性的特点，顾客无法事先感知和评价服务质量，因此服务品牌沟通就是一种对顾客的品牌承诺。服务品牌与顾客沟通的触点很多，除了广告宣传等促销手段，也包括服务环境、互动体验、员工形象以及服务设施等，保持品牌沟通的一致性就成为服务企业兑现品牌承诺的重要任务。

（二）酒店服务品牌

酒店产品品牌的界定符合服务品牌的基本内容要求，因此也被称为酒店服务品牌。酒店服务品牌的实质是向顾客长期提供一组特定的特点、利益和服务，以满足顾客需求的一种品牌形式。

与一般品牌一样，酒店服务品牌包括名称和标志两个部分。品牌名称是品牌可以用语言表达的部分，如"香格里拉""迪士尼"等。品牌标志是用符号、图案、颜色等视觉效果表达的部分，如香格里拉用字母"S"做标志、迪士尼乐园用米老鼠的卡通形象做标志、麦当劳用金色的拱门作为品牌标志等。品牌或品牌的一部分在政府有关部门注册后成为商标，受法律保护，享有专利权。

【阅读链接 7-7】　　　　香格里拉酒店 logo 的含义

酒店服务品牌不仅是产品和服务的标志，更是产品和服务在性能、质量和信誉等方面满足顾客体验服务的可靠程度，同时品牌是企业市场定位和认知、管理能力、市场信誉、企业文化等诸多内涵的综合表现。其中，酒店服务质量是对顾客的服务效果和效率，是形成特色品牌形象的关键，所以质量是品牌的基础；酒店信誉度是服务品牌的必要条件，酒店对顾客诚信的服务态度是建立市场信任、实现服务承诺及品牌经营的重要保证。因此，服务质量和信誉保证是酒店服务品牌的基础，酒店文化是服务品牌的核心。

应该注意的是，旅游者出行具有较强的流动性，对目的地及酒店的选择大多局限在特定时间内且一次性购买居多。这些特点决定了酒店服务的重构率较低，不便于品牌的识别和记忆，导致酒店难以形成较高的品牌忠诚度。另外，酒店顾客感知品牌价值受隐性情感因素的影响较大，如游客出行的自我实现、改变个人形象、逃避现实、追求浪漫、怀旧情结等隐性动机。因此，酒店服务品牌营销必须充分了解市场需求，在准确定位的基础上形成特色服务价值，这样才能有效发挥品牌的作用。

（三）酒店服务品牌化及其作用

酒店服务品牌化的实质是酒店通过品牌建设与管理创造特色差异，使自己与众不同，是帮助顾客识别酒店产品和服务，使酒店区别于竞争对手的一种营销功能，也被称为品牌营销。品牌营销的关键在于有效发挥品牌的有形展示功能，促进酒店服务特色的识别和建立，实现服务增值的市场效应。

酒店服务品牌化的条件包括：产品容易通过品牌或商标加以识别；人们对产品的感受是物有所值；很容易保证质量和标准；对一般性产品类别的需求很大，足以支持地区性、全国性甚至国际性连锁店；在这种情况下，形成一定规模可以分担营销管理费用；存在规模经济。

在激烈的市场竞争中，酒店服务品牌化对于提升酒店核心竞争力具有重要的战略意义，主要表现在以下几个方面。

（1）有利于顾客对酒店服务特色的识别，影响其购买决策。酒店服务品牌作为一种有形展示，对顾客识别特色和高品质的专业服务具有指导作用，有助于减少顾客的信息搜索成本、降低购买风险，对顾客购买决策及顾客忠诚度有十分重要的影响。

（2）有利于提高顾客对酒店的满意度和忠诚度。服务品牌的核心是服务过程中顾客体验的感知价值的体现，酒店服务品牌化可以保证服务接触中员工与顾客之间达成友好、和谐的互动和体验，让顾客充分地享受服务的功能和情感价值，提高顾客的满意度和忠诚度。

（3）有利于保护酒店服务知识产权和促进服务创新。酒店服务质量评价的主观性和服务对象的多变性使该市场品牌的忠诚度较低，易被模仿。创新的品牌经注册后就拥有了受法律保护的知识产权，因此服务品牌化有利于促进酒店的营销创新。

（4）有利于酒店文化的传播。酒店服务品牌不仅具有识别功能，还对企业文化的传播具有重要的影响。品牌是企业文化的载体，它承载着企业的创新精神和经营理念，对酒店内部管理和团队建设，乃至外部顾客、相关利益群体都有着重要的影响。酒店服务品牌不仅具有识别功能，还有企业文化的传播和影响。市场对品牌的偏好和忠诚度反映了顾客对品牌所蕴含的企业文化的认同。文化凝聚品牌的内核，品牌助力文化的传播。

（5）有利于提升产品附加值，形成市场溢价。酒店服务品牌化可以形成较高的顾客感知质量，削弱价格在购买决策中的重要性，以高于市场平均水平的价格和良好的口碑获得酒店产品的增值效应。当然，这是基于酒店与顾客保持利益平衡的品牌溢价，这样，酒店才能持续获利。

（6）有利于拓展服务渠道和实现集团化经营。酒店服务品牌化战略有利于服务品牌价值的转化，形成规模经济效益。服务品牌化可以给企业带来市场优势，有利于拓展服务渠道，如在特许经营授权、新市场开发、新产品开发或开辟新的服务领域等方面具有较强的可进入性，从而为实现品牌扩张、网络化经营以及集团化经营创造条件。

【阅读链接 7-8】　　　　从 KOL 到 KOC：品牌传播面临的挑战

二、酒店服务的品牌资产

品牌资产是 20 世纪 80 年代西方广告学界从品牌管理角度提出的一个概念。由于当时许多西方国家都面临着经济不景气，企业频繁采用以降价和促销为重点的营销方式，虽然促进了短期销售增长，却损害了企业的品牌形象，进而影响了企业的长期利益。为了使企业加强品牌建设，促进其长期发展，避免价格促销对品牌所造成的负面影响，在企业管理研究中提出了品牌资产这个概念并开展了一系列研究。

品牌资产是赋予产品或服务的附加价值，它反映在消费者对有关产品品牌的想法、感受以及行动的方式上，同样反映于品牌所带来的价格、市场份额以及盈利能力上。艾克（Aaker，1991）提出品牌资产的四个组成部分分别是感知质量、品牌意识、品牌形象（联想）和品牌忠诚，得到学者的广泛认可和使用。品牌资产作为企业竞争的重要无形资产，对企业获取更高收益有着非常重要的影响。

在酒店服务传递中，顾客和企业之间的价值共创互动有助于提升企业的品牌资产。酒店服务品牌资产研究的理论基础采用了美国学者贝里（Berry）提出的服务品牌资产模型，如图 7-5 所示。

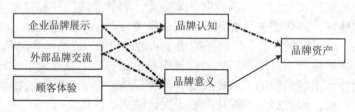

图 7-5　服务品牌资产模型

该模型显示，品牌认知和品牌意义是酒店服务品牌资产的构成要素，是形成顾客感知品牌价值的关键。图7-5中实线表示主要影响，虚线表示次要影响。

其中，品牌认知是指顾客对于酒店或某服务品牌名称的记忆和了解程度，用社会公众对品牌的提及次数和百分比来衡量，顾客对品牌资产的感知程度决定着酒店品牌资产的价值强度；品牌意义也是品牌联想或品牌形象，由品牌满意、重构倾向、价值比和偏好等因素构成，指顾客记忆中与酒店品牌相关的任何事情，不仅是人们对个别品牌的印象，也反映了提供这一产品或服务的酒店形象，甚至能唤起顾客对品牌象征意义的感悟和情感连接，即品牌忠诚。

酒店可以通过企业品牌展示、外部品牌交流以及顾客体验影响品牌认知和品牌意义，进而影响品牌资产的形成。具体内容包括：酒店通过整合营销沟通手段进行有效的品牌展示；通过利用互联网和移动网等新技术手段进行外部品牌交流，包括口碑宣传和公共关系等；通过提供高品质的产品和服务、高效的服务传递以及品牌形象设计，提供更好的顾客体验。酒店在整合以上三个方面内容的基础上提高顾客对品牌的认知度和忠诚度，获得更高的市场溢价，从而带来酒店品牌资产的增值。

三、酒店服务品牌构建与品牌策略

随着酒店行业竞争的加剧，服务品牌战略成为酒店提高品牌价值、获得竞争优势的重要手段。通过创建品牌，酒店可以浓缩产品特征，形成独特的顾客认知和形象，获得更高的产品附加值，扩大连锁经营规模，为实现差异化和酒店发展提供重要保障。

（一）酒店服务品牌构建

酒店服务品牌构建是一系列能够实现企业品牌价值的营销和管理方法的综合运用，主要包括品牌定位与识别、品牌化战略与架构、品牌传播与拓展、品牌管理与维护等。

其中，品牌定位与识别是在开展充分的市场调研的基础上，对特定品牌在文化取向及个性差异上的商业性决策，从而实施准确的品牌定位和全面规划，它是建立一个与目标市场有关的品牌形象的过程和结果，为品牌建设奠定了基础，如四季酒店的"待人如己"、希尔顿酒店的"快捷"、假日酒店的"热情"、香格里拉酒店的"亲情"、如家酒店的"如家"等在顾客心目中都印象鲜明；品牌化战略与架构应结合市场需求及企业资源条件，除了对单一产品品牌的增值活动，还包括多种产品品牌的优化和整合工作，强调酒店全面品牌的架构与规划；品牌传播与拓展是实现品牌无形资产转移和增值的有效途径，既可以降低新产品的市场风险，又可以强化企业品牌的市场效应；品牌管理与维护是企业为获得品牌持续的增值效应必须从事的市场沟通、产品服务创新、品牌升级、文化创新和危机管理等日常和前瞻性品牌管理活动，是保护服务品牌形象、市场地位和品牌价值的一系列活动。

由此可见，在酒店服务品牌化经营中，品牌定位是核心，服务质量是关键，品牌文化是灵魂，连锁经营是保障。如何建立顾客感知品牌价值、培育特色品牌文化、有效利用新技术传递品牌价值，形成品牌的扩张效应，是酒店必须关注的重要问题。

（二）酒店服务品牌策略

酒店服务品牌策略是酒店营销战略的核心，是形成酒店竞争优势的关键。酒店开展品牌营销时要根据自身目标及资源条件，切实选择适合自身发展的策略类型。酒店服务品牌策略主要包括产品线扩展策略、品牌延伸策略、单一品牌策略和多品牌策略以及品牌联合策略。

1. 产品线扩展策略

产品线是指同类产品的系列。一条产品线就是一个产品类别，是由使用功能相同、能满足同类需求而规格、型号、花色等不同的若干个产品项目组成的。产品线扩展是指企业在现有产品类别中增加新的产品项目,仍沿用原有的品牌名称。这种新产品往往是对现有产品的局部改进,如增加新的功能或变更包装、式样和风格等。产品线扩展是充分利用企业的生产能力以满足市场需求的有效策略。

采取产品线扩展策略的原因是多方面的,如充分利用过剩的生产能力,满足新消费者的需要,率先成为产品线全满的公司以填补市场的空隙,与竞争者推出的新产品竞争,得到更多的货架位置,等等。

当然,采取产品线扩展策略也会面临一定的风险。一方面,产品线的不断扩展会淡化品牌原有的个性和形象,提高消费者认识和选择产品的难度;有时会因为原来的品牌过于强大,致使产品线扩展混乱;如果消费者不能明确区分各种产品,就会造成同一产品线中新老产品"自相残杀"的局面,这些都有可能削弱原有品牌的市场竞争力。另一方面,若新的产品销售量不足,则其收入不能抵偿开发与促销成本。因此,成功的产品线扩展应是通过抑制竞争者产品的销售来获得本企业产品销售的增长,而不应造成本企业产品的自我抵消。

2. 品牌延伸策略

品牌延伸又称为品牌扩展,实际上是多元化战略与品牌战略的组合。酒店采取品牌延伸策略就是在同一个市场里运用成功品牌的影响力来创建或修正其他产品,以此向市场推出新产品和新业务,借势造势,争取形成"一荣俱荣"的局面。品牌延伸并非只借用表面上的品牌名称,而是对整体品牌资产的策略性使用。

品牌延伸是实现品牌无形资产转移、发展的有效途径。品牌延伸实施可以充分利用现有的品牌资产,在新产品的推广和销售渠道建设上以较低成本快速推向市场,减少新产品的市场风险,发挥品牌共享的优势,提高整体品牌组合的投资效益。但是,酒店应该准确识别品牌延伸策略实施中可能出现的问题,如顾客认知态度、新旧业务的交叉影响等,合理规避风险,维护品牌价值。

因此,采取品牌延伸策略要考虑的因素有品牌核心价值与个性、新老产品的关联度、行业与产品特点、产品的市场容量、企业所处的市场环境、企业发展新产品的目的、市场竞争格局、企业财力与品牌推广能力等。在多元化发展过程中,企业很容易误入品牌延伸的陷阱。品牌在什么情况下可以延伸、在什么情况下不能延伸,这是管理者做出决策前需要仔细思量的地方。

【阅读链接 7-9】　　　　软品牌——精品酒店发展趋势

3. 单一品牌策略和多品牌策略

单一品牌策略是指企业生产和经营的多个种类产品使用同一个品牌的策略模式,其优势主要表现为明晰市场定位、强化品牌效应、操作简单及降低营销成本等。但是,采取该策略存在较大的市场风险,易削弱原有品牌产品的影响力等。例如,美国最佳西方国际酒店公司(Best Western International, Inc.)在全球近一百个国家和地区拥有成员酒店四千两百多家,总客房数超过三十万间,是全球单一品牌下最大的酒店连锁集团之一。该酒店集团实行单一品牌策略,即集团所属的成员酒店均统一采用"The Best Western"这一品牌。

酒店在相同的产品类别中引进多个品牌的策略称为多品牌策略，即针对顾客的不同需求和利益创立不同的品牌。该策略有助于酒店差异化营销策略的实施，提高市场吸引力的同时能够避免"一损俱损"的局面。多品牌策略具有较强的灵活性，有助于限制竞争者的扩展，使竞争者感到在每一个细分市场的现有品牌都是其进入的障碍。特别是在价格大战中捍卫主要品牌时，多品牌策略是不可或缺的。

多品牌策略可以细分市场，满足消费者的不同需求，容易使消费者产生品牌忠诚，增加客源市场，提高市场占有率。拥有多个品牌也是分担风险的有效方法，各品牌之间相互独立，彼此不会造成影响，从而加强了策略的灵活性，可吸引更多消费者的目光，增加本酒店或下属酒店被选中的机会，提高核心竞争力，有利于企业的内部管理。例如，如家酒店集团旗下设有如家快捷酒店、莫泰酒店与和颐酒店三个品牌，而汉庭酒店集团旗下设有全季酒店、星程酒店、汉庭快捷酒店、海友客栈四大品牌。

多品牌策略的局限表现在：每种品牌可能只能获得一小部分市场份额，而且每一种的利润都不高。对此，企业可以取消把资源分摊在众多品牌上的做法，取而代之的是建立几个利润水平较高的品牌，并建立较为严格的新品牌审查程序。同时，企业应该审视一下自己是否具有管理多个品牌的能力和技巧，毕竟对企业来说，多品牌管理比单一品牌管理难得多，因为各品牌之间要实施严格的市场区分，各自具有鲜明的个性且这些个性要足以吸引消费者。

4. 品牌联合策略

目前，越来越多的酒店开始采用品牌联合策略实现协同效应，在共同的市场范围内运营，分享市场信息，完成交叉促销，实现多赢。酒店可以通过特许、联营、合作经营等方式，在不同地区开设许多分支酒店，以统一品牌对外宣传，树立品牌形象。例如，马里奥特酒店和凯悦酒店与星巴克的品牌联合，星巴克在这些高档酒店内部开设了咖啡厅；必胜客与马里奥特酒店签署了一项特许协议，允许必胜客在马里奥特酒店大堂内搭建摊棚进行销售等。特别是对一些中小型酒店，由于本身具备良好的条件，可以通过特许、联营或合作的形式加入一些著名的国际或国内饭店，既可以提升自身知名度，也可以提高自身的经营管理水平和服务质量。品牌联合也包括酒店与主营业务与酒店不直接相关的企业进行合作，如海容大酒店与宝洁公司展开品牌合作，其酒店客房所配备的洗浴用品均来自宝洁公司的品牌；麦当劳与迪士尼合作推出了以迪士尼电影主人公为主题的开心乐园套餐；等等。

第五节　酒店服务营销策略

服务营销理论认为，顾客感知服务质量不仅与服务结果有关，而且与服务过程有关，即包括结果质量和功能质量。其中，功能质量就是服务过程质量，是通过服务技术要素被传递的方式来体现的，除了与服务人员的态度、行为、仪表及其与顾客间接触互动等因素密切相关，还与顾客的心理、认知、偏好等因素相关。因此，功能质量更多地取决于顾客的主观感受，一线员工及其与顾客的持续接触成为营销的重点。服务人员的表现和顾客感知服务质量极强的相关性是酒店采取内部营销、体验营销和关系营销策略的根本动因。这些研究都强调了关系、互动和交际在服务营销中的重要性，同时指出了服务的交换不仅存在经济关系，还存在社会关系。

一、酒店内部营销

（一）酒店内部营销的概念

由于服务的过程性，员工、顾客及他们之间的交互关系都是服务的重要组成部分。在服务过程中，服务提供者是影响服务质量的重要因素，员工的态度、行为方式与顾客满意度、忠诚度及企业利益有着密切的联系。员工是体现酒店竞争优势的关键因素。因此，酒店营销不仅要着眼于外部顾客，同时要关注内部顾客——员工，开展内部营销。

内部营销概念最早是由贝里（Berry，1976）等人提出来的，他们认为服务性企业要达到自身的目标，必须像吸引外部顾客那样，运用营销观念和营销措施吸引并留住优秀的员工。格罗鲁斯（Gronroos，1983）将内部营销视为整个组织有效发展顾客服务的一种策略，即员工必须对营销负有责任，与企业营销战略成为一体。海尔斯（Hales，1994）则认为内部营销是人力资源管理的一种方法，内部营销的目标是吸引、保留和激励员工，员工的服务理念和顾客意识作为获得竞争优势的方式之一，有助于可感知服务质量和外部营销有效性的提高。内部营销理论在旅游和酒店业的研究是从 20 世纪 80 年代开始的，琼斯（Jones，1986）指出，因服务的生产和消费的同时性特点，服务活动中的员工作为服务品牌价值的传递者，其服务意识和行为直接影响服务品质与效果。

酒店内部营销是针对员工的营销，即把员工看作内部顾客，把工作职位看作内部产品，运用营销思想和方法使内部产品满足内部顾客的需要，提升员工的满足感和忠诚度，从而达到外部顾客的满意和忠诚，实现企业的预期目标。内部营销的实质是一种把员工当作顾客的经营思想，是一种基于营销观念的人力资源管理哲学。由此可见，员工满意是顾客满意的基础，是酒店内部营销工作的核心。

（二）酒店内部营销的重要性

酒店内部营销的重要性体现在以下几个方面：有利于确保员工受到激励，追求顾客导向，强化员工服务意识，使其在与顾客的接触中更好地把握顾客服务需求的差异性和特殊性；有利于培养员工认同企业文化和职业角色，更好地吸引和留住高素质的优秀员工；有利于员工提升职业能力和服务水平，为顾客提供个性化服务，展开良性互动，提高顾客满意度和忠诚度；有利于酒店培育市场导向型服务文化，提升员工服务绩效和酒店经营效益。

【阅读链接 7-10】　　　　迪士尼：员工体验就是游客体验

（三）酒店内部营销的管理

在酒店内部营销活动中，态度管理和沟通管理是两个重要的组成部分，两者相互关联且相互作用，共同决定内部营销活动的整体效果。态度管理是对员工的态度、顾客意识和服务自觉性进行有效管理，它是内部营销的关键。沟通管理强调酒店内部各部门之间、前后台之间、员工之间以及员工与顾客之间的有效的信息传递，这里的信息包括相关制度规章、产品服务信息、市场承诺及战略目标等,它是为了给内外顾客提供优质的产品和服务而进行的信息管理。

酒店内部营销管理包括以下几个方面的内容。

1. 服务文化的培植

服务文化是顾客导向型服务价值观念和行为准则,是服务价值传递中所表现出来的服务意识和服务观念。由于酒店服务质量是各种资源长期作用和发展的结果,并且受准则规范、组织结构和管理程序的影响,因此酒店要保证优质服务的一致性和稳定性,必须培育和塑造特色服务文化。

酒店服务文化不仅影响客房用品、饭菜、员工仪容仪表、酒店的整体环境和设施运行状况等硬件方面内容,也影响服务人员的态度、语言、技能和效率等软件方面内容。酒店员工应在服务文化的熏陶下,将规范服务转化为一种习惯和本能,这样,酒店服务理念才能在员工的行为中得以提炼和升华,形成独特的服务竞争力。

2. 组织结构的重塑

传统组织结构呈金字塔形,以制度和法规严格构建等级制度,部门之间和层级之间缺乏有效沟通,人人专注于取悦顶头上司,忽略顾客需求,管理效率低下。在内部营销观念下,组织结构发生了重组。

在服务导向的组织结构中,顾客位居组织的顶部,每一个人都为服务于顾客而工作。公司管理层科学规划为总经理指明方向,总经理要为各部门经理提供支持,以此类推(见图 7-6)。重建组织结构通过建立经营系统、规章制度和工作流程,避免了由于经营系统过于复杂所造成的许多不必要的延误和信息中断,提升了员工的岗位责任感和职业认知,有利于更好地调动员工的积极性,为顾客创造更好的体验和价值。

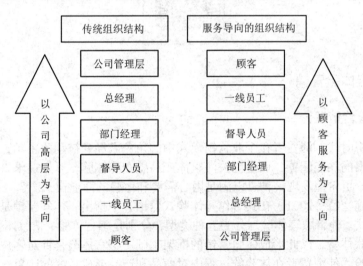

图 7-6　重塑组织结构①

3. 内部营销导向的人力资源管理

内部营销的关键因素包括员工招募、培训、激励、沟通和授权等,均与人力资源管理密切相关。人力资源管理提供了组织运作所必需的合格人员,而内部营销则通过提升员工满意度,使人力资源管理效用趋于最大化,更重要的是这种效用直接指向顾客满意和忠诚,可为企业带来更高的品牌效益。

激烈竞争的市场环境下,内部营销"以人为本"的管理思想为人力资源管理提供了市

---

① 科特勒,等. 旅游市场营销[M]. 4 版. 谢彦君,译. 大连:东北财经大学出版社,2006:238.

场导向的新视域。内部营销导向的人力资源管理，即从组织内部顾客——员工需求出发，开展工作设计、招聘、培训、考核、激励和晋升等一系列活动，能够充分挖掘员工的潜能，激发员工的工作热情，增进员工对组织文化和核心价值的理解与信任，实现服务的高品质和消费者的高忠诚，为企业获得持续竞争优势提供重要保证。

酒店内部营销要求人力资源管理必须在指导思想、操作过程等方面充分体现市场导向且在实施过程中注意以下三点：一是酒店管理者应是内部营销的倡议者和推动者，实现自上而下的实施和推进，提高管理绩效。从员工需求出发，建立酒店内部营销导向的人力资源管理机制，在招聘、培训、考核、激励和授权等方面，全方位挖掘和调动员工的潜能，提高员工满意度，从而吸引、激励和留住优秀的员工。二是注重内部市场的细分，关注员工个体差异。根据员工需求、能力及情绪等因素将其分为不同的群体，制定针对性营销组合策略，如岗位工作、薪酬福利和职业发展等，提高员工满意度和管理效用。三是培育有利于内部营销实施的组织文化。"以人为本，关爱员工，将员工放在管理的中心地位"的组织文化是内部营销产生积极效果的重要保证。这种文化的倡导和灌输可以在酒店内部营造一种尊重人、信任人、关心人、理解人的氛围，有利于员工接纳组织价值观，增强团队凝聚力和向心力，促进内部营销的顺利实施。

【阅读链接7-11】 酒店科技创新 提高人效是核心

二、酒店体验营销

（一）体验营销理论

在体验经济时代，消费者在企业营销模式中的角色已经变被动为主动，渴望的不仅仅是产品有形要素的功能配置，而是更关注整体产品感知和体验，开始追求人生意义、快乐和精神的实现，更希望发现一种可以满足内心需要和体验的商业模式。①

美国学者施密特（2001）在其著作《体验式营销》中指出，体验营销是一种以顾客为中心的思考方式。他将顾客体验划分为五种类型，分别是感官体验、情感体验、思考体验、行动体验和关联体验，以此形成体验营销的框架基础。感官体验是针对客户的视觉、听觉等感官制造体验，使消费者在体验的过程中对商品和产品形成良好的印象；情感体验是以客户的情感为基础，通过特定的媒体或者媒介、文案、声音和视频等多种元素的组合，将消费者带入特定氛围，引发其共鸣；思考体验是通过特定场景引发消费者思考和联想，促进品牌认同和达成交易；行动体验是通过策划营销活动建立消费者和产品或者服务的某种关联；关联体验是以通过实践自我改进的个人渴望，使个人与理想自我、他人或文化产生关联，从而建立对某种品牌的偏好。

体验营销是指企业以消费者为中心，通过对事件、情境的安排以及特定体验过程的设计，让消费者在体验中产生美妙而深刻的印象，并获得最大程度上的精神满足的过程。这

---

① 吉尔摩，派恩. 体验经济[M]. 2版. 鲁炜，夏业良，译. 北京：机械工业出版社，2008.

种营销模式主张消费者参与营销流程，体现了消费者的主动权，已给许多新行业、新业务带来新气象，成为酒店业市场营销的主流。

（二）酒店体验营销体系

酒店企业出售的是"完整的经历"，即从酒店产品设计、组合、销售到售后服务，它所提供的是顾客消费前、消费中和消费后的全面顾客体验，因此酒店产品价值的评价是基于顾客对酒店服务过程的感受和体验。酒店企业面对新的市场挑战，必须改变传统的营销模式，采取以顾客为导向的体验营销策略，创造更大的顾客价值。

酒店体验营销是基于顾客视角，通过了解目标顾客的消费理念、心理、动机及行为特点，调动顾客的感官、情感、思维、行动以及关联等全方位体验，刺激和引导顾客的购买欲望和行为的营销方式。由此可见，酒店体验营销是一种系统的营销整合管理体系，主要包括以下几个方面的内容。

（1）把握酒店市场需求特征，建立完善的顾客体验数据库，深入分析影响体验需求的因素，为体验主题设计奠定基础。

（2）利用酒店优势资源，创建有特色的主题文化和体验模式，并设计酒店主题服务流程和服务情境，通过影响顾客感受来介入其行为全过程，塑造感官体验及思维认同，形成良性互动，从而影响其消费决策。

【阅读链接 7-12】　"剧本杀+旅游"开拓沉浸式体验新模式

（3）改善酒店自身产品和服务的品质，在产品中附加体验元素，制定相应的体验营销策略，提升酒店服务的体验价值。

（4）重视服务产品的员工内化，营造酒店互动体验氛围，强化顾客对酒店品牌文化的认同，满足多元化需求，增强酒店的竞争力。

（5）通过立体化媒体渠道传播酒店体验，即充分利用互联网的即时性、交互性以及传播速度快等条件传播酒店体验。

三、酒店关系营销

（一）关系营销

20 世纪 80 年代，以贝里（Berry，1983）、格罗鲁斯（Gronroos，1994）为代表的研究者先后提出关系营销（relationship marketing）观念，并将服务营销理论推向了新的境界。[①]他们把企业的营销活动放在整个社会经济的大系统中考察，认为企业作为社会经济系统中的子系统，其经营活动是与周围各种因素，包括顾客、供应商、分销商、社会公众、竞争者、影响者等相互作用的过程，如图 7-7 所示。与这些个人或组织建立良好的关系是营销

[①] 左仁淑. 关系营销：服务营销的理论基础[J]. 四川大学学报（哲学社会科学版），2004（4）：19-23.

活动的核心，是营销成功的关键。因此，关系营销被定义为企业与顾客、供应商、分销商及其他利益相关人或组织建立长期、稳定、互信互惠关系的活动（过程）。企业与各方通过互利、交换及共同履行承诺实现目标。关系营销不同于传统的注重短期效益的交易营销，它是以双向沟通、合作共赢为基础，以企业的长期发展为导向，其核心是创造价值和维护各方长期共赢关系，从而保证企业持续盈利。

图7-7 企业利益群体关系图

关系营销是服务营销的基础。由于服务是生产和消费同时进行的互动过程，顾客与服务提供者建立的接触关系直接影响顾客对服务价值的感知和评价，因此提供优质服务和最大顾客价值是企业和顾客建立与维护长期关系的重要保证，也是关系营销的核心。一些研究表明，关系营销为服务营销提供了维持持续竞争优势的最佳途径。例如，随着网络技术的快速发展，企业可以利用互联网建立客户档案，实施客户关系管理（customer relationship management，CRM），定期与客户进行沟通，了解客户需求的变化并不断完善客户数据库，满足顾客的个性化需求，体现竞争优势。

（二）酒店关系营销策略

随着市场化进程加快，酒店市场的竞争焦点已从产品差异和服务品质逐渐扩展为顾客忠诚、利益群体关系等要素的竞争。在酒店服务活动中，顾客与员工之间关系的良好和谐程度直接影响顾客感知与评价，实施关系营销是酒店维护客户关系、建立品牌忠诚的重要手段。酒店关系营销需要从与顾客建立长远稳固的关系入手，建立了解顾客的需求，并满足顾客需求的酒店管理机制，同时建立顾客数据库为顾客提供定制化服务，最终实现酒店的长远发展目标。

在酒店关系营销活动中，应针对客户关系状态，采取相应的营销策略：① 针对新顾客，增加财务层次利益，即利用价格优惠政策刺激消费以增加收益，如酒店与航空公司合作开展的里程积分换享、常客计划等。② 针对有购买经历的顾客，增加社交层次利益，即结合顾客消费水平，利用公司优势资源创建差异化客户档案，全面了解顾客的消费动机与诉求、生活方式和习惯、消费偏好等，提供个性化产品和服务，以此激励顾客重复消费，提升忠诚度，如会员俱乐部、VIP会员卡以及长住客聚会活动等。③ 针对重复购买的忠诚顾客，增加结构层次利益，即企业与重要价值客户群体之间建立更加紧密的依附关系，保持顾客利益和企业利益的一致性，团结协作，互惠共赢。例如，与客户签订让利优厚的住房协议或财务协议，吸引和鼓励关键意见领袖类顾客参与酒店新产品设计与开发项目，与VIP客人保持一对一联系，及时传递新产品项目信息，等等。通过以上三级层次的关系营销活动，酒店可以拓宽客户规模数量，提高客户平均盈利水平，从而降低客户流失率，促进客户优化升级。

【阅读链接 7-13】　　　私域运营背景下的酒店会员计划升级

问题与讨论

1. 酒店产品的特点有哪些？酒店产品的特点给酒店企业营销带来了哪些挑战？
2. 酒店新产品有哪些类型？分别有何特点？结合自己的经历，谈谈对酒店新产品的看法。
3. 简述酒店整体产品的概念与意义。
4. 简述酒店产品生命周期的特点及不同阶段的营销策略。
5. 简述经济型酒店品牌建设存在哪些问题，可以采取哪些改进策略。
6. 结合自己的酒店消费经历，谈谈你对酒店有形展示的认识。
7. 举例说明酒店服务包的概念，并阐述服务包设计应该注意的问题。
8. 你喜欢哪些知名的酒店品牌？试说明原因。
9. 请说明酒店内部营销和外部营销的关系，并阐述内部营销对服务企业的重要意义。
10. 以"酒店+剧本杀"为例，说明酒店体验营销的主要内容。

拓展阅读

1. 王玮. 酒店：营造可以互动的文化空间[N]. 中国旅游报，2022-05-19（6）.
2. 皮常玲，等. 论疫情后酒店业态与康养的融合[J]. 社会科学家，2022（11）：65.
3. 季琦. 酒店业的未来[J]. 经理人，2020（12）：3.
4. 曹恩惠. 国际酒店集团要在中国做出与众不同的品牌探索[N]. 21世纪经济报道，2022-12-15（12）.
5. 钱丽娜，石丹. 迪士尼：员工体验就是游客体验[J]. 商学院，2021（8）：62-63.

课程思政

弘扬中华文化　　创造美好旅程——旅游企业争做文旅融合的先行者

第八章　酒店价格策略

本章目标

了解酒店产品价格的概念、特点与表现形式；掌握酒店产品定价的影响因素；了解酒店的定价目标与定价方法；了解收益管理在酒店定价中的应用；了解酒店产品的定价策略与价格调整策略。

引入案例

大数据"杀熟"是赤裸裸的价格歧视[①]

近日，网友"廖师傅"在微博上自述了被大数据"杀熟"的经历。他经常通过某旅行服务网站预订某个特定酒店的房间，价格长年在380~400元。偶然地，他通过前台了解到，该房间淡季的价格在300元上下。他用朋友的账号查询后发现果然是300元上下，但他用自己的账号去查，还是380元。

在经济学里面，"歧视"是一个中性词，主要是指区别对待。资源是稀缺的，不同的消费者要争夺有限的好东西，不同的商家也要争夺有限的好顾客，很多排他性选择的做出，其实就造成了歧视。"廖师傅"遇到的商家利用大数据"杀熟"的行为在互联网世界中颇为普遍。

大数据"杀熟"属于赤裸裸的价格歧视，而且这种歧视十分隐蔽，部分商家滥用消费者的个人消费偏好数据，在消费者完全不知情的情况下，借助信息不对称，让消费者掏了更多的钱，从而让自己获得更大的利润。对于这样的行为，除了指望相关部门查处，消费者恐怕很难在每一次具体的消费行为中及时发现，"抛弃"那些玩大数据歧视的企业。

电商通过对顾客的碎片数据进行分析，为消费者画像，进而精准提供服务，这对于买卖双方都有一定的益处。但是，当商业企业对大数据的运用过界，侵犯消费者的隐私并且以此谋取不正当利益时，就不能以"精准营销"作为遮羞布了。

提问：怎样理解"大数据'杀熟'属于赤裸裸的价格歧视"？应如何理解规制大数据"杀熟"？

引入案例解析

[①] 崔玉玉. 大数据缘何变身"杀熟"帮凶？[N]. 人民日报（海外版），2018-04-11（8）.

第一节 酒店产品价格概述

价格作为一种重要的竞争手段,既可以反映竞争状况、调节市场需求,也可以在成本不变的情况下,改变酒店的收益。对于酒店来说,酒店产品价格不仅代表着顾客必须补偿的成本,同时是传递酒店服务质量,树立企业品牌形象的重要手段。

一、酒店产品价格

酒店产品是服务性产品,同其他产品一样,酒店产品价格符合价值规律的基本要求。同时,由于酒店服务的特殊性,酒店产品价格形成的影响因素更为复杂,制定科学合理的酒店产品价格成为营销成功的关键。

酒店产品价格具有服务价格的一般特点,符合服务价格的基本规律。酒店产品价格同成本、业务量等要素一同影响着企业的盈利水平。科学的定价策略可以迅速反映市场需求和竞争的变化,吸引顾客的注意,引导顾客需求向高收益的服务时间或服务产品系列转移,进而提升酒店的竞争力。

(一)酒店产品价格的概念

酒店产品价格是价值、供求和币值综合变化的反映。所谓酒店产品价格,就是顾客为满足自身需要而购买的酒店产品或服务价值的货币体现。

从营销角度看,酒店产品价格由内在价值和外在价值组成。其中,内在价值包括生产成本、流通费用、税金和利润四个部分,外在价值则取决于顾客对酒店服务的认同度,是顾客服务感知的心理定价。

满足顾客住宿需求是酒店产品核心价值的体现,从某种意义上来说,酒店产品价格就是客房价格。根据酒店服务的性质,其价格构成呈现多样化特点。例如,综合型酒店价格涉及客房费用、餐饮费用、康乐费用等,经济型酒店价格则是客房费用。

(二)酒店产品价格的特点

(1)复杂性。酒店产品价格受多种因素的影响,既有酒店内部因素,如成本、人员、过程、设施等,也有外部因素,如市场结构、需求、竞争、自然、汇率等。因此,酒店产品价格的构成及定价过程十分复杂。

(2)高固定成本。除直接餐饮材料、消耗品、水电能耗等为变动成本之外,酒店建造投资、折旧费、人工成本、部分电力等能耗都是酒店的固定成本,这是导致酒店行业的固定成本比例比较高的原因。

(3)灵活性和动态性。由于顾客购前服务价值认知和评价具有一定的局限性,不同细分市场的顾客愿意为同样的服务支付不同的价格,酒店产品价格必须考虑顾客对服务价值的认同等因素,体现价格的灵活性和差异性。由于服务的不可储存性和需求的不稳定性,酒店必须以差别定价和边际定价策略为主要定价策略,有效实施对生产能力的调节和动态管理,以期获得最大收益。

(4)前置性。酒店必须及时调整产品价格,以应对生产能力固定和竞争的压力。酒店经营者在其提供产品前的一段时间必须将有关产品的价格信息传递到目标市场,这样才可能按照企业预期实现顾客的购买行为。价格决策和产品销售之间的前置时间较长。在这一段时间内，如果酒店产品价格发生频繁的、大幅的变动，就会给顾客带来不信任感，导致酒店产品的吸引力下降。因此，由于酒店价格的前置性，基于这种情况，前置时间长所表现的酒店价格的相对稳定性和日常运营中所需要的价格变动给酒店企业的定价策略带来挑战。

二、酒店产品价格的表现形式

（一）酒店产品的计价方式

按照国际惯例，酒店产品的计价方式主要包括以下五种。

（1）欧式计价（european plan，EP），是指酒店客房价格仅包括房租，不含食品、饮料等其他费用。这种计价方式源于欧洲，世界上绝大多数酒店使用这种方式，我国的涉外旅游酒店基本上也采用这种计价方式。

（2）美式计价（American plan，AP），是指酒店价格包括房租以及一日早、中、晚三餐的费用，因此又被称为全费用计价方式。这种计价方式多用于度假型酒店。

（3）修正美式计价（modified America plan，MAP），是指酒店价格包括房租、早餐及午餐或晚餐的费用。这种计价方式多用于旅行社组织的旅游团队，以便游客有较大的自由安排白天活动。

（4）欧陆式计价（continental plan，CP），是指酒店价格包括房租及一份简单的欧陆式早餐，即咖啡、面包和果汁，此类酒店一般不设餐厅，有些国家称其为"床位+早餐"（bed and breakfast，B&B）计价。

（5）百慕大计价（Bermuda plan，BP），是指酒店价格包括房租及美式早餐的费用。美式早餐除含有欧陆式早餐的内容以外，通常还包括火腿、香肠、咸肉等肉类和鸡蛋。

（二）酒店产品价格的类型

酒店是综合性服务企业，其产品涉及客房、餐饮、商品和康乐等不同部门且每一种产品都包含更具体的产品项目和类型，因此酒店产品价格种类繁多，呈现多样化特点。

1. 基准价、特别价、追加价、协议价

基准价即门市价、公布房价，一般不包括税金和服务费。

特别价即优惠价，包括团队价、包价、折扣价和免费价。

追加价是在基准价的基础上，根据客人的实际情况，另外加收房费，包括白天租用价、退房超时价、加床费、深夜房价和保留房价等。

协议价是公司与酒店签署协议，在保证入住率的情况下，给予该公司客人或员工的酒店优惠价。

2. 单项价格和组合价格

单项价格是顾客以单项产品或服务为购买对象所构成的价格。

组合价格是基于特定目标市场所提供的由多种产品和服务构成的整体产品价格的总和，即特定产品组合的价格，如旅游包价等。

【阅读链接 8-1】　　　　　地中海俱乐部的"一价全包"

3. 差价和优惠价

差价是对外公开的基准价格，是同类酒店产品由于时间、地点或其他原因而产生差额的价格，主要有季节差价（淡季与旺季）、批零差价（批发与零售）、地区差价、质量差价、机会差价、团体与散客差价等。例如，相同的客房类型对散客、团体、家庭等来说价格不同；相同的景区门票对儿童、成人及其他特殊群体等来说价格不同；相同的餐食对餐厅用餐和客房送餐来说价格不同；等等。

优惠价是在基准价格的基础上，给予特定顾客一定比例的折扣或其他优惠条件的价格。优惠价是酒店争取客源市场的手段之一，也是酒店在短期内调节市场需求的有效方法。

【阅读链接 8-2】　　　　　　酒店差别定价法的运用

4. 战略性价格和战术性价格

战略性价格与企业的营销战略相符，是经营者在生产之前数月就必须在宣传册、指南、门票等处予以公开发布的价格，如酒店门市价。该价格结构是战略性营销决策的反映，它涉及产品定位、货币价值、投资的长期回报以及企业目标，如利润增长、市场份额和预先确定的经营利润水平等。

战术性价格与企业的营销组合策略相一致，是经营者以周、日或小时为单位开展业务的价格。这个价格随着生产日期的临近，根据当时的预订情况和预测而有所变动。酒店战术性价格可以通过奖励措施来操纵边际需求，应对特定时期竞争状况，吸引新顾客，有效实行短期危机管理等。

【阅读链接 8-3】　　　　　　酒店产品价格的多样化

第二节　酒店产品定价的影响因素

酒店产品定价的影响因素较多、变化较大，从总体上看，这些因素可分为内部因素和外部因素两大类，如图 8-1 所示。

图 8-1 影响酒店产品定价的因素

一、内部因素

1. 成本

酒店服务成本是构成酒店服务价格的主要组成部分，是影响价格最主要、最直接的因素。酒店产品在生产与流通过程中耗费的一定数量的物化劳动和活劳动之和构成产品成本，是价格下限。酒店定价必须保证价格不能低于平均成本费用，才能使总成本费用得到补偿。从长期来看，酒店产品价格如果低于平均成本，企业将难以生存；从短期来看，产品价格必须高于平均变动成本，即获得边际利润，否则，亏损将随着生产经营产品数量的增加而增大。

酒店服务成本的构成如表 8-1 所示。

表 8-1 酒店服务成本的构成

固 定 成 本	变 动 成 本
建筑与设施的折旧	食品和一次性用品消耗
建筑与设施的租金	易耗品的维修
部分电力能源	水电等能源消耗
固定人员的酬金	流动员工工资

2. 营销目标和营销组合策略

酒店定价必须以企业整体经营战略为依据，以明确营销目标为基础，并进行及时调整和跟进。酒店总体目标体现服务对象、定价目标以及竞争方式，是制定与调整价格的重要基础。价格作为营销组合策略中的重要因素，必须协调组合中其他要素的相互关系，包括产品、品牌、渠道、促销、展示等，形成组合的整体效应。酒店产品价格是顾客衡量酒店服务质量的关键指标，由此产生的参考预期，影响顾客对酒店服务的选择。当组合以价格为主要诉求时，价格将制约其他营销要素的决策；当组合以非价格因素为主要诉求时，价格则成为组合的辅助性要素。但是，即使价格为营销组合的特色，顾客也很少仅仅根据价格做出购买决策，顾客价值最大化才是酒店营销的宗旨。

3. 产品特点

酒店产品定价需要考虑产品和服务自身的特点，包括品牌价值较高产品的市场溢价水平、良好口碑、市场扩散范围、季节性产品的价格平衡与调整、标准化产品和服务的价格波动、特色产品和服务的市场认知度以及不同生命周期产品和服务的价格差异化等。

4. 非价格竞争因素

非价格竞争是酒店营销中重要的营销策略，是通过价格以外的营销手段，如高品质的产品、差异化服务、特色品牌形象、战略联盟和多元化传播推广等，以增强企业竞争优势的价值竞争方式。相比价格竞争，非价格竞争具有明显优势，可以使顾客因品质选择酒店而非因最低价格，可以优化和提升酒店资源综合能力，更有效地避免被卷入削价竞争，使酒店保持良好的品牌形象和稳定的市场收益，赢得持续的竞争优势。例如，一些大型酒店提供的贵宾卡和常客卡计划就是为了增进商务客人的忠诚度而设计的，体现了酒店出色的客户服务和关系营销能力。

5. 组织因素

企业规模、组织结构、管理方式以及营销能力等酒店企业综合条件也是酒店产品定价的影响因素。酒店定价权、调价自由度以及价格管理机制等都受企业自身条件的影响和制约。特别是一些大型酒店连锁集团、航空公司、游船公司等设有收益管理部，负责定价和协调工作，在价格管理中发挥了重要作用。

二、外部因素

1. 市场结构

不同的市场结构，酒店定价模式有所不同。市场竞争格局可分为完全竞争、完全垄断、垄断竞争和寡头竞争四种类型。

（1）在完全竞争市场中，产品同质化，酒店没有定价的自主权，只能被动接受市场价格。企业只能通过降低成本、提高劳动生产率获得效益。

（2）在完全垄断市场中，企业没有竞争对手，独家或少数几家企业联合控制市场价格。企业主要通过市场供给量来调节市场价格。由于资源的独占性和政府的保护，这类产品价格属于垄断性价格。这种情况在资源依托型旅游产品中较为常见，但酒店或旅行社很难形成该市场格局。

（3）在垄断竞争市场中，同类产品在市场上有较多的生产者，市场竞争激烈，产品特色和差异性成为价格的核心，如酒店主题或品牌等。在这种市场格局中，拥有某些优势的酒店可以创造独特的市场地位，影响并控制市场价格。垄断竞争是现代市场经济中普遍存在的典型竞争形式。

（4）在寡头竞争市场中，少数大企业相互依存和影响，共同占有大部分市场份额，控制和影响市场价格，对彼此的营销战略和定价策略非常敏感。在寡头竞争条件下，商品的价格主要实行操纵价格，即由寡头通过协议或默契决定，各寡头在广告宣传、促销方面竞争较激烈。

2. 需求价格弹性

价格弹性反映了顾客对价格变化的敏感程度。经济学把价格变动引起需求量变化的程度称为需求价格弹性，用 E_P 表示需求价格弹性系数（E_P 取绝对值）。

$$E_P=需求量变化的百分比/价格变化的百分比$$

对于不同类型的酒店产品和服务，需求量对价格变化的敏感程度是不同的，应采取不同的价格策略，以实现最大收益。当 $E_P>1$ 时，富有弹性，适合采取降价策略；当 $E_P<1$ 时，缺乏弹性，适合采取提价策略；当 $E_P=1$ 时，单位弹性，采取非价格竞争策略更为有效。酒店服务需求价格弹性的高低主要受选择余地、替代品、时间宽松度、购买目的、各种单项酒店产品的功能等要素的影响，如度假旅游的需求价格弹性比商务旅游高、酒店住宿的需求价格弹性比景区景点高，特别是垄断性旅游资源。另外，酒店产品的不可感知性意味着较高的购买风险，直接影响需求价格弹性的改变。

3. 心理因素

顾客心理行为是企业定价时非常重要的影响因素，也是最不易考察的因素。对酒店产品价格有较强影响的心理因素有三种：一是价格预期心理，是顾客对未来一定时期内价格水平变动趋势和变动幅度的心理估测；二是价格观望心理，是顾客对价格水平变动趋势和变动量的观察等待，以求达到预期并进行购买；三是价格攀比心理，通常会导致盲目争购、超前消费，乃至诱发和加重消费膨胀态势，成为价格上涨的重要推手。

4. 竞争因素

竞争因素对酒店定价的影响表现在两个方面：一是企业所处市场竞争格局直接影响定价的权利归属。在完全竞争的市场上，产品同质化使价格由供求关系决定，所有企业均为价格接受者，成本优化战略是首选；在垄断竞争市场上，企业应采取特色定位和产品差异化战略；在寡头垄断市场上，少数企业垄断市场且价格较稳定，非价格竞争手段是关键；在被完全垄断的市场上，独家企业往往采取高价策略，获取高额利润。二是酒店企业经营过程中，短时间内对价格的调整主要源于市场竞争因素，正是在战术性营销层面上，价格竞争才成为主要影响因素，往往易引起恶性杀价。因此，酒店营销者必须熟悉竞争者的动态，包括产品、价格、质量等状况，知己知彼，科学制定价格和价格调整策略。

5. 其他因素

酒店产品定价必须考虑外部环境中的其他一些因素，如宏观经济、行业动态、通货膨胀和汇率变动等经济因素会影响价格决策。这些因素既影响产品成本从而影响价格，也影响消费者对产品价格和品牌价值的认知。

同时，酒店价格也受到政府的管制。政府的政策和法规既有监督性、保护性，也有限制性，在经济活动中制约着市场价格的形成，是各类企业定价的重要依据。酒店应密切注意货币政策、贸易政策、法律和行政调控体系等对市场流通和价格的影响，尽可能地规避政策风险。例如，"八项规定"、《旅游法》的修订以及《中央和国家机关会议费管理办法》等规定的出台，给会议旅游市场、服务行业的中下游企业，特别是餐饮和酒店造成了不同程度的影响。

【阅读链接8-4】　　卡塔尔酒店价格暴涨8倍，世界杯赚钱吗？

第三节　酒店产品定价目标

酒店产品定价目标取决于酒店企业营销战略，是定价方法和策略的基础。常见的酒店产品定价目标有以下几种。

一、利润导向目标

利润导向目标是建立在财务分析基础上的定价目标，包括以下几种。

1. 短期最大利润目标

该目标是谋求企业当前利润最大化，即制定一个能够使本企业实现短期利润最大化的价格，需要企业对成本和需求进行精准估测，一般采用高价政策。短期最大利润目标在竞争激烈的市场条件下很难持久，仅适用于具有绝对优势的垄断企业。

2. 理想利润目标

理想利润目标是指酒店在预测市场信息和需求的基础上，以自身的成本水平所能获得的最大利润为目标进行定价。在酒店实际运营中，该定价目标的应用较为广泛，但也很容易出现问题。基于理想利润目标的酒店产品价格水平主要是完全补偿的成本和企业预期利润的总和，忽略了市场需求的影响。根据需求价格弹性理论，高价不代表高利润，当顾客对价格敏感程度较高时，销售量反而因高价而降低。另外，作为服务性产品的酒店产品价格波动性较强，所以酒店仅仅以利润目标定价是不现实的。

3. 投资收益目标

投资收益定价目标是指使企业在一定时期内能够收回投资并能获取预期投资报酬的一种定价目标。一般来说，投资收益目标定价是基于投资额确定利润率，然后计算出各单位产品的利润额，再加上产品成本确定最终价格。采用这种定价目标的酒店应该具备较强的实力，产品的竞争力较强，否则很难实现预期目标。投资收益率可有短期和长期之分，追求不同的投资收益率必须有不同的定价决策。

二、销售导向目标

以销售导向为定价目标的企业更关注市场占有率及销售量的最大化，而非短期利润。酒店采取该目标定价，即将价格定位在低于行业平均市场水平以获得预期销售量和市场份额。酒店业是一种数量敏感性行业——固定成本高而变动成本低，一旦固定成本回收后，销售量的少量增加就会导致利润的大幅度增长。采取该目标定价的酒店在获得规模经营效益的同时，也应该注意避免低价所带来的负面影响，优质的产品和服务质量与客户关系维护才是企业持续盈利的重要保证。

三、竞争导向目标

大多数企业的战术性价格调整都是为了应对竞争对手的价格变化。当竞争主要围绕着价格展开时，降价可以取得战术上的优势，但竞争对手也可能随之降价，使全行业面临利润下降的危险，使企业自身失去再投资和开发长期产品或服务的能力。因此，酒店对于以竞争为目标而采取降价决策，必须保持谨慎的态度。酒店应该根据市场地位和发展目标，选择低于、高于或者与竞争者相当的价格策略，并跟随竞争对手价格的变化做出及时的调整。

很明显，对于酒店服务企业来说，采取价格竞争手段易导致行业恶性竞争，不利于企业的健康发展。因为服务的固定成本偏高，降价必然导致产品质量受损、顾客感知价值降低，影响酒店经营发展。所以，酒店采取竞争导向的定价目标，必须结合非价格竞争手段，依托营销组合的整体优势向顾客提供最大价值，增强酒店的综合竞争力。

四、顾客导向目标

顾客导向目标是指企业能引导、影响和促进消费者购买行为的定价目标。对于酒店服务来说，无形性和同时性特点影响和制约了顾客选购前的评价和判断，服务信息越少，顾客对价格的依赖性就越强，即价格成为顾客的首要选择标准。在这种情况下，价格作为有形展示的重要工具，可以传递企业和产品的形象信息，与市场有效沟通。所以，酒店在充分了解不同细分市场顾客需求的基础上，利用多种定价方法制定适当的价格，有利于准确传递市场定位，更好地实现顾客价值。

酒店采取该定价目标时应该注意，基于顾客导向目标的价格具有促销的效果，必须维持价格相对稳定，保证产品货真价实，才能真正赢得顾客的信任，提升顾客忠诚度。

五、社会责任导向目标

社会责任导向目标强调酒店定价必须基于社会市场营销观念，即以社会责任为首要目标，利润目标居于其次，突出企业的社会效益和长期收益。社会责任导向的定价目标体现酒店企业为社区、公众谋求福利，在保护自然环境、改善社会环境中扮演积极倡导者的角色。例如，生态旅游景区根据游客承载量确定适当价格；绿色酒店根据环保节能和新技术条件等因素科学定价；等等。对于酒店来说，尽管承担社会责任意味着经营成本的增加和现有服务范围的限制，但从长期来看，企业文化、顾客认知以及企业形象等将得到极大的提升，为企业持续盈利和发展奠定了重要的基础。

第四节　酒店产品定价方法

一、成本导向定价法

成本导向定价法是指企业在定价时以成本为依据，一方面要补偿全部成本，另一方面要为企业带来合理的利润。对于酒店来说，成本导向定价法是制定基准价格的重要手段，但是这种方法易忽略市场需求、竞争格局及政策法规等因素的影响，仅使用这种方法为酒店产品定价是不可取的。

1. 成本加成定价法

成本加成定价法是指在成本的基础上加上一定比例的预期利润或税金，这是较为简单的一种定价方法。由于利润的多少是按一定比例确定的，习惯上称为"几成"（毛利率），因此这种方法被称为成本加成定价法。其计算公式为

$$单位产品价格 = [单位产品成本 \times (1+成本加成率)] / (1-税率)$$

这种定价方法计算简便，较容易操作。如果同行业企业都采用这种定价方法，则所制定的价格水平大致相同而避免了削价竞争的损失。但是，该定价方法因只考虑成本因素，价格不能反映需求和竞争的动态变化。另外，由于单位成本是随销量变化而变化的，定价仅以成本作为唯一影响因素，不考虑固定成本在销量上的分摊，很难保证价格的合理性。在酒店产品定价中，成本加成定价法主要用于制定酒店餐食和酒水的价格。因此，这种方法只适合企业能较准确地预计未来销售量时使用。

【阅读链接 8-5】　　　　酒店餐饮产品的基价

2. 盈亏平衡定价法

盈亏平衡定价法是指在一定销售量的水平上,以盈亏分界点的总成本为依据确定产品价格的定价方法,或者是在一定价格水平下找到保本时的销售量来定价的方法。盈亏分界点(保本点)是指企业在收支平衡、利润为零时的销售水平。分界点上产品价格的计算公式为

保本点单价=单位变动成本+(总固定成本/销售量)

例如,某酒店有客房 300 间,每年应摊销的固定成本为 900 万元。预计客房出租率为 60%,每间客房日平均变动成本为 45 元,试计算该酒店盈亏平衡点的价格。

根据公式,保本价格=45+9 000 000/(300×365×60%)=181.99(元)。

假设定价为 300 元/间,那么此时的保本销售量为

保本销售量=固定成本/(价格-单位变动成本)=9 000 000/(300-45)=35 295(间)

这种方法可以确保酒店生产耗费得以补偿,而且可以通过固定成本和单位变动成本的降低来降低保本点,获得更大的收益。因此,酒店可以利用盈亏平衡定价法确定最低价格以实现减亏、保本的目标。

3. 目标收益定价法

目标收益定价法又称为目标利润定价法或投资收益定价法,是确定一个目标收益率或投资收益率,再根据酒店总成本和总销售量的估测,确定产品的最终价格。这种定价方法用计算公式表示为

单位产品价格=(固定成本+变动成本+目标理论)/预期销售量

目标收益定价法可以保证企业既定目标利润的实现,一般适用于在市场上具有一定影响力、市场占有率较高或具有垄断性质的酒店企业。该方法的局限性表现在仅从卖方利益出发,忽略市场需求和市场竞争的情况、销售量估测的主观性较强等方面。酒店采取该方法定价时必须注意将预期目标收益率与其他影响因素结合起来,特别是要及时跟踪和准确掌握顾客需求,做到合理定价。

【阅读链接 8-6】　　　　　酒店客房产品定价常用方法

4. 边际贡献定价法

边际贡献是运用盈亏分析原理进行产品价格决策的重要指标。边际贡献是指销售收入减去变动成本后的余额,通常又被称为边际利润,其计算公式为

单位产品边际贡献=销售单价-单位变动成本

在产品销售过程中,边际贡献首先用来弥补固定成本,若能全部补偿固定成本,则企业保本;若边际贡献高于固定成本总额,则企业盈利。边际贡献的实质是某种产品为企业盈利所做贡献的大小,只有当产品销售达到一定的数量后,所得边际贡献才有可能弥补所产生的固定成本,为企业盈利做贡献。在定价决策中,即使产品售价低于基本平均单位成本,只要其售价大于单位变动成本,该种产品就能够提供边际贡献,所以产品的单位变动成本是最低价格。

根据酒店产品不可储存、高固定成本以及需求具有波动性等特点,边际贡献定价法被酒店业广泛应用。特别是在酒店销售淡季、市场销量下降、无利润的情况下,不销售则亏

损得更多,可按边际贡献法进行定价决策。但应注意的是,采用该定价方法有一定的限制条件且仅可短期使用,否则会给企业形象造成负面影响。

二、需求导向定价法

产品的价格不仅取决于提供者,更取决于消费者,消费者需求的多样性决定了其对不同价格水平的接受程度。需求导向定价法是以顾客需求为基础,按照顾客对产品价值的理解和需求程度来确定和调整产品价格的定价方法。

成本导向定价法与需求导向定价法的对比如图 8-2 所示。成本导向定价法是从经营者角度出发,以产品成本为基础进行定价,计算简单,价格稳定性较强;而需求导向定价法则是从顾客需求出发,以顾客认知价值为依据进行定价,主观因素对定价影响较大,价格差异和波动较大。

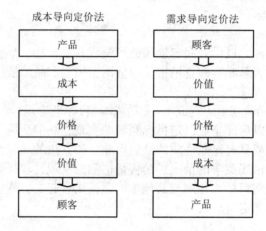

图 8-2　成本导向定价法与需求导向定价法的对比

需求导向定价法主要包括感知价值定价法、需求差异定价法和习惯定价法等。

1. 感知价值定价法

感知价值定价法也称为理解价值定价法,是酒店以顾客对产品价值的认知和理解程度为依据的定价方法。该方法的特点是企业利用营销组合中的非价格变量来建立购买者头脑中的感知价值,并确定适当的价格来与这种价值相匹配。

消费者愿意支付价格的高低取决于酒店产品满足顾客欲望程度的高低,即酒店产品提供产品效用的大小。酒店产品效用的大小不仅取决于酒店产品满足顾客欲望的某种物质属性,还取决于顾客的主观感受和评价,即对产品的理解价值。根据顾客价值理论,消费者对价值的感受反映了对于所购买酒店产品和服务感受到的利益(产品、服务、人员和形象利益)与根据支付成本(货币、时间、体力和精力成本)感受到的损失之间的权衡,决定了酒店产品价格水平的高低。一方面,酒店应针对顾客需求进行准确定位,提供差异化服务,提高酒店服务附加值,以此制定高于酒店产品基准价格水平的溢价;另一方面,酒店应尽量减少顾客对酒店产品的认知成本,提供通畅的信息渠道和便利的消费方式,并对此进行促销和宣传,让顾客了解产品的价值。更重要的是,要运用品牌战略,建立和维护品牌忠诚,减少顾客搜索成本,使其形成较高的产品认知价值。在实践中,酒店产品定价决策只有将两个方面的因素结合起来使用才能够更好地将价格和价值无缝对接。

感知价值定价法的关键就是确定顾客对酒店所提供服务价值的认知,主要方法包括:邀请与产品相关的人员,如顾客、中间商和员工等对产品直接评价;通过对其他同类产品评价而推算产品理解价值;通过产品属性评价等方法进行定价。

酒店在使用该方法定价时,应注意对各类消费者的认知价值进行正确定位,避免发生定价过高或过低的失误,如休闲旅游者和商务旅游者对价值的认知和对价格的敏感度是不同的。此外,还要充分利用营销组合中的非价格变量和产品质量、广告宣传、额外的利益等来影响、诱导消费者,使他们对产品的功能、质量、档次有一个大致的定位,然后确定既能适应市场需要,又能使企业获取预期利润的价格。

2. 需求差异定价法

需求差异定价法又称为差别定价法、歧视定价法。这种定价方法是以同种产品因条件变化而产生的需求强度差异性作为定价的基本依据,着眼点在于减少消费者剩余、增加收益。消费者剩余是指消费者愿意为某产品付出的最高价格与其实际支付价格的差额。不同的消费者对同样的一种产品的需求弹性是不同的,购买欲望和能力也不同,采取需求差异定价就是让不同的消费者按自己最大的支付能力和愿望出钱,从而使企业的收益最大化。在供给量不变的情况下,酒店通过需求差异定价可以增加总收益,因此该方法成为酒店首选的定价方法。

需求强度可能因销售时间、地点和对象的差异而改变。

(1)因时间差异制定价格。由于酒店产品的易逝性和需求的季节性特征,酒店可以根据不同季节(淡、旺季)、时间(平时、周末和节假日等),甚至不同钟点(白天、午夜入住)规定不同的价格。

(2)因地点差异制定价格。消费者对不同位置的酒店客房产品有不同的偏好,如客房坐落楼层的高低、同一楼层客房的不同朝向和风景(街景、海景、山景)等都可以作为需求差别定价的依据,这些依据都可以被充分利用。

(3)因对象差异制定价格。这是指对顾客群体按照不同的标准进行细分,制定不同的价格。由于顾客购买力水平的差异、对酒店服务需求程度的差异等,他们对酒店服务价格的敏感程度不尽相同,因此所支付的产品最高价格也不同,酒店就可以运用这种差异来制定合适的价格,使其更接近最高价格,获取更高的产品效益。例如,酒店团队客人和散客的价格不同;商务、会议和度假的定价不同;客房价格实行美元和人民币两种价目表以区分价格水平;航空等交通服务推出学生票;景区、公园采用年票收取较低费用;等等。

酒店采用需求差异定价法应注意的问题包括:顾客对产品的需求有明显差异,市场能够细分;价格不同的细分市场之间能够完全隔离;酒店必须遵循按质论价的原则进行差价制定,以确保顾客相信其合理性;产品价差要适当,不宜过高或过低,避免出现违反价值规律和差别识别失效等现象;不得违反国内外的相关法律规定。

【阅读链接8-7】　　　　互联网时代,酒店客房定价策略变革

3. 习惯定价法

习惯定价法是根据顾客习惯价格定价的方法。顾客长期形成了对某种商品价格的一种稳定性价值评估和习惯标准,若企业定价符合这一标准,则顾客可顺利接受;若偏离这一标准,则引起顾客疑虑。当酒店必须调价时,应选择非价格因素来避开顾客因习惯价格对

新价格产生抵触心理，引导顾客逐步形成新的价格习惯。

随着互联网的发展和市场竞争的加剧，需求导向定价法在酒店营销中发挥出了越来越重要的作用。许多酒店利用网络技术和平台，不断适应和满足越来越主动的消费者的购买和体验需求，尝试新的定价方式，提高酒店收益。

三、竞争导向定价法

竞争导向定价法是以竞争者实力和价格作为定价基础，不过多考虑成本及市场需求因素的定价方法。

使用竞争导向定价法时，酒店应注意价格和非价格手段的综合运用，特别是处于弱势的酒店企业，不能盲目跟风降价，否则将陷入恶性竞争的漩涡。另外，要客观预测竞争对手产品价格的变化趋势，结合其他影响因素综合判断竞争态势，制定具有竞争力的价格。

竞争导向定价法主要包括随行就市定价法、主动竞争定价法和投标定价法。

1. 随行就市定价法

随行就市定价法也叫作通行价格定价法，是指企业产品价格与竞争者保持一致，以平均价格水平定价，易于被顾客接受，可避免激烈竞争所产生的风险。这种方法适用于产品成本难以估算和预测、市场竞争激烈、产品同质化的企业，在寡头垄断竞争条件下也很普遍。

显然，随行就市定价法是一种被动的定价方法。为了改变这种局面，一些富有活力和进取心的企业则在保持行业平均价格的同时，改善服务增加客源，通过降低成本增加利润。

2. 主动竞争定价法

主动竞争定价法也称为领先定价法，是实力雄厚或产品独具特色的酒店采用的定价方法。与随行就市定价法相反，这种方法不是追随竞争者的价格，而是根据企业产品的实际情况及其与竞争对手的差异状况来确定价格。所确定的产品价格若能符合市场的实际需要，率先定价的酒店会在竞争激烈的市场环境中获得较大的收益，居于主动地位。

3. 投标定价法

投标定价法主要用于投标交易方式。投标价格是经营者根据对竞争者的报价估计制定的，而不是根据经营者自己的成本费用或市场需求制定的，多以低于竞争对手报价的方式寻求中标者。因此，企业报价既要考虑实现自身预期目标的可能性，也要结合竞争状况考虑中标概率。

第五节 酒店收益管理

随着市场竞争的加剧，酒店客容能力逐渐过剩，投资回收压力日益增大，如何通过有效的管理提高酒店服务品质和收益水平，成为酒店竞争关注的焦点。收益管理作为管理过程的重要组成部分，在酒店业受到广泛重视和应用。

一、收益管理的概念与适用条件

（一）收益管理的概念

收益管理是指在综合运用经济学、营销学、心理学、统计学及计算机和网络信息技术等理论的基础上，对细分市场、市场定位、价格制定及渠道整合等因素进行优化组合的过程。

酒店收益管理是为酒店实现盈利能力最大化而服务的系统。该系统通过基于细分市场的盈利能力的识别，科学预测供需关系、市场价格及消费者行为的变化规律，实施市场导向的动态定价方法，以实现利润最大化的目标。

酒店实施收益管理可以最大程度地调节市场需求，同时提高销售量和平均售价，减少生产力、产品和服务的空置浪费，提高受时间、空间和生产力限制的产品和服务的使用率，从而实现收益最大化的目标。

一般来说，酒店作为以住宿为核心产品的企业，客房收入占总收入的70%以上，是收入和利润的主要来源，因此客房销售管理是酒店收益管理的重点。在房间数量基本不变、固定成本相对稳定、边际成本很低或可基本忽略的前提下，只要提升出租率和平均房价就能获得更多的营业收入，从而有效地提升客房净收益。然而，酒店出租率和平均房价是成负相关关系的一对矛盾，酒店收益管理就是寻求两者的最佳组合——乘积最大化，即把适当的产品通过适当的销售渠道，在适当的时间、以适当的价格销售给适当的顾客，从而提升总体收益的过程。

（二）收益管理的适用条件

根据金姆斯（Kimes）等人的研究，收益管理适用于具有以下特征的企业。
（1）企业的能力相对稳定。
（2）用户的需求可被清楚地分类。
（3）产品或服务具有时效性。
（4）产品或服务可以预销售。
（5）用户需求波动较大。
（6）产品或服务本身的成本和销售成本低，而企业能力的变动成本高。

酒店业具有适用收益管理的典型特征，具体如下。

（1）酒店产品的服务性。酒店产品的服务性特点是实施收益管理的基础，表现在以下几个方面。

① 不可储存性。酒店未被充分利用的服务能力和生产能力就是价值损失，无法弥补，收益管理能够帮助酒店把闲置降低到最低限度，以获得更高收入。

② 需求的波动性。酒店需求明显呈现淡旺季波动，有需求高峰期，也有需求低谷期。在不同季节、不同时段有很大的变化，收益管理可以通过价格来调节需求，获得较高收益。

③ 高固定成本。酒店属于能力约束型企业，固定资产投资巨大、固定成本高而变动成本却很低。酒店的客房数量、餐厅座位数以及会议室的面积等都是相对固定有限的，收益管理将通过扩大销量发挥作用，获得收益。

（2）酒店可以基于细分市场定价。市场细分是酒店实行差异化定价和收益管理的重要基础。由于酒店产品属于享受型消费，不同顾客对同样产品的主观感受不同，因此愿意支付的价格有较大差别，即使对相同水平的产品和服务，他们愿意支付的价格也是不同的，如商务客人和度假客人、公司客人和政府客人、公差报销客人和自费客人等。酒店在市场细分的基础上，针对不同的消费能力、行为模式和需求，实施收益管理，制定营销组合策略，使总体收益最大化。

（3）酒店产品和服务可提前预订。酒店管理者可通过预订系统在一定程度上获知未来需求量水平、预订进度以及来源等信息，从而进行预订控制，形成营销最佳组合。

二、酒店收益管理效果的衡量

酒店收益管理效果可以通过一系列指标进行衡量，这些指标也成为考核酒店经营状况及其管理人员的工作业绩的标准之一。酒店收益管理是一种通过控制房价和出租率实现收益最大化的方法。收益管理效果的度量指标是收益率，即酒店资源实现最大产能的程度，最大值为1。只要收益率小于1，就意味着酒店有增加收益的潜力。收益率的计算公式为

$$收益率 = \frac{实际收益}{潜在收益}$$

实际收益=实际销售产品数量×实际交易价格

潜在收益=酒店可供出租产品数量×门市价

传统酒店的经营业绩评价指标包括客房出租率、平均每日房价、客房总收入等。这些指标各有用途，但都不能全面反映酒店客房收益质量。例如，客房出租率是酒店客房产品被销售或消费的情况，可以用于不同类型酒店的对比，但只能反映销售量的状况；平均每日房价反映了酒店客房质量对应的价值表现，不同类型的酒店不具有可比性；客房总收入包含了销售量和平均房价因素，是反映酒店客房效益的重要指标，但不同类型、规模的酒店也难以相互比较。因此，需要引入既能全面反映酒店客房质量又具备可比性的指标，即酒店平均每房收入RevPAR（revenue per available room），它既考虑了销售量（出租率），又能反映客房价值质量（平均房价），可以全面反映酒店收益的质量。其具体计算公式为

酒店平均每房收入（RevPAR）= 平均每日房价×客房出租率

基于以上公式，下面来评价某酒店的收益管理情况。假设某酒店共有500间客房，采用不同的价格策略会产生不同的结果，具体情况如表8-2所示。

表8-2 某酒店客房收益情况对比

策略	出租率/%	已出租客房/间	平均每日房价/元	客房总收入/万元	RevPAR/元
A	90	450	100	4.5	90
B	50	250	300	7.5	150
C	15	75	600	4.5	90

表8-2显示，酒店采取A、C策略时，虽然或出租率最高或平均每日房价最高，但收益并不是最高的，而B策略则是酒店更希望的结果，总收入和平均每房收入都达到最高。另外，虽然A、C策略的收益水平相当，但从不同角度分析有不同结论。从客房部角度看，同等收益情况下，C策略出租率最低，经营成本（已出租客房）也最低，价格（平均每日房价）最高，则利润较高，因此C策略情况较好。从整个酒店角度看，A策略出租率接近100%，实际出租客房数较C策略多375间，这些客人会给酒店带来更高的非客房收入，如餐厅消费、电话服务、商务服务、网络服务等，所以A策略更佳。

由此可看出，酒店降低价格基准线开展所谓的薄利多销，反而会对酒店的收益造成较大的冲击，导致收益大幅降低。所以，平均可出租客房收入（平均每房收入）是评价收益管理工作的重要指标。酒店应结合整体需要及对成本和利润的影响，科学评价平均房价和客房出租率高低的优劣，以获得单价与销量的最佳组合，实现收益最大化。

综上所述，RevPAR不仅可以帮助酒店找出差距和不足，合理控制低价促销和有奖销售等，以此提高酒店的经营效益，还可以为酒店横向比较提供科学的依据，促使酒店正确定位，有效提升竞争力。

三、酒店收益管理的方法

收益管理通过整合科学的预测方法、统计分析技术以及计算机系统应用等，可以让酒店在合理定价和分配客房资源的基础上获得最大收益。

收益管理由酒店统筹安排，并综合营销部和前厅部协调运作。酒店收益管理的过程由预测、分析、优化、实施和反馈五个环节构成。首先，准确地预测需求是收益管理的基础，收益管理是基于市场供求状况所做出的对策组合，主要预测信息包括细分市场需求特点、预订数量及时间等。其次，酒店在掌握需求变化规律的基础上，应通过收益管理系统对历史数据和现在已经获得的预订情况进行分析与优化组合，制定提升客房出租率和平均每房售价水平的具体方案，并具体实施。最后，酒店销售部应通过评价每日经营状况，根据实际情况调整组合策略和价格水平，并向有关部门及时反馈相关信息，实现动态的收益管理。

由于酒店存在着预订的宾客应到未到（no show）、推迟抵达（late arrival）、取消（cancel）、未预订入住散客（walk-in）以及细分市场客房比例不同等实际情况，故常用的收益管理方法有以下几种。

1. 超额预订

超额预订（overbooking）是航空业最早使用的收益管理方法，主要是为了解决由于临时取消预订所引起的座位虚耗问题。酒店超额预订是指酒店预订量比客房总量更多，以防止由于宾客取消订房或应到未到而造成酒店当天出租率较低，收益受损。

实施超额预订的关键是准确预测和确定超额预订的房间数，其计算公式为

超额预订房间数=预计临时取消预订的房间数+预计预订而未到的房间数+
预计提前退房的房间数-预计延长住宿的房间数

在实际应用中，根据具体情况进行调整，如团队客人比例大，可调高该指标；散客较多，则调低相应数量。

由于酒店顾客预订经常会出现延迟入住、无人入住、临时取消及提前退房等情况，预售和实际入住存在一定差异，因此，酒店实行一定比例的超额预订量可减少各种情况带来的损失。在实际操作中，较低比例易导致空房率较高，而比例偏高易出现"拒住"现象，导致酒店承担较高违约和再安排的成本，更重要的是会给酒店形象带来负面影响。酒店可以从以下几个方面着手：第一，核对预订。为了保证客房的收益，前厅部负责预订的工作人员要在客人抵达前通过多种手段与客人取得联系，一旦变更便可迅速采取应对措施，并做好部门间沟通和协调工作。第二，增加保证类预订。所谓保证类预订，是指客人通过使用信用卡、预付订金和订房合同的方式保证来店入住，否则需要承担经济责任，这样可以适当转移风险，尽可能地减少酒店的损失。

2. 客房容量控制法

客房容量控制（room inventory allocation）即客房分配。在酒店收益管理中，除价格之外，客房容量也是影响收益的重要因素。酒店客房的数量是固定的，短时间内无法变动，必须根据目标市场有针对性地对客房进行差异化定价，保证最佳客房容量分配，以获取最大收益。客房容量控制法就是控制客房预订的时段、数量和售价。在预订和销售客房的过程中，酒店应根据细分市场的具体情况进行合理的预测，并为那些较晚购买客房、愿意支付较高价格的客人预留适量的客房。通常客房容量控制成功与否主要取决于两点：一是预测是否准确，即预留的房间数量和预期的销售价格是否准确，包括确定每一细分市场与预留客房比例、每一价格等级的客房预订上限、预留多少客房给高价宾客等。二是能否严格控制各细分市场的客房销售价格和数量，即根据不同的销售季节、目标市场，参考历史数据，依据宾客需求与客房供给预测以及考虑竞争对手的情况，制定最佳房价和最佳空房方案。

3. 升档销售法

升档销售法（up-selling）是一种通过产品的"高卖"提高酒店收益的策略，它是通过告知顾客酒店可提供不同价位的客房档次来说服顾客尽可能接受更高档次的服务，从而提升酒店的收益。一般来说，对低价客房实行升档销售法，尽量引导顾客购买酒店中价格较

高的高档客房。特别是在超额预订客房数量不够时，可动员顾客改住价位较高的高档客房或者直接鼓励前台预订人员尽量推销高价客房。这种方法适用于需求价格弹性较低的商务旅游者。

【阅读链接 8-8】　　　　　　　　冷眼看满房

第六节　酒店产品定价策略及价格调整策略

定价策略是营销组合策略中重要的组成部分，是企业根据市场供求、市场竞争等具体情况，运用定价方法和技巧实现企业定价目标，以促进销售，获得更高利润的重要手段。酒店必须根据战略目标和市场状况，以有助于改善酒店盈亏状况的方式定价。

一、酒店产品定价策略

（一）新产品定价策略

新产品定价策略直接影响市场对新产品的认同，即新产品能否迅速打开市场，同时能反映企业实现预期目标的可能性。新产品定价策略一般有以下几种。

1. 撇脂定价策略

撇脂定价策略是指在新产品上市之初，将价格定得很高，是以获取短期高回报和高收益的高价策略。这种策略如同从鲜奶中撇取油脂一样，所以称其为"撇脂"。酒店运用该策略应该具备以下条件：较高价格水平应该在目标市场顾客支付能力可以接受的范围内；产品的需求价格弹性较低，顾客不会因较高价格而削弱购买意愿，即价格不是影响顾客购买行为的主要因素；产品的质量、形象及品牌的价值必须与高价相符，并且能够以明显特色区别于竞争者的垄断优势。在符合以上条件的基础上，酒店采取该策略可以迅速补偿研究与开发费用，便于企业筹集资金，并掌握调价主动权。但是，当新产品缺乏品牌声誉时，高价不利于打开市场，风险较大，同时，高价易诱发竞争，企业压力较大。

2. 渗透定价策略

与撇脂定价策略相反，渗透定价策略是一种关注企业长远利益的低价策略。该策略将新产品价格定得较低，利用物美价廉迅速占领市场，取得较高的市场占有率，以获得长期稳定的收益。采取渗透定价策略的条件是：产品的需求价格弹性较大，偏低的价格有利于迅速打开产品销路，扩大市场占有率；市场潜量较大，酒店具备规模经营的条件；酒店在同类行业中具有明显的成本优势，低价策略可以有效地抑制竞争者进入市场。但是该方法投资回收期较长、见效慢。

3. 满意定价策略

这是介于上述两种方法之间的折中定价策略。该策略是在兼顾企业、中间商及消费者利益的基础上，产品销售以适中的价格和预期销售额的稳定增长为目标，也被称为稳定价格策略。该策略主要适用于大批量生产和销售、市场稳定的日用工业品和部分生产资料产品。虽然这种价格比较稳定，但是从长期来看，这种策略比较保守，不适用于复杂多变及竞争激烈的市场环境。

（二）心理定价策略

酒店产品的价格与消费者的心理感知密切相关。心理定价策略主要针对价格敏感型顾客，利用顾客对产品价值的心理感知，确定合理价格水平以暗示和引导顾客完成购买行为。心理定价策略一般有尾数定价策略、整数定价策略、分级定价策略、声望定价策略和折扣定价策略等。

1. 根据习惯心理定价

根据习惯心理定价是酒店根据顾客心理习惯进行价格设计，通过价格尾数加以心理暗示的一种定价策略。一般来讲，酒店客房产品为体现高品质形象，其价格较少采用尾数定价，而多采用整数定价。高档次的酒店可以利用客人青睐酒店品牌的心理来制定价格，房价采取高价位的整数形式，充分体现价格对产品价值的展示功能，从而满足客人显示身份、地位的心理。酒店有时也会迎合顾客的美好心理期盼去定价，如利用客人对某些数字的联想和偏好，在价格中使用"6""8""9"等数字满足客人心理暗示的需要，促进购买行为的实现。

随着人们消费心理的不断成熟，人们对过多地运用尾数心理定价会产生与定价目标相反的心理反应。尾数定价原本给人以定价精确、优惠便宜的感觉，过多使用可能被顾客误解或产生反感情绪。因此，酒店应该针对不同市场群体采用差异化价格策略，对那些不关注彩头的顾客，尽量少用该策略。

2. 根据角色心理定价

许多消费者有一种用价格来衡量质量的心理，认为高价必定代表高质量。根据角色心理定价是酒店利用顾客角色心理因素制定较高价格，以显示产品与众不同的品质，从而达到促销的目的。声望定价策略就是酒店利用顾客高价显示心理的一种定价策略。这种心理表现为顾客受相关群体等外部因素的影响，对某些特殊商品愿意花高价购买，以达到显示身份、地位和实现自我价值的目的。该策略的运用必须做到质价相符，维护品牌声望，这样才能长期保证产品的畅销。

3. 根据求廉心理定价

酒店利用客人的对比和求廉心理，适时展示产品的参考价格或门市价格，使顾客产生"划算"的感受，从而快速购买。折扣定价策略是酒店满足顾客求廉心理，有意将少数几种产品的价格降到市价以下，甚至低于成本，目的是通过低价产品吸引顾客购买，带动和扩大正价产品的销售，从而提高总体效益。商务酒店周末特价房、特色餐厅饮料免费等都属于这种情况。但是，酒店在采用这种定价方法时，应该注意将这种低价产品与低质或过时产品区分开来，否则会产生负面影响，使企业声誉受损。

【阅读链接8-9】　　　　选酒店，国人对价格的敏感度持续降低

(三) 折扣定价策略

折扣定价是根据消费者购买商品的金额与数量给予一定优惠折扣，以吸引消费者的定价策略。一般来说，折扣价格就是成交价格，是给基本价格以适当的折扣而形成的价格，主要包括数量折扣、现金折扣、功能折扣、季节折扣等。折扣优惠价格对顾客的求廉心理的作用是显而易见的，因为消费者确实从中得到了实惠，从而有效地刺激和鼓励消费者大量购买和持续购买。价格折扣可以促进营销目标的实现：一是促销，扩大市场，体现规模效益；二是鼓励顾客提前预订付款、大量购买和淡季消费等。但是酒店需要注意，不能长期使用该策略，以避免给企业产品品质和形象造成负面影响。这里重点介绍数量折扣和功能折扣。

数量折扣是对购买数量达到规定标准的顾客给予一定的价格折扣，包括一次性数量折扣和累计数量折扣。其中，一次性数量折扣的目的是鼓励顾客一次性大批量购买，促进短期销售，如旅游景点门票的团队价、饭店的会议价等。累计数量折扣能够有效鼓励顾客购买，建立长期合作关系。例如，航空公司推行的常客奖励计划、饭店提供的公司协议价格等均属于这种策略。

功能折扣也称贸易折扣，是酒店给予中间商的一种价格补偿，用以鼓励中间商帮助企业履行某项经营职能。这种补偿通常是按照基本价格的一定百分比计算的，折扣比例大小因分销渠道的不同而存在很大的差异，这主要取决于中间商工作的完成情况等多种因素。

二、价格调整策略

尽管价格应该保持一定时间内的相对稳定，但是，企业为适应多变的环境，必须对价格进行动态调整和管理。这种调整可以是为企业达到某预定目标而主动采取的，也可以是迫于环境压力而被动采取的。无论是哪一种情况，价格调整与价格制定同等重要，都是保证企业稳定发展的重要基础。

价格调整幅度的确定也是调价决策中重要的环节。为保证酒店产品价格的稳定性，调价必须选择合理的变动幅度，准确判断是一次调整还是分步到位。在现实中，许多酒店价格变动频繁，调整幅度不合理，给酒店经营造成了负面的影响。

(一) 主动调整价格

主动调整价格是一种进攻性调价策略，是指行业内其他企业尚未变动价格时，本企业出于自身条件考虑而先行调整价格的方法，包括调高价格和调低价格。

酒店主动提价的原因包括应对成本上升、产品供不应求、市场垄断等。主动提价容易招致顾客、经销商，甚至本企业销售人员的不满。为避免主动调高价格所带来的负面影响，酒店应该做好宣传和促销工作，改变顾客认知价值，这样才能有效增加利润。

酒店主动降价的适用条件包括企业生产能力过剩、顾客对价格不敏感以及企业产品成本低于行业平均水平等。基于以上条件，有效地调低价格有利于企业获得较大的市场占有率，提高竞争优势。但是，主动降价也易引发激烈的价格竞争，对企业本身来说，也存在一些风险：低质量陷阱 (low-quality trap)，消费者可能会产生低价代表劣质的印象；脆弱的市场占有率陷阱 (fragile-market-share trap)，低价能买到市场占有率，但是买不到市场的忠诚，顾客会转向另一个产品价格更低的企业；浅钱袋陷阱 (shallow-pockets trap)，因为售价高的竞争者具有雄厚的现金储备，它们也能降价并能持续更长时间。

调价包括直接调价和间接调价两种方式。直接调价就是直接提高或降低产品的销售价格或销售折扣；间接调价则是通过改变产品组合、包装条件、交易条件、付款条件及售后服务条件等手段间接地提高或降低价格。一般来说，间接调价比较隐蔽且不易引起顾客的直接反感和竞争者的直接反应，但其调价幅度有限。选择直接调价、间接调价或两者结合的调价策略，均需要企业综合考量，权衡利弊。

（二）被动调整价格

被动调整价格是企业面对竞争者率先的价格调整所做出的反应和采取的价格调整行为，是一种防御性策略。被动调整价格也分为提价与降价两种情况。

面对竞争对手的调价策略，企业必须认真分析对方调价的真实原因及其对本企业的预期影响，同时要结合自身的经营现状，做到知己知彼，这样才能制定正确的调价策略，更有效地应对竞争。当竞争对手提价时，企业可以根据具体情况选择跟进，也可以利用低价格的优势去抢占对方的市场份额。当竞争对手降价时，企业必须予以特别关注，在做出反应之前，全面分析，谨慎选择。应对降价措施有以下几种情况：当对方降价对企业销售影响很大时，可以随行就市，跟随减价；当随之降价可能给企业品牌形象带来不利影响时，可以维持原价，通过提高顾客价值等非价格竞争策略来应对竞争，更好地维护忠诚顾客群体的利益。

由于竞争对手可能用了很长时间来做出调价决定，而本企业必须在短时间内做出反应，因此，有远见的企业会提前制定应对市场和竞争变化的价格预警系统，快速做出正确的决策。

（三）各方对价格调整的反应

酒店是一个综合性服务企业，其价格变动会对相关利益群体（旅行社、旅游交通、景区、酒店等）造成不同程度的影响。无论是提价还是降价，不仅会影响消费者、竞争者、分销商和供应商等，还会引起政府部门的关注。因此，酒店调价必须审慎，随时关注各方的反应，占据有利的竞争地位。

（1）消费者对价格调整的反应。不同市场的消费者对价格变动的反应是不同的，即使是处在同一市场的消费者，对价格变动的反应也可能不同。从理论上来说，可以通过需求的价格弹性来分析消费者对价格变动的反应，弹性大表明反应强烈，弹性小则表明反应微弱。例如，并不是所有的降价或折扣都能引起消费者的兴趣。在节假日，高星级商务酒店为吸引度假团队而采取降价策略，对休闲观光的客人来说具有较强的吸引力，然而对原有的商务客人来说，其反应更多地表现为质疑和反感，可能会造成客源流失现象，对酒店市场形象有一定的负面影响。

（2）竞争者对价格变动的反应。价格调整很可能引起竞争对手的一系列反应。企业应充分了解竞争者的情况，特别是其价格构成，或基于成本的进攻性定价，或基于行业平均水平的避免竞争的保守定价，预测价格调整可能带来的反应。特别是降价调整策略的使用往往会引起一场价格战，由此导致的将不仅是被效仿的企业失去竞争优势，甚至血本无归，还会损及整个行业。例如，近两年一些旅行社为了吸引旅游者参与团体旅游、打压竞争对手，经常打出"零团费""负团费""超值回报""超值享受"的口号，而其他一些旅行社也闻风而动，"价格战"此起彼伏，但相应的服务质量并没有提升，甚至有缩水的嫌疑，导致游客投诉不断、旅行社管理混乱且整个行业的名声都遭到损害。

（3）其他市场主体对价格变动的反应。旅游业涉及的行业范围非常广泛，关联带动功能很强。例如，度假地和会议城市对酒店、航空公司、滑雪度假地等相关行业的价格变动甚为关注，往往寻求低价合作，以带动区域旅游业整体发展。

问题与讨论

1. 简述酒店产品价格的特点,举例说明。
2. 经济型酒店在确定其产品价格时的依据是什么?以如家酒店为例说明。
3. 如果你经营一家小规模旅馆,你如何应对连锁经济型酒店调高价格的策略?
4. 你是怎样看待心理定价策略的?酒店应该如何利用顾客心理有效制定产品价格?
5. 某市新建一座四星级宾馆,总投资1亿元,共有客房400间,预计投资回收期5年,每间客房平均年服务管理费为12 000元。若要定房价为240元/天,则客房年平均出租率为多少才能保证在5年内收回投资?
6. 你如何看待大连凯宾斯基饭店提出的"以四星级的价格享受五星级的服务"?
7. 结合【阅读链接 8-7】,谈谈你对"反向定价法"在我国鲜有采用的原因,并提出相关建议。
8. 简述酒店收益管理的界定及意义,并说明收益管理的主要方法。

拓展阅读

1. 刘建华,等. 高星级酒店客房定价及实例研究:基于特征价格理论[J]. 价格月刊,2018(3):9-14.
2. 钟楚涵,等. 亚朵酒店赴美上市"人文"优势下遇成本把控难题[N]. 中国经营报,2021-06-21(D02).
3. 李沐纯,等. 酒店收益管理绩效及其影响机制研究综述与展望[J]. 旅游导刊,2017,1(4):71-88.
4. 付晓. 卡塔尔酒店价格暴涨8倍,卡塔尔世界杯赚钱吗?[J]. 中国会展,2022(11).
5. 郝瑞铃. 不同手机订酒店 价差数百元?[N]. 河南商报,2023-01-03(A06).

课程思政

新时代中国经济转型的价格伦理逻辑

第九章 酒店销售渠道策略

本章目标

了解酒店销售渠道的概念、特点与作用;掌握酒店销售渠道的类型;掌握酒店销售渠道的设计、策略以及管理方法;了解互联网环境下酒店销售渠道的发展趋势。

引入案例

对抗 OTA 锦江上线直销平台[①]

目前市场中 OTA(online travel agency,在线旅行分销商)占比很高,通过抽成令酒店利润空间受到挤压。在此背景下,酒店不得不纷纷加码会员计划和建立直销平台,与 OTA 抢夺客户。

锦江国际集团官方直销平台锦江旅行 App 发布,酒店与 OTA 长期以来矛盾重重,此次锦江除借助 App 打通旗下各酒店品牌预订渠道之外,也是对 OTA 的一次挑战。据介绍,用户可在锦江旅行 App 上预订锦江、铂涛、维也纳三大酒店管理公司 30 多个品牌的近 5000 家酒店,覆盖从经济型酒店到奢华型酒店。同时,锦江旅行还提升了酒店、旅游、订车等在线预订和会员服务功能。此外,锦江旅行还针对用户需求,推出了"今夜特价""凌晨房""热销酒店""猜你想去"等特色服务,希望通过优惠、房源、预订、支付等方式吸引用户。以数字化为旗下品牌赋能是锦江酒店(中国区)的重要战略。据悉,截至 2021 年 9 月,锦江会员超过 1.8 亿,官方直销渠道包括锦江酒店 App、小程序、公众号、官网、微官网、400 电话等。

由于 OTA 价格战斗争激烈波及酒店,锦江、华住和如家联手向部分 OTA 施压,要求停止返现活动。除了国内酒店品牌,海外酒店同样也遭遇类似的烦恼。据了解,洲际酒店曾针对英国客户展开调查,发现只有一成客户会通过酒店网站直接预订,在此背景下,洲际酒店不得不加强会员计划。

面对 OTA 的高佣金和返现等行为,酒店不断推出新型营销策略进行对抗,给行业的持续发展带来负面影响。如何整合酒店与 OTA 的优势渠道资源,促进两者之间的长期稳定的合作共赢,实现更大的顾客价值,是酒店业关注的焦点。

提问:结合案例说明 OTA 对酒店渠道运营的利弊影响。试分析如何整合酒店与 OTA 的渠道优势资源,提供最大顾客价值,实现共赢。

---

① 对抗 OTA 锦江上线直销平台[N]. 北京商报,2016-12-14.

引入案例解析

互联网的快速发展改变了酒店业产品和服务的营销方式，带来了酒店分销渠道的变革。在新技术环境下，销售渠道在酒店市场竞争中扮演着越来越重要的角色。如何通过渠道的特色和差异形成竞争优势，建立高效畅通的现代渠道网络系统，发挥渠道在企业营销活动中的作用，已经成为酒店实现营销战略目标的重要任务。

第一节 酒店销售渠道概述

酒店服务区别于有形商品的特殊性，使其销售和传递方式更加复杂多样，酒店必须从服务特点入手，了解酒店销售渠道及其运作模式，制定合理的销售渠道策略，这样才能有效发挥渠道的沟通和增值效应。

一、酒店销售渠道的概念、特点和作用

（一）酒店销售渠道的概念

销售渠道，通常也被称为营销渠道（marketing channel），是指企业向目标市场传递产品和服务的通道和路径，即促使产品或服务顺利地被使用或消费的一系列相互依存、相互协调的组织系统。销售渠道的起点是生产者，终点是消费者或用户，中间环节包括各种批发商、零售商、商业服务机构（如经纪人、交易市场等），他们在转移产品和服务所有权的过程中履行着各自的职能，并展开有机衔接和合作，形成了相互依存的网络系统，以满足目标市场的需求。

相对于营销组合中的其他要素，销售渠道是企业重要的外部资源，它的重要性不亚于其他关键性内部资源，如企业产品的研发、生产、定价、销售及服务等。销售渠道是企业与市场之间实现商品交换和流通的重要载体，是消费者市场价值最大化的重要保证。

酒店销售渠道是指酒店将产品和服务转移至最终消费者所经历的通道和途径，主要由参与、促进产品和服务转移、销售和消费的各种组织和个人组成，其目的是给可能的买主（终端顾客或中间商）提供信息，并建立一种机制，以方便顾客预订、查询和支付。与一般企业渠道一样，酒店销售渠道也是一个多功能的系统，不仅具有调研、购销、融资、储运等多种职能，可实现旅游产品和服务的时间效用和空间效用，满足市场需求，而且有刺激需求和开发市场的作用，更重要的是酒店销售渠道具备自我调节和创新的功能，可以快速适应市场和竞争的变化。

（二）酒店销售渠道的特点

酒店销售渠道的特点主要表现在以下几个方面。

（1）直接销售是酒店销售渠道的主要组成部分。有形商品的生产与消费完全分离，其

销售渠道以传统的中介方式为主；而服务销售渠道则以直销渠道为主，即由服务人员将产品或服务直接提供给顾客。服务产品的特性使服务的提供者和接受者同时参与服务过程，服务价值的传递是在买卖双方的现场接触和互动中完成的，因此酒店销售渠道除了包括传统意义上的渠道，还包括服务现场的直接销售方式。

（2）酒店服务使用权的转移使酒店销售渠道的时效性很强。酒店产品和服务被转移的是特定时间内的使用权，而非永久性所用权。渠道中酒店服务使用权的转移与交付受时间、地点和资格等因素的限制。顾客只有在规定的时间内消费，酒店才能有效发挥渠道的作用，完成服务的交付。

（3）选址是酒店销售渠道的重要方式。酒店是集生产、销售与消费于一体的终端服务场所。由于酒店产品具有同时性、不可储存性、服务的转移必须以顾客向生产现场移动为前提等特点，消费者更关注服务地点的便利性，选址成为顾客判断渠道便利性的重要因素。因此，在酒店业中，特别是松散经营的单体酒店，影响其销售渠道有效发挥作用的重要因素就是地理位置。

【阅读链接 9-1】　　　　　　酒店选址新路径

（三）酒店销售渠道的作用

由于酒店产品具有高度的易逝性，建立有效的销售渠道显得尤为重要。像企业内部资源一样，销售渠道作为酒店的外部循环系统发挥着重要的作用。销售渠道作为营销组合重要的组成部分，与组合中其他营销手段通过有机衔接发挥组合的整体增值效应，从而保证目标顾客价值的最大化。酒店渠道的选择与管理已不仅关系管理的职能与日常运作，而且成为提升企业核心能力的重要保证。对于酒店来说，能够有效覆盖和控制整个目标市场的营销网络，并建立高效的渠道管理体制，已经成为最宝贵、最重要的资本。

面对激烈的市场竞争、全球经济一体化、电子分销技术以及酒店供给能力的提高等，酒店仅仅依靠自身的位置优势、中央预订系统以及企业内部的销售力量是远远不够的，必须研究和开发新的合作伙伴和渠道模式，充分利用高科技手段增补生产现场以外的销售途径；通过市场调查和分析，评估和遴选优秀的中间商作为合作伙伴，不断完善和发展企业的销售网络，这样才能在竞争中取胜。

二、酒店销售渠道的类型

随着网络技术的发展，受市场、产品、中间商以及环境等多种因素的影响，酒店销售渠道的类型呈现多样化趋势。酒店销售渠道可以按照涉及中间商及其层级加以分类，包括直接销售渠道和间接销售渠道。表9-1列举了几种常见的渠道类型。

表 9-1 酒店销售渠道类型

短渠道	直接渠道	零级渠道	酒店	──────────────────────→		顾客
	间接渠道	一级渠道		──────────→ 零售商 ──────────→		
长渠道		二级渠道		──→ 批发商 ──→ 零售商 ──→		
		三级渠道		──→ 批发商1 批发商2 零售商 ──→		
		多级渠道		──→ 批发商1 批发商2 …… 零售商 ──→		

（一）传统酒店销售渠道

1. 直接销售渠道

直接销售渠道是不经过任何中间环节，将产品与服务直接销售给最终顾客的方式。传统上，直接销售渠道是工业产品销售的重要方式。旅游企业直接销售渠道的主要方式包括顾客上门购买、邮购、酒店官网、酒店 App、会员俱乐部以及企业自设销售机构等。

传统的酒店直接销售渠道主要包括前台直销、自设销售网点及协议客户等，如表 9-2 所示。

表 9-2 酒店直接销售渠道的主要类型

基本模式	形 式	说 明
前台直销	酒店服务现场	顾客上门购买，生产商兼有零售功能
	酒店中央预订系统、电话预订系统	顾客通过企业中央预订系统进行信息征询和预订，多见于酒店集团、航空公司和大型旅游公司
自设销售网点	销售点现场	旅游者在酒店自设零售系统内进行购买。例如，酒店集团通过成员之间的相互代理预订来方便顾客购买等
协议客户	协议签约	酒店与商务组织机构签署协议合约，提供长期服务

2. 间接销售渠道

间接销售渠道是指企业借助中间商将其产品最终转移到消费者手中的流通途径，也被称为分销渠道。所谓中间商，是转售旅游企业产品或服务、具有法人资格的经济组织或个人，是连接生产者和消费者的重要桥梁。例如，各类旅行社、旅游代理商、旅游经销商（批发商和零售商）、会议组织者、在线旅行分销商（OTA）以及奖励旅游组织等。对于大部分旅游企业来说，旅游产品是旅游者向生产场地移动才能完成消费，并且旅游者的客源地分布复杂、分散，需要借助中间商来更有效地完成市场开发及销售工作，因此间接销售渠道仍然是目前企业的主要渠道类型。

传统的酒店间接渠道包括旅行社销售、专业预订系统、旅游行业协会和社会中介组织等。

（1）旅行社销售。旅行社是具有分销和代理功能的从事旅游业务的营利性组织，是酒店主要的间接销售渠道。对于酒店来说，旅行社具有独特的中介性质，特别是旅游分销商，它们将住宿产品一次性购买下来，与其他旅游项目或产品，如景区、交通和活动等结合起来，形成旅游产品项目，满足特定旅游市场的需求，在分销中发挥了重要的作用。旅行社销售主要分为两种形式：一种形式是旅行社以极低的价格一次性购买一定数量的酒店产品进行销售；另一种形式是旅行社代销酒店产品，酒店按照客房的销售数量支付旅行社相应的佣金。目前，我国旅游团队市场占比较大，旅行社仍然是酒店重要的渠道成员。旅行社与酒店相容共生，旅行社订房量大、连续性强，对酒店入住率的拉动效应十分明显。虽然旅行社销售保证了酒店的客源数量，能给酒店带来保本收益，但其收取的高额佣金或者极低的购买价格也增加了酒店营销的成本。另外，旅行社掌握着大部分客源及客户资料，酒店无法获取这部分资料，不利于酒店后期的客户关系维护。

（2）专业预订系统。20 世纪 60 年代，旅游业电子分销系统得到快速发展。酒店中央预订系统（center reservation system，CRS）作为第一代的旅游网络预订系统，开始连接到航空公司的预订系统中，为旅游中间代理机构的预订业务提供了便利。酒店 CRS 主要包括单个酒店预订系统、酒店连锁预订系统、酒店预订代理商系统及酒店集团系统等。例如，假日旅馆早在 1965 年就首创使用了自己独立的计算机预订系统 HolidexⅠ、美航的萨博（Sabra）系统等。

20 世纪 80 年代，激烈的竞争促使航空公司的分销系统规模不断扩张，其业务范围除了航空座位，还整合了互补性旅游产品，如酒店住宿、汽车租赁和交通票务等，并在系统中提供直接进入旅行社系统的通道。同时，大的预订系统开始具有在国际市场发挥作用的实力，极大地提升酒店销售能力。由此，计算机预订系统转化为第二代旅游网络——全球分销系统（global distribution system，GDS）。国际上目前已经形成以 AMADEUS、ABACUS、GALILEO 等为代表的全球 GDS 分销平台，基本垄断了全球航空旅游分销市场。

由中国航信运营的 GDS 分销平台 TRAVELSKY，凭借着庞大的国内航空旅游市场和快速发展，已经进入全球 GDS 分销前四强的行列，并在技术开发能力、客户体验、数据挖掘，以及后期培训服务方面形成了成熟的机制。但是 GDS 的局限性表现在仅有旅行社这一用户群，其他企业应用受限，费用较高。

（3）旅游行业协会和社会中介组织。旅游行业协会是旅游企业为了共同的利益而联合成立的组织。例如，地区酒店协会允许其成员酒店独立地拥有资产所有权和经营权，同时使每个酒店都得益于协会的整体营销。此外，旅游社会中介组织，如政府旅游协会、行业公会、会议招商局等组织也是酒店分销渠道的组成部分，承担着向市场提供信息，向地区、国家或更大的范围促销酒店产品和服务的工作，是为酒店开发团队客源市场的重要渠道。

【阅读链接 9-2】　　　　　　　　　旅游协会组织

3. 直接销售渠道与间接销售渠道的优、缺点对比

不论是直接销售渠道还是间接销售渠道，在酒店营销活动中都发挥了重要的作用。在互联网环境下，酒店直销渠道得到快速发展，满足了顾客体验与互动的个性化需求，成为未来酒店销售渠道发展的必然趋势。对不同渠道模式的优、缺点进行对比和评价是酒店渠道决策的重要基础。

（1）酒店直接销售渠道的优、缺点。

优点：其一，可以减少企业流通费用和销售成本，缩短流通时间，保证自身产品在价格上的竞争优势；其二，可以直接及时掌握目标市场动态及信息反馈，有利于促进交易，树立企业和产品形象；其三，可以跟踪渠道运营效果，及时发现问题，优化渠道结构，提升渠道竞争力。

缺点：其一，渠道建设和管理费用较高，如销售人员队伍建设和管理、渠道网络的设置和维护的成本较高。酒店实行"全员营销"，必须加强人力资源管理投入，成本较高。另外，直销渠道网点和预订系统的建设和管理，不仅需要大量投入，还受到许多环境因素的制约，特别是对于实力较弱的中小型企业来说，盈利空间有限。其二，相对于中间商，酒店营销能力有限，可能会制约市场拓展效果。其三，直销渠道的风险和销售压力较大，短

期内市场需求得不到及时满足，竞争对手则趁机进入。

（2）酒店间接销售渠道的优、缺点。

优点：其一，中间商作为连接企业和市场的纽带和桥梁，可以解决在生产与消费过程中所产生的各种矛盾，帮助生产者将产品或服务传达给消费者，简化了营销渠道机构，减少了交易次数，从而减少了社会资源的浪费；其二，中间商就是专门的市场营销组织，他们具有更强的市场开发和营销能力，可以凭借其信息灵通、接触面广、熟悉市场以及其专业化和规模化经营，比生产企业更有效地推动产品进入目标市场；其三，酒店产品综合性特征要求中间商对各旅游供应商的单体产品进行整合，如旅游线路设计等，形成最终的旅游产品或服务，满足目标市场的需求，因此间接渠道是酒店销售渠道的重要组成部分；其四，中间商可以帮助酒店完成融资，加快商品流通速度，并承担部分分销职能，分担市场风险。

缺点：其一，分销渠道管理费用较高；其二，产销信息沟通易失真；其三，个性化定制的专业化服务的提供受到制约；其四，酒店对分销渠道的管理和控制较难，易受中介机构的牵制等。

以上所述是酒店销售渠道的主要类型和基本模式。许多酒店并不限于选择一种渠道，特别是规模较大的酒店集团往往同时选用多种渠道模式。如何建立销售渠道系统、选择渠道成员以及管理和优化销售渠道，成为市场营销工作中一项重要的工作。

（二）新型酒店销售渠道

20世纪90年代，互联网技术为旅游企业营销创新带来了机遇，美国三大知名旅游网站——Expedia、Travelocity及Priceline发展迅速，互联网成为一种高效的、潜力巨大的分销渠道。近几年，全球在线旅游业务每年保持10%以上的增长势头，在线旅游市场的交易成为全球电子商务交易最大的产业之一。互联网公共商业两用、体验互动性强等特点促使酒店供应商越过控制着分销渠道的中介组织，以成本较低的运作模式直接与顾客进行沟通和交易，在线直销受到酒店的广泛关注和应用，如酒店官网直销、会员制营销、互联网第三方分销、移动互联网营销。

1. 酒店官网直销

酒店官网直销是指酒店通过自己的网站直接销售产品，是酒店在线直销的主要方式。酒店官网不仅是其形象展示窗口，也是酒店与客户互动和交易的重要媒介。

一方面，酒店官网直销可降低酒店对中介服务系统的依赖，提高营销管理水平，逐步建立品牌意识；另一方面，可强化酒店的自主定价权和控制权，符合酒店的长期发展战略。虽然酒店官网直销是酒店在行业竞争中取胜的重要渠道，然而对于一些单体酒店来说，其客户主要来自其他分销渠道，只有少部分客户来自官网直销渠道。

2. 会员制营销

会员制营销是指商家在对客户群进行区分，识别出重要客户并分析其需求的基础上，利用自身经营优势为特定消费群体提供产品和服务，并通过对消费者信息及数据的分析管理，实施精准营销和定制营销，提高顾客忠诚度，以实现营销预期目标的营销手段。会员制营销的理论基础是"20/80法则"，即企业80%的利润来源于20%的忠诚客户，留住一个现有客户所付出的时间、精力、成本要远远小于吸引一个新客户。因此，从长远的角度来看，酒店通过一系列优惠、奖励计划，与目标顾客互动沟通，加深与顾客的情感联系和对顾客的了解，可深入挖掘潜在的会员，巩固客户关系，使他们真正成为酒店的消费常客、扩大酒店的市场份额，从而提高酒店的市场收益，同时提高酒店的知名度和市场影响力。

【阅读链接 9-3】　　会员计划升级能否让"流量变留量"

3. 互联网第三方分销

互联网最为显著的影响就是分销渠道结构发生了重大变化，以美国的 Travelocity 和 Expedia、我国的携程和艺龙为代表的在线旅行分销商迅速发展起来，机票和酒店的佣金收入是其主要营收。网络运营商凭借自身拥有的大量终端用户资源，获得了较低的采购成本或者 8%~15%不等的佣金。目前，大多数单体酒店缺乏对构建直销平台的关注以及相应的构建能力，对在线分销渠道依赖性较强，因此这些酒店在行业竞争中极易受到 OTA 的牵制。

针对用户体验需求较强的特点，许多酒店也采取团购、尾房、惠选等新型在线分销模式，以适当的价格，最大限度地扩大客房销售量，使酒店收益最大化。其中，团购在酒店行业中的普及速度最快，其低价销售模式更适用于吸引中低档、经济型连锁等面向价格敏感型人群的酒店。尾房模式则主要应用于国内中低档酒店和酒店式公寓。惠选模式可帮助酒店"隐名"销售剩余客房，更多地应用于中高档酒店。然而，酒店方面对分销新模式大都持谨慎态度，仅将其视作一种补充性分销渠道。

随着行业环境的急剧变化，包括酒店供应商在线直销、网购平台商（淘宝旅行、去哪儿网等）、移动应用终端以及酒店点评和垂直搜索网站等在线营销平台迅速崛起，传统 OTA 遭受了巨大的冲击。

4. 移动互联网营销平台

移动互联网营销（mobile internet marketing）平台是依靠网络、面向移动终端客户群体，并利用移动通信设备与无线通信技术和设备进行营销的互联网营销平台。相对于传统的市场营销，它的优势体现在以下几个方面。

（1）内容的精准性。在大数据环境下，利用移动终端的应用程序，企业可根据用户的行为特征、偏好、地理位置等，相对精准地将已通过匹配的信息传递给与之适配的目标用户群体，也可以运用网络技术分析客户数据，判断用户未来的消费特征，从而实现营销活动或者广告的精准投放和管理。

（2）便携性和互动黏性。移动终端本身具备移动便携的特点，不仅迎合了碎片化时代客户需求的特点，为客户提供了互动交流的平台，也为企业提供了实现品牌传播的高效渠道，高度体现了黏性特征。

（3）营销的整合性。一条完整的移动营销链条由新品的发布、完成业务操作以及后续的售后等活动构成。移动网络拥有强大的信息传送和承载能力，弥补了互联网功能的局限性，为营销整合提供了保障。

（4）低成本。移动互联网营销具有大规模的用户群体，不受时间、地域的限制，是成本最低、效果最好、覆盖面最广的一种营销模式，有助于企业降低营销成本、开拓新的销售渠道。

在移动互联网营销中，移动 App、社交媒体和其他在线渠道成为提升顾客体验和品牌营销的新触点。有的酒店在 App 上增设对话功能，以提升住客满意度；有的酒店（如万豪酒店和希尔顿酒店）通过自身的 App 收集更多的住客个人信息，从而为其提供个性化住宿服务；有的酒店通过社交媒体渠道让用户自主参与品牌互动，让他们参与到品牌营销过程中。

第二节　酒店销售渠道决策

科学地设计和选择销售渠道是酒店有效传递产品价值、实现预期营销目标的重要保证。酒店应针对自身的特点，分析渠道的影响因素，合理构建渠道结构和选择渠道成员，并进行渠道的动态管理和优化创新，从而提高渠道的增值效应。

一、酒店销售渠道设计的基本原则

互联网发展促使酒店销售渠道呈现多样化趋势，直接与间接销售渠道互补、在线分销渠道与线下传统的中间商并存成为新时期酒店销售渠道模式的新特点。对于酒店来说，渠道越多，市场覆盖率越高，但是渠道维护成本也越高。因此，科学的酒店销售渠道决策不仅能够带来市场销量和占有率的提升，更重要的是可以实现渠道收益最大化。

作为营销组合策略中的重要手段，酒店销售渠道的设计与管理应该以营销目标为指导，遵循市场导向和效益导向并重的原则，既能保证酒店产品高效便利地传递到顾客，又要考虑以最低的成本获得较大的市场覆盖和收益。这是渠道设计的基本原则，也是衡量渠道优劣的重要标准，即"高效率—低成本"。

二、酒店销售渠道选择的影响因素

一般情况下，酒店销售渠道模式选择的影响因素包括酒店产品特征、目标市场特征、酒店自身条件以及其他环境因素等。

（一）酒店产品特征

酒店产品特征是销售渠道模式选择的首要影响因素。该因素主要涉及产品的性质、种类以及档次或等级等方面。一般来说，非季节性、重复购买率高、随机性较强的酒店产品采用直接销售渠道模式，如餐厅、商务酒店、汽车旅馆等。相反，度假酒店由于该产品类型的季节性较强、低购买频率以及市场销售面广等特点，则采用间接销售渠道。另外，酒店产品的价格和等级的高低也对销售渠道的选择有着重要的影响。对于高档产品，散客、回头客居多，因而这类产品的营销工作往往采用直接销售渠道或短渠道模式；而以团队形式为主的客源，由于市场面较广、旅游人数较多及产品价格偏低等特点，酒店往往采用间接销售渠道或长渠道模式。

（二）目标市场特征

市场需求的动态变化是直接影响因素。该因素包括目标市场的规模与集中度、空间、竞争状态等。首先，市场规模越大、越分散，所需的销售网点就越多，酒店必须利用中间商开辟间接销售渠道。相反，市场规模越小、越集中，则适合采用直接销售模式，即使采用间接销售渠道，也应选择短渠道。其次，客源地的空间距离的远近也影响销售渠道的选择。如远程客源市场较为分散，特别是海外市场，企业应选择间接销售渠道；反之，则选择直接销售渠道或短渠道。最后，根据竞争状态提出销售渠道的特色和差异也很重要。一一般认为，采用与竞争者相同的销售渠道或同一渠道，可以借助完善已有资源和信誉，快速进入市场。但是这些企业必须建立特色渠道模式，以此提升竞争实力，避免与竞争强手的正面交锋。

（三）酒店自身条件

酒店本身的资本实力、承担风险的意愿、接待能力和营销能力等也对销售渠道模式的选择具有重要影响。如果酒店财力雄厚、营销能力较强，则适宜采取以直接销售渠道为主，兼有间接销售渠道的渠道模式。特别是那些具有整体营销策略以及高水平的营销人员和管理经验的企业，适宜建立自己的销售渠道和网点，直接向目标顾客开展销售，即采取直接销售渠道策略。例如，品牌酒店和酒店集团在依靠成熟的网络及电话预订平台积累一批较为稳定的客户后，建立直接销售平台，以获取更高的销售渠道收益。例如，洲际酒店、希尔顿酒店、万豪酒店等品牌酒店集团通过自己的在线网络进行直接销售的收入是通过第三方渠道商分销收入的两倍。[①]相反，实力有限的中小型企业则可能更依赖于中介组织和机构销售产品和服务，采取间接销售渠道。

【阅读链接 9-4】　　　　洲际酒店着眼移动端的客户体验

（四）其他环境因素

酒店自身综合性极强，与环境中的其他因素有着密切的关系。政策因素影响旅游渠道的可进入性。政府对某些旅游产品项目的管制会影响旅游渠道的选择，如国家取消外资旅行社设立分支机构的限制，实行国民待遇的政策，使内资企业面临更严峻的市场挑战。技术因素影响旅游渠道的沟通方式。例如，互联网和电子商务技术迅速改变了人们的生活方式和沟通方式，特别是市场与企业的相互关系的转变，消费者在营销中的角色从被动接受者转为主动寻求者，因此旅游企业利用网络技术建立高效、快捷的直接销售渠道成为重要的发展趋势。

三、酒店销售渠道的结构设计与中间商的选择

（一）酒店销售渠道结构设计

酒店销售渠道结构设计主要包括渠道长度、宽度和关联度的确定。渠道的长度和宽度体现酒店销售渠道的市场覆盖程度，而渠道的关联度则反映渠道成员及其结构的高效性。

渠道长度通常是指产品从生产者（或供应商）向最终消费者转移过程中所经历的中间环节的多少。所经层的环节越多，则渠道越长；反之，则渠道越短。最短的销售渠道是不经过任何中间环节，直接向旅游者出售其产品的直销渠道。而渠道宽度通常是指销售渠道中某一层次中间商的个数及销售网点的数量和分布格局。如果一个企业在各目标市场区域

---

① 周人果. 会员制兴起　酒店纷纷发展直销渠道[N]. 南方日报，2010-08-28.

以方便顾客的原则设置了足够数量的销售网点，则该渠道类型属于宽渠道；反之，则属于窄渠道。产品销售渠道长短、宽窄的适宜程度不能一概而论，需要视具体企业、产品以及目标市场的情况而定。

1. 渠道长度策略

一般情况下，直接和间接两种渠道类型在酒店营销中兼而有之，这是由酒店经营特点所决定的。酒店选择直接或间接渠道还应考虑销售业绩和经济效果两个方面的内容，涉及销售量和利润两个因素。对于酒店来说，侧重于哪个因素必须从企业的营销战略出发。如果追求市场占有率，则重视销售量业绩；如果追求利润最大化，则重视销售效果。因此，酒店应该将最大市场覆盖率和最低销售成本作为选择渠道类型的重要依据。如图 9-1 所示，采用中间商分销的成本随销售量扩大而有较大幅度上升，而企业自销成本的上升则不明显，曲线较为平坦。因此，在销售初期，销量较少时，利用中间商的间接渠道成本低于自销成本，但销量超过一定水平（图中 S_B 点）时，间接渠道成本就会快速增加，远远高于直接渠道。

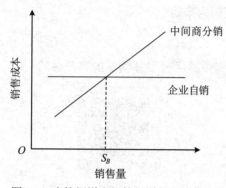

图 9-1　直接渠道和间接渠道的经济性比较

2. 渠道宽度策略

通过选择销售渠道类型确定向消费者提供产品和服务的具体路线，这是纵向渠道策略的基本方法。而销售渠道的横向策略则表现为渠道宽度选择，包括不同类型中间商在渠道中的构成及其数量。它能影响销售渠道的市场覆盖面，即产品销售能够达到的最大市场空间，也能影响销售渠道的网点密度。

这种市场覆盖策略主要表现在产品传递渠道中同一层级中间商设置情况，以满足目标顾客便利购买为前提。酒店集团和特许经营酒店多采取密集型分销渠道，即较宽渠道策略，包括在线直销预订、会员制管理、协议客户、移动客户端预订以及 OTA、GDS、社交媒体和相关协会组织等。它们尽可能多地选择中间商，充分与市场接触，加大销售网点在目标市场上的覆盖密度，方便顾客购买。而那些自身条件有限的中小型分散经营的酒店和旅馆，大都采用传统旅行社及 OTA 分销方式，渠道较窄。特色酒店、主题酒店较多采用直销渠道，特别是酒店在线直销方式，以展示更多顾客体验为主，提升品牌在市场中的认知度。

【阅读链接 9-5】　　　　　主题酒店销售渠道的设计

3. 渠道联合策略

传统的销售渠道由一个或多个独立的生产者、批发商和零售商构成，每个成员都是独立的企业实体，追求个体利润最大化，甚至会以牺牲整体利益为代价；现代企业的销售渠道则不同，它是由生产者、批发商和零售商组成的统一的联合体。这种转变使企业竞争出现了从个体竞争向联合体竞争模式发展的趋势。具体形式包括以下几种。

（1）渠道的纵向联合。渠道的纵向联合是指用一定的方式将销售渠道中各成员，包括生产企业、中间商联合在一起，采取共同目标下的协调行动，以促使旅游产品或服务销售整体效益的提高。渠道纵向联合分为三种形式：公司式、合同式和管理式渠道系统。公司式渠道系统是酒店以延伸或兼并的方式，建立起隶属于同一所有权的相关的生产部门和分销部门组合而成的系统。例如，如家酒店收购七斗星及莫泰168酒店经济型连锁酒店。合同式渠道系统是指酒店同其所选定的各个环节的中间商，以合同的形式来确定各自在实现同一营销目标基础上的责权利管理和相互协调行动。合同式渠道系统的一种重要的形式就是特许经营。例如，如家酒店采用特许加盟方式，加盟店比例接近60%。管理式渠道系统是指通过渠道中某个有实力的成员来协调整个渠道系统，减少渠道冲突，提升渠道整体价值。

（2）渠道的横向联合。渠道的横向联合是指由两个以上的企业联合开发同一市场的销售渠道。酒店采取该渠道策略，可以把资金、生产能力或营销资源结合在一起，完成单靠一个企业难以达到的目标，如美国最佳西方（Best Western）国际集团。

【阅读链接9-6】　　　　　　　Best Western 国际集团

在激烈竞争的环境下，"竞争性合作"模式成为在线旅游分销发展的新趋势。成功的旅游网站利用资源优势，提供来自多个经销商的多种产品和服务（航班、酒店、汽车、景区等）的全方位的旅游服务，同时提供在线信息搜索评估及交易平台等服务，作为其主要卖点。因此，对于在线旅游分销商来说，与供应链上下游组织合作，与竞争对手联合，结成非排他性虚拟联盟，发挥战略系统效应，形成独特的、不可替代的优势网络资源。在线分销的合作联盟方式为酒店拓展销售渠道提供了更广阔的市场空间。

综上所述，随着社会的进步和技术的发展，联合化的销售渠道将成为未来企业参与竞争的重要手段。同时，由于市场面的扩大，在线旅游组织业务更加复杂化和宽泛化，因此，研究环境并进行科学的渠道决策是酒店参与竞争的重要手段。

（二）酒店中间商及其选择

中间商的选择是酒店间接渠道建设和管理的重要工作，中间商的综合能力直接关系渠道分销效果。

1. 中间商的概念与类型

中间商是介于企业与消费者之间，专门转售旅游产品或服务、具有法人资格的经济组织或个人，也被称为中介。由于旅游中间商在营销活动中的角色、责权关系的不同，其类型也不同。中介组织是帮助酒店完成产品和服务销售的渠道成员，主要包括旅行社、酒店中央预订系统（CRS）及酒店预订组织、全球分销系统（GDS）、在线旅行分销商（OTA）、移动服务运营商、社交媒体网站以及电子商务服务平台等,根据各自经营业务不同,其收益模式也不同。

旅行社是酒店传统的分销渠道,在互联网盛行的今天仍然发挥着重要的作用。按照中间商参与所有权转移的情况,可划分为旅游经销商和旅游代理商。

(1) 旅游经销商(tour operator)。旅游经销商是指那些在转售产品过程中,拥有产品"所有权"的旅游中间商,包括旅游批发商和旅游零售商,即组团社。旅游经销商与旅游生产企业一样,自己承担市场风险,它的利润来源于旅游产品购进价与销出价的差额。其中,旅游批发商(tour wholesaler)是指从事包价旅游产品批发业务的旅行社或旅游公司,不直接面对最终旅游者。旅游批发商一般是实力雄厚的大型旅游经销商,通过与交通部门(航空公司、铁路及旅游车船公司等)、饭店、景点以及其他餐饮娱乐公司直接谈判,将这些旅游单项产品组合成旅游线路,确定一个包价(大包、小包),通过其他旅游经销商,主要是零售商或代理商将包价产品出售给最终旅游者。因此,旅游批发商兼有生产和转售两项功能。旅游零售商(tour dealer)是指直接面向最终旅游者从事旅游产品零售业务的旅游中间商,即接团社。许多旅游经销商兼有旅游批发商和旅游零售商的双重身份。

(2) 旅游代理商(travel agent)。旅游代理商是指那些只是接受旅游产品生产者或供给者的委托,在一定区域内代理销售其产品的旅游中间商。旅游代理商对旅游产品没有"所有权",只履行"代销"的职责,不能独立定价。旅游代理商受委托销售,按合同规定的价格出售给旅游者,按销售额的一定比例提取佣金,通常为销售额的 10%~20%。旅游代理商几乎不承担旅游产品销售的市场风险。

除了旅行社、旅游协会、会议组织和协议客户等传统渠道,酒店新型渠道,包括在线直销渠道、在线旅游分销商、电商平台、在线交易和在线营销网站、移动客户端等也伴随互联网发展而快速壮大起来。

2. 中间商的选择原则

如何选择渠道成员——旅游中间商,是酒店渠道决策的关键。由于旅游中间商的类别多种多样,业务范围和市场对象各有不同,酒店选择中间商应该遵循以下原则。

(1) 目标市场的一致性。酒店渠道成员目标市场应该与企业保持一致,而且具有优越地理位置的客源优势,有利于扩大市场销量。例如,经济型酒店和一些小型分散经营酒店是团购网的主要用户,高端品牌酒店和酒店集团则很少选择。

(2) 经营规模和能力。中间商的规模大小意味着其销售网点的多寡,因此在相同条件下应优先选择经营规模较大的旅游中间商。对中间商经营能力的考察,可以通过对该中间商目前的经营景气程度、知名度以及对环境的适应能力等方面进行考察,获得相应资料,合理选择中间商。

(3) 偿付能力和信誉程度。中间商的资本实力直接影响资金的周转以及再生产;中间商的信誉程度对企业形象及正常运转都有很大影响。

(4) 合作意愿。酒店与中间商的合作其实是一个双向选择的过程。双方的合作意愿及实力条件等因素都是选择与否的重要依据。

(5) 成本费用。不同渠道模式和渠道成员的选择都会给企业带来不同的销售量和成本费用。酒店应选择那些具有强大市场开拓能力的、能够使其带来销售量抵消渠道维持费用的中间商,即企业应该选择那些销量增长多、成本费用小的中间商。如果对方是从事零售代理业务的中间商,则还需要考虑对方对佣金率的要求。

(6) 制约能力。从长远目标考虑,酒店对中间商的选择不仅要考虑经济效益,还要考虑是否能对其实施有效的控制。因为,渠道成员是否稳定直接影响渠道的正常运行、企业客源市场的持续发展及其长远预期目标的实现,而酒店与中间商都是相对独立的经济实体,它们之间在管理上不存在从属关系，因此，应充分考虑对中间商的控制程度。例如，中间商对酒店的依赖性越强，对其的控制就越容易，选择中间商的风险就会越小。

第三节　酒店销售渠道管理

销售渠道管理的最终目的就是根据渠道运行情况，对渠道成员的业绩与合作状况进行评价，优化调整渠道成员组成及渠道类型，保证渠道"高效率—低成本"目标的实现。

一、酒店中间商的考评、调整与激励

高效运行的销售渠道主要取决于渠道成员绩效与合作状况。酒店只有通过考评中间商的业绩，及时调整渠道成员的关系及结构，建立奖惩机制，才能加强渠道控制能力，提高渠道收益，更有效地服务目标市场。

（一）考评

酒店对中间商的考评主要包括目标市场适应性评估、实力与规模评估、信誉评估和费用评估等。具体如下。

（1）目标市场适应性评估，包括经营地点与目标市场的接近程度、与目标市场旅游者购买习惯的适应程度等。

（2）实力与规模评估，不仅要考察中间商的渠道网络覆盖能力，还要看其实际的销售状况，全面考核中间商经营本企业产品的意愿、能力和获利性。

（3）信誉评估，是指通过市场测评，确定中间商在旅游市场上的知晓度、满意度、忠诚度及诚信度。

（4）费用评估，有利于旅游企业合理配置渠道资源，保留盈利成长性好的成员，淘汰获利能力差、费用高的渠道成员。

（二）调整与激励

为了确保销售渠道的高效率，企业应根据战略目标以及中间商的表现，对销售渠道进行及时调整。销售渠道的调整方法通常有两种：第一，渠道质量调整。对效率低下、经营不善的中间商，生产企业可终止与该中间商的协作关系，并适时增加能力较强的中间商。但企业必须慎重做出决策，这种调整可能会对企业盈利水平及其他渠道成员的反应造成负面影响。第二，渠道层级调整。随着市场需求和企业能力的变化和改善，现有渠道的市场适应性需要及时调整。例如，随着互联网技术的发展，渠道层级趋向扁平化。许多企业在自设网络渠道系统建设上加大投入，增大直销渠道的比例，提高渠道效益。

由于中间商的独立性，其有各自的价值取向和目标，因此酒店在管理过程中应采取必要的激励措施，使其有良好的表现。对中间商的激励措施主要有以下几种。

（1）返利政策。为了促使中间商注重推销自己的产品，通常采取高销量、高佣金的奖励，减收或免收预订金，邀请考察旅游，组织奖励旅游，领队优惠等措施。

（2）促销合作。从市场定位出发，与中间商合作进行广告宣传，共同承担广告费用，提供免费电话及保证提供宣传材料等各种促销手段等，为产品销售创造条件。

（3）信息共享。具体包括及时将市场信息传递给中间商，及时沟通市场需求动向；不定期邀请中间商座谈，共同研究市场开发策略，为中间商市场开发提供依据。

（4）建立战略合作关系。与中间商采取渠道合作模式，建立纵向联合销售系统，以提高渠道终端最大价值。

二、酒店销售渠道的冲突管理

（一）渠道冲突及其分类

渠道冲突是指渠道成员因为各自目标、利益和角色的不同而产生矛盾和冲突的现象。渠道冲突与渠道竞争有所不同。渠道竞争是指各企业、各系统之间为了实现相同目标而展开正常竞争，也被称为适度的渠道冲突。在销售渠道中，成员之间的适度竞争不仅不会产生消极影响，而且有可能使顾客获得更大价值，有利于整个渠道组织绩效的提高。但是，如果渠道竞争妨碍了成员之间的有效合作，阻碍了旅游产品的正常流通，影响了整个渠道系统的和谐发展，竞争就会演变为冲突。对于渠道冲突，酒店必须高度重视，采取相应措施对冲突进行有效控制和管理，保证渠道的正常运行。

销售渠道冲突有水平渠道冲突、垂直渠道冲突和多渠道冲突。

（1）水平渠道冲突，是指在同一渠道模式中，同一层次的中间商之间的冲突。

（2）垂直渠道冲突，是指在同一渠道中不同层次企业之间的冲突。这种冲突较之水平渠道冲突更常见，如酒店同一条渠道中不同层次中间商之间的冲突、批发商与零售商之间的冲突、批发商与代理商之间的冲突。

（3）多渠道冲突又称为交叉冲突，是指旅游生产企业建立多个销售渠道后，不同渠道形式的成员之间的冲突，例如某企业直接销售渠道与间接销售渠道之间的冲突、企业自设网络预订系统与 GDS 之间的矛盾等。

在企业渠道运行中，各种冲突随时可能出现，其主要原因有：渠道职能模糊，导致渠道成员所承担的任务和拥有的权利不明确；渠道沟通不顺畅，影响企业产品和服务的信息无法及时准确地传达到渠道成员；渠道目标和利益分歧；奖励制度不健全；竞争机制管理不当；等等。

（二）渠道冲突协调的原则

在渠道冲突的协调中应把握好以下几个基本原则。

（1）效率原则：不断增进渠道成员间的合作，减少渠道的运行成本，提高渠道运行效率。

（2）系统性原则：结合企业战略目标，合理配置渠道资源和优化渠道结构设计，体现渠道系统的整体性。

（3）创新原则：酒店企业应该结合市场需求和企业优势，充分运用现代信息技术和手段，创新渠道结构，增强必要的灵活性和适应性，提升渠道的竞争力。

（三）渠道冲突的管理方法

（1）渠道整合。渠道整合是解决渠道冲突的根本方法，主要是指酒店向前整合渠道中间商的方法，加强企业自身对渠道的控制，追求和创造更高的附加价值。该方法适合于一些专业性较强、受众面相对较小的产品的销售；具有较强综合实力的酒店企业；等等。

（2）渠道合作。渠道合作，相对于渠道整合，更加追求扩大选择范围，而不是对固定资源或利益的瓜分，是一种双赢的冲突解决策略。但是这种策略的实施必须遵循严格的约束条件，否则难以实现。

（3）渠道扁平化。传统渠道以多层次的长渠道为主，采用这种渠道的企业控制能力较低,特别是在竞争激烈的市场环境中,易导致垂直渠道的冲突的产生,同时削弱渠道的附加价值。因此,为适应市场需求的快速变化,渠道扁平化成为渠道发展的主要趋势,该渠道模式可以最大限度地减少销售层级,避免中间环节过多导致的信息失真,以实现渠道的成本优势。渠道扁平化可以通过缩短销售渠道增强企业的渠道控制能力,通过增加销售网点扩大企业产品的市场覆盖面。例如,酒店从多级渠道转变为一级渠道或直销渠道等。

综上所述,实现销售渠道管理的高效性,激励、约束或整合的机制都是很重要的。

第四节 酒店销售渠道的变革与创新

随着旅游市场的个性化趋势和网络技术的快速发展,企业与市场的连接方式发生了革命性改变,传统销售渠道模式已经不适应新的时代要求,渠道的变革与创新成为旅游企业必须面对的重要课题。

影响和决定销售渠道变革的因素有很多,主要表现在两个方面:一是企业自身发展的需要。随着旅游企业产品生命周期阶段的变化,渠道需要进行适应性调整和改变。二是企业适应外部环境的要求。酒店外部环境中诸如市场、竞争、技术以及政策环境等因素的影响,加速了渠道从效率到增值、从传统到网络、从松散到联合、从长宽并重到扁平化的变革。

一、旅行综合服务商——突出渠道的"服务增值"效应

旅游销售渠道变革与创新的意义不仅是提供一个高效的产品和资金流通渠道,更为重要的是体现渠道的"增值"效应,提升渠道的服务竞争力,加快推动旅游业向现代服务业转变。渠道的增值功能强调以终端顾客价值为出发点,优化核心业务流程,降低渠道经营成本,从而对既定产品综合服务的深度开发,以整体解决方案和增值服务赢得用户的青睐。

现在的市场竞争已不仅是企业单体之间的竞争,而是企业所处的价值链之间的竞争。渠道的服务化过程是价值链效应提升的关键。随着市场需求和消费行为的精细化,许多旅游者更看重旅游企业产品和服务的让渡价值而不仅仅是价格,希望通过一站式服务解决方案,体验到美好的旅游经历和感受,满足个性化需求。酒店应充分发挥渠道成员的资源优势,形成特色的组合产品和服务,强化客户关系管理系统,主要面向非价格敏感型中高端用户,以"体验营销+解决方案"的方式构建特色销售渠道,提高竞争力。

【阅读链接9-7】 私人定制旅游快速发展,手机客户端成首选渠道

二、网络销售渠道的多元化趋势

随着互联网和电子商务的出现,信息的交换和处理变得高效和便捷,越来越多的旅游

者直接通过互联网来完成搜索和预订，网络销售渠道迅速发展起来，并呈现多元化趋势。与传统销售渠道相比，旅游网络销售渠道有许多更具竞争优势的特点，它利用互联网的信息交互特点，通过互联网进行信息沟通和商品交易，从而改变了原有渠道成员之间的沟通与合作方式，也改变了原有渠道的互依结构与权利结构，从而为渠道扁平化奠定了重要的基础。酒店网络销售渠道体现了更强大的企业竞争力，并将超越传统的旅游代理而成为最主要的旅游分销方式。

在线销售渠道在带来便捷的同时，也受到一些环境因素的影响，如企业互联网技术的应用、企业诚信问题、旅游者在线消费意识和能力以及行业政策等，所以也存在一些局限性。中国旅游研究院发布的 2017 年全国游客满意度调查报告显示，相对于散客和自助旅游者，团队游客的满意度指数稳居高位，首次高于国内散客满意度，进一步凸显了在大众旅游发展的初级阶段包价旅游服务的传统优势。由此看出，目前，旅游网络分销渠道主要是针对那些功能单一的旅游产品（如机票代理商）的影响较为显著，不能完全取代传统的旅游分销渠道，如旅行社在主要客源地广泛设立的门市部等。酒店应注重传统和网络渠道的整合，充分发挥各自的优势资源，即传统渠道的人性化、个性化服务特点以及网络渠道的高效率—低成本的便利的沟通和交易方式，形成多元立体化渠道体系，是当代渠道结构创新的重要方向。

【阅读链接 9-8】　　　　旅游 App 成为首选预订渠道

三、酒店销售渠道的整合趋势

如果说新产品是酒店短期利润的增长点，那么旅游电子商务、连锁经营和渠道整合就是企业渠道增值以及长期持续发展的根本动力。销售渠道的变革受各种环境因素的影响，特别是经济因素对销售渠道系统结构的形成至关重要。酒店为寻求与环境变化的动态平衡，必须不断创新销售渠道系统，从传统渠道以成员各自为战、松散经营为主转变为注重共同利益、整合经营的渠道模式。

通过建立战略伙伴关系，可以对有限资源进行合理配置，降低渠道总成本，提高渠道的经营绩效，使分散的渠道成员形成一个整合体系，追求双赢或多赢。国际上成功旅游企业的基本模式是企业对旅游价值链的管理过程，从终端顾客资源出发，整合旅游资源要素，提供特色旅游产品和服务组合，强化客户关系管理，并运用 IT 技术解决需求个性化与经营规模化的矛盾，从而实现销售渠道高效率、低成本以及顾客价值最大化的销售目标，提升整条旅游价值链的竞争力。

随着旅游者多样化和个性化的需求变化，具备一定条件和实力的大型酒店供应商通过建立直销渠道、特许和连锁经营、集团化经营等方式，特别是采取多元化经营策略，如投资于景区、酒店、旅游地产等产业链相关行业，形成生产、批发、零售一体化的直销优势，减少渠道中间环节和降低渠道成本，直接为终端客户服务，最大限度地满足顾客的个性化需求，从而增强企业产品和服务的市场营销能力和渠道的控制能力。

相对于供应商来说，以旅游批发商为主的中间商为了对抗供应商越过中介的直销趋势，则以计算机网络化为基础，采取垂直一体化的销售渠道模式，即由生产者、批发商、零售商形成的以产权为约束的统一联合体，以提升市场竞争力。这些以中间商为代表的旅游企业采用反向一体化的方式，即通过购买、兼并、合作和联盟等方式建立与供应商的利益同盟；同时实行正向（前向）一体化，买进包括旅行代理商在内的国内外零售商来控制终端销售网络。正向一体化和反向一体化有效地扩大了中间商的经营规模，甚至成为垄断企业，实现渠道扁平化和增值的目标。

综上所述，旅游者需求的个性化趋势必然使酒店营销战略从传统的大规模标准化转向定制化，同时也促使酒店销售渠道从单纯交易量取向向顾客的体验和感受的综合需求取向转变。因此，酒店必须建设基于价值链整合功能的合作伙伴型营销渠道，为顾客提供最大价值的产品和服务，从而提升整条价值链的竞争能力，实现营销战略目标。

问题与讨论

1. 请说明直接销售渠道和间接销售渠道的主要区别及其优、缺点。
2. 酒店销售渠道有哪些类型？
3. 简述影响分销渠道决策的影响因素。
4. 简述中间商及其主要类型、酒店中间商选择的基本原则和影响因素。
5. 分析酒店销售渠道冲突的类型及其产生的原因。
6. 举例说明特许经营模式的主要特点及其对酒店销售渠道拓展的重要意义。
7. 简述酒店预订系统的特点及作用。选择一家酒店官网，说明该网站的主要预订客人的类型、预订原因，并说明旅游企业网上预订服务中的主要问题和改进建议。
8. 请思考以下问题：酒店直播带货对消费者购买意愿有哪些影响？如何通过直播带货提升顾客感知价值？

拓展阅读

1. 夏超群，宋沛邈. 场景营销视域下的电商直播带货研究[J]. 视听，2022（12）：173-175.
2. 王玮. 酒店如何开辟线上营销新阵地[N]. 中国旅游报，2022-03-10（6）.
3. 周世平. 双渠道营销模式下酒店客房定价研究[J]. 企业经济，2022（5）：30-37.
4. 胡保玲. 渠道关系治理研究综述[J]. 市场营销导刊，2008（2）：34-38.
5. 李彬，俞聪. 特许经营如何走好未来之路[EB/OL]. 环球旅讯，2017-10-23. https://www.traveldaily.cn.
6. 单体酒店如何掌控客源[EB/OL]. 环球旅讯，2018-3-15. https://www.traveldaily.cn/.

课程思政

产业融合创新重塑文旅价值

第十章　酒店促销策略

本章目标

通过本章学习，了解酒店促销组合的基本概念及决策程序；掌握酒店促销组合决策的主要影响因素；了解并掌握广告、营业推广、公共关系、人员促销以及有形展示等促销策略及其应用；了解互联网络时代促销方式的变革及发展趋势。

引入案例

酒店"玩"直播，为的不仅仅是带货[①]

近年来，直播带货成为新的互联网风口，各行业启动了直播、短视频等电商带货模式以提振消费信心，释放消费活力。在疫情背景下，旅游酒店业也开始尝试旅游直播等新媒体营销模式。

多地文旅局局长直播"带货"促消费，旅游业高管、主播推介旅游资源、开展带货，成为热点新闻和营销事件，直播营销模式为企业提供了更广阔的发展空间。截至2022年12月，携程的直播用户已超2亿，直播总场次超过1万场，带货GMV（gross merchandise volume）超75亿元。[②]

疫情的三年中，"云生活"成为酒店的热点，万豪、洲际、希尔顿、香格里拉等国际酒店集团及旗下酒店纷纷推出酒店"云活动"，包括五星大厨直播烹饪、云健身、云派对、在线调制鸡尾酒等，颇受消费者青睐。其中，上海外滩W酒店在淘宝直播平台上推出的"云端派对"，让大家看到了更多酒店直播可以拓展的空间。星级大厨、调酒师、健身教练、客房管家，甚至是酒店总经理，他们在酒店的健身房、露台、花园、酒吧，通过直播向网友展示各种各样的"云生活"；亚朵酒店集团推出直播售房服务，全国15大城区235家门店参与，担任主播的各家门店负责人，不仅现场推荐自家酒店的特色服务和枕头、床垫、亚朵村的茶等网红产品，还兼顾介绍旅游攻略、景点和美食，直接拉动销售。除了生活场景和在线预售，部分酒店还针对业主、加盟商推出在线课堂或分享会。

在新媒体环境下，如何科学有效地利用直播营销创造更高的综合效益，成为企业关注的焦点。

提问： 简述网络直播营销的特点，并结合案例说明酒店如何运用直播营销创造更高的综合效益。

[①] 王玮. 酒店"玩"直播，为的不仅仅是带货[N]. 中国旅游报，2020-04-09.
[②] 携程净利大涨164%，旅游市场开始复苏[N]. 电商报，2022-12-16.

引入案例解析

酒店市场营销活动远不只创造顾客价值,还必须运用各种促销手段清晰、有说服力地沟通顾客价值。在整合营销沟通的观念下,促销作为营销组合中的重要策略,通过对多种促销工具的协调运用,在品牌形象和价值传递方面发挥重要的作用。

第一节 酒店促销组合

酒店促销要取得良好的沟通效果,必须在明确促销目标的基础上,针对不同的目标市场,综合运用各种促销手段,发挥促销组合的整合功效,实现酒店营销目标。

一、促销与沟通

营销是组织实现自身与消费者之间价值交换的一系列活动。买卖双方之间的有效沟通则是促进销售和实现价值交换的重要保证。信息沟通原理是企业与市场有效沟通,实现预期目标的重要理论依据。

促销(promotion)是促进销售的简称,即通过宣传推广手段促使消费者采取购买行为的活动。对产品或服务品牌的促销是最常见的促销方式,主要包括人员促销和非人员促销。其中,非人员促销包括广告、营业推广、公共关系、有形展示以及直复营销等。

沟通是指人与人之间、人与群体之间思想与情感的传递和反馈的过程,以求双方达成共识。促销是企业与市场沟通的过程,即在卖方和买方或渠道中其他成员之间进行信息传递与沟通,影响他们的态度及行为,以达成共识,实现价值交换的过程。由此可见,促销的本质是沟通。在企业努力建立盈利性顾客关系的过程中,沟通的内容和方式是影响营销效果的关键因素,有效的沟通尤其重要。

菲利普·科特勒(Philip Kotler)以社会传播的一般模式为依据,总结了由九个要素组成的营销沟通模式,即信息沟通过程是指信息从发送者到达接收者的过程,包括发送者、编码、信息(媒介)、译码、接收者、反应、反馈和噪声等要素[1],如图 10-1 所示。

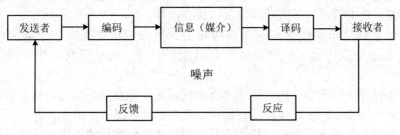

图 10-1 信息沟通原理图

---

[1] 科特勒,保文,麦肯斯. 旅游市场营销[M]. 4 版. 谢彦君,译. 大连:东北大学出版社,2006.

（1）发送者是指输出信息的企业或个人。
（2）接收者是指信息的传播对象（受众），包括顾客和公众等。
（3）编码是信息的发送者将所要传递的产品信息通过标识性符号（如色彩、文字、声音、行动等），以生动的、易理解的、吸引人的方式设计和表现出来的过程。
（4）译码也称为解码，是信息接收者对发送过来的产品信息符号的理解过程。
（5）信息是发送者想要传递并希望能被接收者理解的产品或服务的内容及思想。
（6）媒介是传递信息的渠道。
（7）反应是接收者接触到信息后的态度和行为。
（8）反馈是信息接收者将反应返回发送者的信息部分。
（9）噪声是指各种影响信息有效传递的干扰因素，如信息不对称、语言沟通不恰当、非语言沟通的偏解、竞争性广告冲突等，这些都可能引起信息的失真和偏离。

有效的信息沟通具有双向性。实现有效沟通的主要途径包括以下三种。
（1）信息的发送者必须明确受众是谁，将获得什么反应。
（2）信息发送者必须考虑如何针对受众进行信息编码，了解信息接收者是如何进行译码的，信息受众能否按照发送者的意图完成预期的反应行为。
（3）信息发送者必须清楚以何种方式可以高效获得有关接收者的反馈信息，如何及时调整控制信息偏离目标的情况。在各类促销手段中，人员推销面对面的沟通方式使信息源就是推销员，可以得到及时反馈的信息并给予调整。而大众推销，如广告和公共宣传等，则必须依靠营销调研或销售数据来获得反馈，这些都要花费很多时间和精力。

二、酒店促销的概念及特点

促销作为酒店沟通市场的重要手段之一，在提供酒店产品和服务信息、加强酒店与顾客联系、刺激和影响消费行为以及扩大销售等方面发挥着重要的作用。酒店产品服务性的特点，要求企业结合行业特点明确酒店促销的整合性和互动性，这样才能更好地实现促销目标。

酒店促销是为培育和强化品牌形象，通过人员或非人员的方式与目标顾客和利益群体进行沟通，以此有效传递品牌价值诉求、宣传产品和服务信息、激发顾客购买欲望、影响和促成购买行为、扩大产品和服务销售等所进行的一系列营销活动的总称。

传统的酒店促销活动主要包括广告、销售促进、公共关系和人员推销等一些基本手段。随着市场环境的变化，特别是企业与市场连接模式的改变，现代促销方式体现出新的发展趋势，主要表现在以下几个方面。

（1）促销主体从组织单体行动到多主体联合促销转变，更强调资源的整合效应，如目的地形象宣传、赞助营销、节庆活动以及影视宣传等。
（2）促销原则从单向传达向双向沟通转变，更强调信息互动、分众、可控和效果的可测性，通过分众传媒、社交媒体和自媒体等平台，注重受众品牌传播活动的参与和体验。
（3）促销媒介从传统方式向多样化整合方式转变，如商品交易会、产品推介会和移动网络媒体、社交媒体、数字媒体以及直播和短视频等场景媒介促销方式等。

酒店作为服务性企业，服务过程和互动过程是体现顾客价值的重要环节，也是酒店促销活动能否实现有效沟通的关键。酒店促销的是一段服务经历，服务和互动过程与顾客感知相关，即与顾客对这些沟通的理解相关。因此，酒店针对服务中所发生的一切与品牌相关联的顾客接触所进行的宣传和沟通行为都将影响顾客的评价和行为。

【阅读链接 10-1】 互联网时代的企业微营销

酒店促销的特点表现在以下几个方面。

（1）服务品质是促销的前提。酒店顾客购买的是住店经历和体验，而不是实质性商品所有权，因此，特色的、标准化的和人性化的服务成为酒店宣传和承诺的基础。

（2）口碑是最好的宣传。由于服务质量差异性较大，酒店的信誉和市场形象就更为重要。顾客为降低购买风险，倾向于选择那些可信度更高的亲戚、朋友的意见作为购买决策的主要依据。因此，酒店必须在保证服务质量的基础上，通过口碑宣传来树立信誉和良好形象。

（3）把握"真实瞬间"。员工在与顾客面对面交往和互动的服务过程中，最有可能通过有效沟通对顾客的购买行为产生影响，在与顾客接触的友好和谐气氛中达到促销的目的，这也是酒店企业一种低成本、高效率的有效的促销方法。

（4）无形服务的"有形化"。酒店在促销中必须重视有形证据的提供，尽可能使无形服务具体化，克服无形服务的局限性。例如，服务宣传册、酒店指南、房价表、菜单等内部促销资料的运用；展现酒店的外观、布局、环境氛围、设备设施；酒店品牌、CIS 设计；等等。

（5）联合促销的整合作用。酒店是综合性服务企业，其促销效果不仅取决于本身的宣传，更受一个国家、地区及当地旅游资源的形象宣传的影响。因此，酒店促销强调企业与目的地促销活动的协调统一，充分发挥联合促销的作用，提升酒店的地区影响力。

三、酒店促销组合与整合营销沟通

在企业营销活动中，各种促销手段得到综合运用，形成促销组合，以适应不同的市场环境。这些促销方式包括广告、互联网、直接营销、营业推广、专题活动、公共关系、人员推销和有形展示等。每种促销手段有其自身的特点以及应用，通过发布广告传播有关产品的信息；通过各种营业推广活动传递短期刺激购买的有关信息；通过公共关系树立或改善企业社会形象；通过派遣销售人员面对面地说服潜在购买者；等等。

整合营销沟通概念（integrated marketing communication，IMC）是 20 世纪 80 年代起发展起来，逐渐被美国营销广告界重视，是对传统促销组合概念的进一步创新和完善。1993 年，美国营销专家舒尔茨在《整合营销传播》中提出，"整合营销传播是以消费者为导向，以影响消费者的决策为目标，整合运用广告、公关等多种手段传播统一的形象"[1]。总的来说，整合营销传播就是强调品牌信息的一致性，以消费者为中心，通过整合多种传播手段与媒介、与受众进行互动沟通，实现信息的有效传递，并与之建立长期而和谐的关系。

今天的顾客可以通过更多的渠道获得酒店产品和服务的信息，包括传统促销工具的宣传信息、产品设计与品牌信息；服务人员、系统和技术的功能以及传递服务场景的信息；

---

[1] 舒尔茨，等. 整合营销沟通[M]. 孙斌艺，张丽君，译. 上海：上海人民出版社，2006.

参与服务互动的其他顾客或传递口碑的社会化媒介信息；等等。这些信息来源增加了酒店企业或品牌的信息类型和数量，也提高了信息的复杂程度。如果顾客通过不同渠道接收信息相互冲突，同时企业缺乏清晰一致的形象，就会造成顾客价值感知的误差。

酒店整合营销沟通就是从整体沟通效果出发，以统一的方式运用促销工具的过程，是对服务过程中一切与顾客接触的沟通因素进行整合的战略。酒店是高固定成本的服务产业，相对于有形产品的生产行业来说，有效的信息沟通和促销在一定意义上成为酒店企业经营制胜的关键。

【阅读链接 10-2】　　　　酒店点评的口碑效应

目前，全球数据以惊人的速度呈爆炸式增长，它对营销传播的影响非常明显。在大数据背景下，营销传播面临更多的机遇和挑战，酒店企业把握未来营销传播的变化趋势，精准获取信息、传播信息，这样才能做好品牌营销。

第二节　酒店促销组合决策

酒店促销组合决策是对促销对象、促销目标、促销投入、促销方式、促销效果进行科学的选择、匹配、控制和评价的决策过程，以此促进企业与顾客的双向沟通。

一、酒店促销组合决策的程序

（一）明确目标受众

受众即传播的对象，在营销活动中，明确目标受众就是确定促销对象。准确界定目标受众是企业促销实现有效传播的关键。从实现营销沟通的目标来看，目标受众必须是与营销者所选定的目标市场有某种程度的契合或交集的人群。营销者必须明确促销对象是潜在顾客还是现实顾客，是顾客购买过程的决策者还是影响者，是个人还是群体，是一般公众还是特殊公众，等等。酒店企业只有清楚地认识目标受众是谁，有针对性地进行信息编辑和传递，才能实现营销目标。

【阅读链接 10-3】　　　　从 KOL 到 KOC：品牌传播面临的挑战

（二）确定促销目标

正确的促销组合决策取决于组织要实现什么样的目标，即酒店必须明确对特定目标市场进行促销要达到的目标。酒店促销目标就是把目标受众从目前对企业或产品较低的心理认知程度，推向更高层次的或直接达成购买行为的心理阶段。总体来看，促销目标可分为两类：销售导向目标和传播导向目标。销售导向目标包括更大的市场占有率、销售额、利润和回购率等，这类目标有明确的时间限制，对顾客态度和行为的影响存在时滞效应；传播导向目标包括激发和培养潜在顾客的好奇和偏好、提高酒店认知度和美誉度、改变顾客对品牌的态度和信念等内容。

心理学有关研究表明，促销信息对消费者的影响表现在推动从接触信息到购买的各阶段的心理演变过程。AIDA 模式和 L&S 模式被企业广泛使用。AIDA 模式认为消费者对促销信息的反应经历了认知（attention）、兴趣（interest）、欲望（desire）、行为（action）四个阶段。而 L&S 广告效果层次模式则认为消费者的信息反应经历了三个阶段，分别是认知（知晓、了解）、情感（喜欢、偏好）和行为（信任、购买）阶段，[①]如图 10-2 所示。

图 10-2　L&S 广告效果层次模式

以上反应模式显示，促销目标一般表现为告知、说服和提醒三种，这些都是通过提供更多的信息来影响购买行为的。具体体现在以下几个方面：告知目标——通过加强品牌建设，提升知晓度和知名度；说服目标——通过特色和差异化等竞争优势，改善购买态度和意愿；提醒目标——通过树立企业形象关系营销建立忠诚群体。

酒店在明确促销对象的基础上，必须对目标市场进行市场调查，全面了解市场的潜在、现实群体及其影响者状况，掌握目标受众的需求、态度和偏好及其心理认知状态，确定促销目标，采取相应手段，促使和引导顾客完成购买行为。

【阅读链接 10-4】　　　　中国走向世界旅游大舞台中心

（三）制定促销预算

由于企业促销的过程和效果受到很多因素的影响，酒店应根据自身经营特点、产品特点、经济实力以及市场需求状况精心策划、组织、安排各种促销方案，使之达到事半功倍的效果。

在诸多预算方法中，目标任务预算法是一种相对比较科学的方法，它是以将要实现的任务为基础进行预算，而不是简单地依靠历史数据推算。该方法首先要求决策者制定出详

---

① 科特勒，凯勒. 营销管理[M]. 13 版. 卢泰宏，高辉，译. 北京：中国人民大学出版社，2009.

细、具体和可操作的促销目标,如"在两周内,使目标顾客了解本产品的比例从2%增加到3%";其次,确定达成这些目标的途径和方法,如"两周内电视广告出现的时长和频率"。最后,估算达成促销目标所需费用,并得出总的促销预算额。这种预算方法可以从投入总额上加以控制,减少各环节预算的冲突,但是准确测量各项目标的费用有一定难度。此外,量力而行法、销售百分比法以及竞争均势法也是制定促销预算的常用方法。

(四)促销组合设计

促销组合设计的有效性直接影响营销活动的整体效应。酒店应遵循促销组合设计的基本原则:一是与营销组合中产品、价格、渠道等其他营销手段保持协调统一;二是应随市场变化而及时进行调整,体现组合的动态适应性;三是充分发挥各种促销手段的优势,降低促销成本,获得最佳经济效益。

有两种基本的促销组合策略可供企业选择,即推动策略和拉引策略,如图10-3所示。

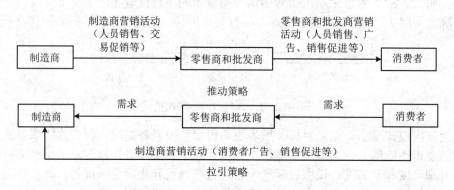

图 10-3　推动策略与拉引策略[①]

推动策略是指企业(制造商)借助销售渠道,通过中间商(零售商和批发商)将产品和服务信息传达给最终消费者的促销策略,以人员推销、公共关系和营业推广等方式为主。例如,度假酒店产品的季节性较强,其促销活动主要采取推动式策略,通过旅行社进行产品促销,以此扩大市场销售。推动策略被应用于服务企业的内部营销中,即通过内部员工向顾客传达促销信息以促成交易和维护客户关系。例如,Delta航空公司的一些广告使用主题"我们喜欢飞行,它令我们如愿以偿",该广告主要向顾客沟通,但也提醒了Delta的员工,他们提供的服务百分百地决定了顾客是否满意。该方法也广泛应用于针对组织市场的促销活动中。

拉引策略则是企业通过以广告和销售促进为主的促销方式,直接将产品和服务信息传达到最终市场,激发消费者的购买欲望,从而拉动渠道中间商的需求,以此扩大销量的促销方式。酒店直接针对终端市场进行促销宣传,可以通过树立良好的形象、扩大产品知名度和市场覆盖面,增强消费者购买欲望,坚定其购买信心。

在通常情况下,企业也可以把上述两种策略结合起来使用。例如,在向中间商大力促销的同时,通过大量的广告刺激市场的需要。

(五)选择促销媒介

正确选择信息传播媒体,即促销媒介直接影响促销活动的沟通效果。在信息时代,大众传媒日益多样化,不同媒体针对的受众和覆盖范围有所不同,酒店只有选择目标顾客所

---

① 科特勒,阿姆斯特朗. 市场营销:原理与实践[M]. 17版. 楼尊,译. 北京:中国人民大学出版社,2020.

关注的媒体作为沟通渠道才能取得较好的效果。现代酒店越来越重视人际传播渠道以及在现代通信技术支持下的一对一个性化沟通方式。在网络时代，信息沟通系统的发展已经突破了酒店与消费者沟通的时间和地点限制，可以帮助酒店细分、选择和吸引特定的受众群体，实现精准营销。

【阅读链接 10-5】　　　　场景——移动时代媒体的新要素

促销媒体一般可分为人员沟通和非人员沟通方式，而在企业实践中往往将两者结合起来使用，以此获得最佳效果。

人员沟通渠道是指两人或多人之间进行直接面对面的信息交流方式，包括两种途径：一是企业可直接控制的传播媒体，如人员推销；二是不受企业控制的媒体，以目标市场的相关群体的口碑效应为代表的"口头传播"。这些媒体具有双向沟通的互动功能，买卖双方可以及时了解对方的反应，做出调整和应对，特别是有利于旅游服务性产品促销的有效沟通。

非人员沟通渠道则是运用某种媒介物，如媒体、事件、气氛等非人员因素向受众传播特定信息的沟通方式，如企业发布的各种形式的广告、销售促进、公共关系等，可以快速传播信息、扩大受众市场覆盖面，但信息反馈效果差。随着科技的进步，信息传播媒体得到迅速发展。网络的出现不仅继承了传统印刷媒体（如报纸、杂志）和电子媒体（广播、电视）的优点，又弥补了它们因单向告知特点所带来的不足，成为旅游促销的重要载体。以数字技术、网络技术、移动通信技术为基础的网络新媒体（互联网、数字电视、移动电视和手机、社区媒体等），向用户提供了集成信息和娱乐服务的新的传播形式。每种媒体的传播功能各有利弊，旅游企业应该根据自身的促销目标、企业产品特点及目标受众媒介接触习惯特征等因素，选择相应的媒体，如表 10-1 所示。

表 10-1　酒店促销媒体的优、缺点比较

媒体	特点	优点	缺点
印刷类	以文字、图案与纸张的空间来容纳和表现信息，如旅游报刊、旅游杂志、旅游指南、明信片、旅游宣传册等	时效性强、容量大；选择性强、可信度高；成本低、易普及；覆盖率高、针对性强	表现力差；不易引起注意；传播范围有限
电子类	以声音、影像及其情节设计来表现和传递信息，如广播、电视、电影等	时效性强、接触率高；传播范围广、速度快；表现力较强	费用高、时间短；不能传达详细信息；听众分散、选择性差；较短生命周期
网络类	基于互联网技术传播信息的过程和方法，如电子邮箱、论坛、QQ、博客、搜索引擎、微博、微信、视频、社交空间等	互动性强、吸引力大；信息量大、速度快；传播快捷、选择性强；表现力强、互动性强	可信度待加强；维护技术要求高

（六）评价促销效果

衡量和评价促销效果的目的在于取得反馈信息，据此制定下一步的信息沟通方案，并管理和协调促销沟通过程。促销效果是指受众对信息传播之后产生直接和间接的反应。它可分为两类：一是传播效果，即对目标受众心理的影响，如是否认识和识别了所发信息内容、品牌，是否由此产生购买意向，是否形成对企业或产品有利的态度；二是销售效果，即沟通活动促进商品销售在销售量、利润、市场份额等方面的变化情况。酒店根据评估结果，应该及时完善和调整促销组合，保证营销组合的整体效应。

二、影响促销组合决策的主要因素

影响酒店促销组合决策的因素包括企业目标、产品和服务、目标市场、营销道德与社会责任以及其他影响因素。

（一）企业目标

来自企业方面的影响因素包括酒店促销目标及促销组合方式。一方面，企业在不同时期、不同市场条件下有不同的促销目标，促销组合也会有所差异。例如，如果某酒店在某一特定市场的促销目标是迅速增加销售量，扩大市场份额，则促销组合应注重广告和销售促进，强调短期效益；如果促销目标是树立企业形象，提高酒店的知名度和信誉度，则促销组合应注重公共宣传、节事活动及赞助营销等方式，以长期效益为重。另一方面，企业采取推动策略或拉引策略，将直接影响促销组合的各个手段的选择和运用侧重。因此，很多新产品上市时，如果中间商过高估计市场风险而经销意愿不强，企业可以采用拉引策略带动中间商的购买趋向。反之，在中间商与企业有较高合作意愿的情况下，则应采取推动策略，以人员推销为主要方式的促销模式，可以降低市场风险，缩短销售周期。

（二）产品和服务

酒店提供各种产品和服务以满足不同类型的目标市场需求，其促销策略各有不同。例如，酒店针对观光度假、商务散客及会议团体旅游市场所做的促销活动各有不同，前者多采用广告和营业推广等方式，而在人员推销方面投入较少；而后者则相反，在人员推销、公共关系及酒店形象宣传方面投入较多，其中人员推销更多地用于价格和风险较高的产品。

促销策略因产品生命周期所处阶段的不同而有所变化。在引入期，促销的重点是提高产品的知名度，采用以广告为主的组合方式进行促销；在成长期，广告仍是重要的促销形式，同时还要配合人员推销和公共宣传；在成熟期，综合运用营业推广、说服性广告及其他营销手段等，促进现实购买；在衰退期，多采用提醒式促销方式，尽量延长产品生命周期。

（三）目标市场

目标受众对企业促销信息的差异性反应主要受其人口特征、社会背景、知识层次、心理特征以及生活方式等因素的影响。一方面，面对地域范围广的目标受众，采用以广告为主的促销方式；针对规模有限的本地市场，则以人员推销为主。另一方面，针对消费者购买意愿形成的不同阶段，促销工具的选择及使用效果都是不同的。在消费者认知和熟悉阶段，广告与公共关系都扮演着重要角色；在消费者喜爱、偏好和信赖阶段，以广告相辅助的人员推销效果更加显著；在消费者决定购买阶段，人员推销和营业推广将发挥重要作用。

（四）营销道德与社会责任

此外，面对激烈的市场竞争，酒店促销活动在吸引顾客、获得更多利润的同时，必须关注营销道德的问题。一些企业为了追求利润最大化，甚至不惜牺牲社会公众的利益，触犯法律，使用价格欺诈、虚假广告、强行推销等不道德的促销手段，严重影响了企业信誉和形象。政府、社会公众、行业组织等外部因素构成了酒店营销道德的他律力量，酒店促销活动应树立社会营销观念，遵循相关法律规则，遵守道德规范，加强企业内部文化建设和道德建设，认真履行企业的社会责任。

（五）其他影响因素

酒店促销组合决策还应考虑政治、经济、法律和技术等方面的因素。例如，在通货膨胀时期，顾客对价格十分敏感，酒店可加大销售促进力度，委派销售人员及时提供信息咨询服务，帮助顾客明智地挑选物有所值的产品；在网络技术快速发展的今天，酒店应充分利用网络媒介的资源和优势，运用数字化交互模式，实现酒店与市场的有效沟通。

【阅读链接 10-6】　　　　营销传播通往元宇宙的路径

第三节　酒店广告

广告是酒店促销组合中主要的手段之一。尽管酒店服务的特殊性导致其对广告的应用效果有一定的局限性，但是广告的优势与功能是其他促销手段无法替代的，因此，酒店只有了解广告的特点与方法，进行科学决策，才能有效传递品牌诉求和顾客价值。

一、酒店广告的概念、特点与类型

（一）酒店广告的概念与特点

"广告"一词的英文"advertising"源自拉丁文"advertere"，原意是："唤起大众对某种事物的注意"。美国市场营销协会对广告的定义是："广告是广告发起者以公开付费的做法，以非人员形式，对产品、劳务或某项行动的意见和想法的介绍。"换言之，广告是组织或个人以付费的形式，借助各种媒体工具有意识地影响目标人群的观念和行为，从而达到营销目的的非人员促销方式。广告具有大众化、告知性、艺术性、非人员传播和有偿性等特点，在企业促销活动中的应用最为广泛，主要用于影响和塑造目标受众观念和行为，树立产品或企业形象，获取经济效益。广告不仅包括以盈利为主的商业性广告，还包括各类社会组织、慈善机构、专业团体和政府部门等非营利性公益广告。

从广告的特点看，它更适合于具有标准化特点的有形商品的促销，可以利用短时段、高重复频率等特点突出产品特点，强化受众记忆，是促销组合中最重要的因素。而在服务特点突出的酒店产品促销活动中，广告存在很多局限性。如何在形象地表现酒店产品的同时，突出酒店产品中隐含的无形服务的价值，展现特色文化和形象内涵，诱发受众需求并促进其最终采取行动，发挥广告在酒店促销中的作用等问题是关注的焦点。

酒店广告是经营者为了达到促使消费者产生购买行为，而借助大众传媒，通过付费的方式向消费者传播酒店产品与服务信息的商业宣传活动。酒店广告不仅是传媒中付费的版面和时间，也包括酒店标志、手册、宣传册和传单、一系列印有酒店名称的商品、赠品及物品，如毛巾、亚麻制品、陶瓷和玻璃器皿，甚至服务人员的工装等。任何能将酒店名称或有关酒店信息传递给大众的方式都可称为酒店广告。

酒店产品的服务性特点使影响顾客购买行为的因素更为复杂，如评价和选择酒店的标准多元、需求价格弹性高、情感因素影响更强、相关群体口碑影响更大等。因此，酒店广告除一般广告的基本特点之外，还有其特殊性，主要表现如下。

（1）信息主体的多元化。酒店作为旅游目的地供给的重要组成部分，其产品的服务性和综合性特征决定了酒店广告主体的多元化，更好地体现整合营销效果。在旅游开发产业链中，酒店广告的主体应包括旅游目的地政府机构、酒店企业以及服务人员等。因此，酒店广告除了包括酒店形象宣传、单项产品广告、酒店活动宣传、季节营业推广等，还包括与目的地政府的联合促销广告等。在不同传播主体的酒店广告中，传播对象也有所差异。政府旅游广告基本以目的地形象宣传为主，其促销对象包括旅游开发公司、旅行社，还有可能成为游客的普通社会大众；酒店企业广告的传播对象包括旅行社、组织机构、现实与潜在的游客；酒店从业者促销的对象则是顾客。

（2）信息传播的互动性。旅游活动的异地性和跨文化性所带来的陌生感和不安全感会增强旅游者对目的地信息、旅游企业以及相关群体信息交流的需求，而广告可以通过改变顾客对酒店服务接触的感知、体验或回忆潜移默化地影响顾客。酒店广告应克服一般广告单向告知的局限，加强信息诉求点的情感与理性统一的设计原则，提供高互动性的网络交流平台，运用服务氛围因素进行体验场景设计，向顾客传递关于特色、优势和效益的各种信息，加深产品认知和记忆，从而做出正确判断，满足顾客体验需求。

（3）信息诉求的立体化。酒店产品的综合性特点，其内容既包括硬件条件及环境，也包括接待设施为载体的无形服务，同时涉及旅游地相关机构、企业和服务人员等影响因素。因此，酒店必须多渠道、多途径地向旅游者提供完整、立体化的产品信息，既包括旅游地文化、环境、景区、餐饮住宿、购物服务等直接产品信息，也包括帮助旅游者提高消费预期的旅游常识、文化特色、审美鉴赏以及辅助性服务的间接信息，引导旅游者消费愿望和行为，从而更有效地推广酒店产品和形象。

（4）信息内容的个性化。酒店消费是一种体验型消费，由于受到游客、服务人员以及目的地公众之间的互动关系的影响，顾客体验受情感因素的影响较大。酒店消费行为与体验的个性化决定了酒店广告的诉求具有较强的个性化。酒店广告不能只注重"利益、形象"，更要体现"个性"。酒店必须针对不同的目标受众采取不同的广告策略，充分展现酒店特色，更好地吸引顾客。伴随新媒体技术的广泛应用，基于市场细分的酒店广告信息的个性化和针对性更加鲜明，广告制作与发布也将更趋向"个性定制"。

【阅读链接10-7】　　　　　　　　微电影广告

在实践中，酒店营销者必须把广告和其他各种促销方式结合起来，才能达到宣传促销的理想效果。公共关系、人员推销以及网络促销等手段的应用将在有效的客户信息管理和定位沟通方面强化广告的有效性。

在互联网迅速发展的今天，酒店应该结合广告的特点，运用先进媒体技术，不断创新广告的沟通模式，发挥广告在酒店促销中的重要作用。

（二）酒店广告的主要类型

从不同角度可以将酒店广告划分为以下类型。

1. 按照内容，酒店广告可以分为产品型广告和组织型广告①

产品型广告也称销售性广告，是指酒店针对最终用户或渠道成员推销产品或服务，以求促进销售的广告类型。

组织型广告也称概念性广告，是指酒店或目的地组织为提高酒店的形象、声誉或推广其理念，而不是推销特定产品的广告类型。在旅游业中，组织型广告的使用范围更加广泛，其目标是提高商誉或改进组织同利益群体的关系，这些群体不仅是指顾客，也包括现有和潜在的渠道成员、供应商、股东、雇员以及一般公众。

2. 按照促销目标，酒店广告可以分为告知性广告、劝说性广告和提醒性广告

告知性广告是指向目标受众传达新产品信息，建立初始需求，以此传播品牌观念的广告类型。这类广告一般被使用在产品生命周期的早期阶段，引导潜在顾客的消费愿望和预期观念的形成，促使其向现实市场转化。

劝说性广告，也被称为竞争性广告，是为特定产品品牌建立选择性的需求，以抵御竞争者的同类产品的市场争夺。比较性广告属于该种类型，是针对竞争对手，对产品的特性加以比较，突出本企业产品优势的一种方式。比较性广告是国外众多针锋相对的竞争对手青睐的广告策略之一，但是在我国，企业必须符合《中华人民共和国广告法》的相关规定，在不贬低其他生产经营者的商品或者服务的前提下合理使用。

提醒性广告是将产品名称持续地展现给公众，促使目标受众产生重复购买的意向。当产品已经赢得了品牌偏好或品牌持久性时，这种广告可能在市场成熟期和衰退期有着更明显的作用。例如，假日饭店的品牌知名度已经很高，主要依赖提醒性广告，利用诸如航空类报纸、旅游专业杂志等媒体持续宣传酒店，提出"我们一直在努力为您做好每一件事"的口号，在目标受众中形成很高的品牌认同。

除此之外，酒店广告还包括教育广告和宣传广告。教育广告是向一个特定的细分市场宣传酒店的优势或某项产品，或提供特定服务项目的观念引导和消费指引，具有一定的公益效应。例如，鼓励顾客减少客房六小件使用的环境保护类广告宣传等。宣传广告是以塑造和提升酒店形象和格调为出发点，对其经营理念和企业文化宣传广告方式。

随着网络技术的发展，广告模式得到不断创新，许多酒店采取垂直型协作广告、合作性广告以及联合促销等方式，对旅游地、企业和产品进行整合营销传播，以此赢得更广泛的市场。

二、酒店广告决策

如何有效发挥酒店广告的作用，取决于酒店对广告科学决策及有效管理的过程。酒店广告的决策就是在营销战略目标的基础上，确定广告目标，做出广告预算决策、广告信息决策、广告媒体决策，最后对广告效果测定的动态管理过程，如图10-4所示。

---

① PERREAULT W D, MCCARTHY E J. 营销精要[M]. 张红霞, 译. 北京：北京大学出版社，2004.

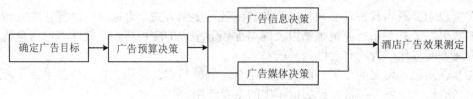

图 10-4 酒店广告决策过程

（一）确定广告目标

广告目标是指在一个特定时期对特定观众所要完成的特定的传播任务。广告目标必须与企业整体战略目标、目标市场、营销组合策略以及竞争形势相统一，市场定位和组合策略决定了广告在整个营销计划中的地位和作用。

结合酒店广告的特点，酒店必须在明确目标受众的基础上，确定广告的促销目标。酒店广告目标应该包括两个层次：一是传播目标，即前述的教育性和宣传性广告，是面向公众和潜在市场的概念性广告的传播效果，注重吸引和引导受众持续关注某酒店产品，传达有关产品的品牌观念和树立市场形象，以此衡量广告在创意、制作等方面的市场认知度。二是销售目标，即直接面向目标消费者和中间商以增加销售为目的，衡量广告的经济效果，包括目标市场覆盖率、广告到达率、销售额、利润、重复购买率以及市场成长性等指标。在企业实践中，以上两种目标应该综合运用，既要关注短期的销售目标，也要重视广告的传播目标，实现市场的稳定和长期发展。

（二）广告预算决策

广告的高额成本是酒店使用广告促销方式所面临的一个难题。如何有效控制广告成本，实施科学的预算管理，直接影响酒店促销效果的好坏。广告预算决策主要是要权衡广告费用的投入量与由此而带来的广告效益。对于需要进行普通的形象宣传或者逐渐创立品牌的促销目标来说，选择投入长期广告，即概念性广告；而对于针对酒店季节或竞争对手而增加销售的促销目标来说，则选择短期广告，即销售性广告。销售性广告是实现企业促销目标，获得收益的重要手段。无论哪种类型，酒店都要结合自身的具体情况，综合运用长期和短期广告，从广告载体、手段及信息等方面确定广告投入。

（三）广告信息决策

广告信息设计是影响酒店促销活动成败的关键环节。广告信息决策即信息的编码过程，是企业按照目标受众的需要、社会背景和文化程度等因素，构思、设计并发送他们能够理解和接受的产品和服务的广告信息。在信息爆炸的时代，企业要想争取和保持消费者的注意力，广告信息的设计必须具有独创性、艺术性和吸引力，这样才能迅速得到目标受众的注意力。

成功的广告信息应该是诉求和形式两个方面的有机结合，要体现广告的创意性。

（1）信息的诉求策略。广告的诉求，也称为主题、创意、独特的销售主张等，是说服受众对广告主的观念或思想做出有利反应的一种手段。酒店在确定广告诉求时，必须结合情感号召与理性介绍，一方面考虑顾客需求是什么，通过互动、情感性信息的编辑来设计广告内容；另一方面，向顾客提供理性的立体化信息，消除购买的疑虑和担忧，应对突发问题，找到产品和服务与顾客之间的感情契合点。当诉求与顾客心智产生共鸣时，顾客才能有积极的反应。

信息诉求包括理性诉求和情感诉求两种。理性诉求是从顾客需求出发，强调产品或服务的特性，拥有或使用该产品所能带给消费者的利益。理性诉求立足于顾客的切身利益，在旅游者出行决策的过程中起着不可替代的作用,尤其是购买阶段。情感诉求是通过直接作用于目标受众的情绪、情感等,形成或改变旅游者的品牌态度。这类广告不会直接宣传产品或服务带来的好处,而是渲染一种气氛,表现某种情感,从而引起受众共鸣。

【阅读链接 10-8】　　　　　香格里拉——天性学说

（2）信息形式策略。信息内容是广告诉求要"说什么",而信息形式则侧重于"怎么说",也就是信息的结构和表现形式。广告的最终目的是通过某种方式赢得目标市场的注意和兴趣。因此,酒店或广告代理商必须结合所利用的信息媒体特点,寻找一种有效的信息表达方式,完成促销目标。广告设计就是创作广告情境和画面来表现广告主题思想、勾画广告意境、展现广告文案的过程。酒店广告信息侧重利用生活片段、生活方式、虚拟幻境、环境与氛围、专家名人效应以及多感官刺激等表达方式。此外,酒店广告文案作为广告设计中举足轻重的组成部分,其结构主要包括标题、标语、正文和附文四个部分。其中,广告语作为对酒店产品和服务价值的简洁凝练、生动形象的信息设计,在促销中发挥着重要的作用。

（四）广告媒体决策

无论是多么富有创意的广告信息,都必须有效地传递给目标受众,才可能实现广告目标。广告信息的传递者——广告媒体,是广告宣传目的和结果之间的重要桥梁,也称为"广告载体"。酒店广告媒体决策是指通过具体分析评价各类媒体的特点及局限性,找出合适的广告目标和目标受众要求的媒体,是提高广告传播效果的物质技术保证。

酒店广告媒体有三类,分别是印刷类、电子类和网络类,主要包括印刷传播媒体、电子传播媒体、邮政媒体、户外传播媒体、销售现场传播媒体、实物传播媒体等。每种广告媒介在提高酒店知名度、推销酒店产品和服务、开拓新的市场等方面都能起到一定作用,但各有其优点和局限性。酒店必须了解各媒体在触及面、频率和影响等方面所具备的能力,选择广告媒体的类型,评估并选择具体媒体,进行科学的决策。酒店广告媒体决策主要包括明确媒体选择目标、选择酒店广告媒体等。

1. 明确媒体选择目标

酒店在明确广告目标的基础上,确定广告涉及范围、频率和效果,以此作为媒体选择的重要依据。酒店选择媒体时,为达到广告目标,必须决定广告应覆盖多广的面、出现频率多高,并确定所需媒体的影响效果。覆盖面越广,频率越高,影响越大,则广告投入也越高。

2. 选择酒店广告媒体

广告媒体的选择是由目标受众的媒体视听习惯、酒店产品的特殊性、广告媒体的性质和传播效果、广告媒体的成本水平等因素所决定的。

（1）目标受众的媒体视听习惯。受众的职业、年龄、文化程度、生活方式、收入水平、宗教信仰等都存在一定的差异,其接触媒体的习惯也不一样。因此,选择媒体时必须要充分了解和分析目标受众的习惯和知识阅历等因素，有的放矢。例如，高端商务旅游者、普通退休观光旅游者对广告媒体的偏好差异很大。

（2）酒店产品的特殊性。企业必须结合酒店产品的特点、功能要求，适当选择广告媒体。例如，旅游团队项目的广告媒体适合采用专业杂志，而散客项目则适合报纸、电视和社交媒体等；酒店形象宣传适合选择户外广告、机场广告以及专业杂志广告等，而旅游景观则选择杂志彩页、电视和短视频等形式做广告。

（3）广告媒体的性质和传播效果。酒店产品具有时效强、受众分散以及体验性等特点，酒店广告则比较适合采用报纸、杂志、电视、户外广告、直邮广告、社交媒体、短视频以及网络广告等方式进行信息传播。

（4）广告媒体的成本水平。媒体成本构成广告成本的大部分，是广告媒体选择的重要因素。广告媒体成本费用是按照受众的数量而设定的。酒店应结合广告预算情况，选择适合目标受众、成本较低、覆盖率高的广告媒体，以求最佳广告效益。因此，酒店选择媒体可采取集中式和分散式。集中式投放是指企业广告预算较少，则将全部媒体费用集中投放到一种或较少几种媒体的组合上，这样可以使广告信息集中对特定受众产生显著影响。而分散式则适合预算充盈的企业，采用多种媒体组合来接触目标受众，可以实现分众传播的效果，有利于企业差异化经营，提高信息的覆盖率和到达率。在考虑媒体成本时，不但要考虑受众数量因素，还要考虑媒体受众的总体消费水平及购买力情况，以取得较好的广告经济效益。

（五）酒店广告效果测定

广告效果是广告受众对广告的反应。广告效果的测定是运用科学的方法从沟通效果和销售效果两个方面来鉴定所做广告的效益。沟通效果是测定广告是否将信息有效地传递给目标受众，即广告的心理和社会效益；销售效果的测定是评价广告使酒店营业额增长了多少，即广告的经济效益。但是，从营销学理论看，营销实效的达成与众多影响因素关系密切，如产品、价格、渠道、政策、人力、推广以及新旧媒体功能差异、宏观环境因素等，而广告只是众多推广手段之一，并不是品牌能否达成营销目标的唯一要素。

三、酒店广告媒体的发展趋势

随着市场环境的改变，酒店广告媒体的选择也呈现多样化、整合化和网络化的趋势。

1. 电视媒体模式的创新

作为大众媒体的电视在传统消费品的宣传活动中是最有效的传播方式。但是，由于旅游服务的特殊性和旅游者媒体偏好，电视不能满足目标受众对立体化信息的要求，也不能保证在高成本、短时间的时段对旅游产品和服务进行详细介绍，因此，电视媒体在酒店广告宣传中并不占据主导地位。面对电视媒体的旅游市场份额逐年减少的状况，酒店企业应如何整合电视媒体资源、提升沟通效果，成为关注的焦点。

植入式广告是电视媒体创新模式之一，是指将酒店产品或品牌及其代表性视觉符号甚至服务内容策略性融入电影、电视剧或电视节目，通过场景的再现，让观众留下对产品及品牌的印象，达到营销的目的。植入式广告注重建立电视台与酒店广告主之间的深度合作关系，强调广告与节目的融合，节目的个性及在观众中的影响力可以直接投射到企业品牌身上，而且广告的收视率完全等同于节目的收视率，并更容易实现与消费者的深度沟通，可以减少甚至消除观众对广告的心理抵触。

2. 社会媒体的关注度明显

社会媒体是一种给予用户极大参与空间的新型在线媒体，是博客、微博、微信、论坛、社交类网站（SNS）、内容社区、BBS 等依托 Web 2.0 的网络沟通平台和工具而构建的在线平台。过去十年间，社交媒体改变了人们沟通和联系的方式，传统旅游模式也深受影响。调查数据显示，36.5%的受访者会通过社交媒体获取旅行灵感和想法；60%的旅客在旅行途中会在社交媒体上分享照片。一项关于旅游市场战略的研究报告（2011）显示：旅游企业会将更多预算投放于社会媒体，其营销预算首次超过邮件营销。当前，社会媒体用户群增长迅速。艾瑞机构 2020 年相关报告显示，我国社交网络广告市场规模达到 7666 亿元，同比增长 18.6%。当前，社会媒体用户群增长迅速，特别是名人代言或评论的市场效应十分明显，酒店只有在深入了解社会媒体对于广告效果的影响后，才能更好地运用这个新兴的平台与消费者互动。例如，如何有效运用社会媒体渠道提高用户忠诚度、获得更多商业线索并高效推动电子商务拓展等。

3. 媒体的整合效应提升

旅游业是相互依附性很强的产业，酒店的生存和发展离不开各行各业的帮助和支持，因此加强与外部合作，开展"联合促销"尤为重要。联合促销是指企业内部或企业间多产品或多品牌进行促销资源的整合，以实现销售增长、利润增长或其他互利目标。[①]目前，旅游广告媒体的整合包括媒体间的整合和产业链间的一体化整合。前者表现为强势媒体强强联合，弱势媒体也纷纷加入联盟或合作组织以求获得竞争优势和规模效益，如我国西南五省（四川、贵州、重庆、云南、广西）卫视合力打造西南媒体平台——"合力联盟"，通过规模效应提升媒体价值。后者则通过向上下游整合，实现产业升级，如迪士尼携谷歌进军我国移动户外广告市场，欲花 1 亿美元收购我国公交广告传媒公司巴士在线，成就另一个"分众传媒"[②]。另外，跨界超媒体的发展，即有线电视网、互联网、电信网的"三网"融合，将带来一场新的媒体革命，为实现跨媒体平台线上线下的整合营销沟通奠定重要基础。

【阅读链接 10-9】　　　　信息流广告的发展

第四节　酒店营业推广

在促销组合中，营业推广是销售导向性短期促销手段，对促进买卖双方达成现实交易有明显作用。酒店应该结合自身产品的特点，正确使用营业推广手段，实现预期销售目标。

[①] VARADARAJAN R P. Cooperative sales promotion: An idea whose time has come[J]. Journal of Consumer Marketing, 1986, 3(1): 15-33.
[②] 迪士尼进军移动广告市场　1 亿美元欲购巴士在线[N]. 北京商报，2010-02-27.

一、营业推广概述

（一）营业推广的概念和特点

营业推广（sales promotion），也称为销售促进，是指企业运用各种短期诱因以鼓励消费者和中间商购买和销售产品的促销活动。美国市场营销协会给营业推广的定义是"除广告、人员推销及宣传报道以外的所有促销活动，用以增进消费者购买和交易效益的诱导手段，如赠奖、商业购物券、折扣、送样、比赛、游戏、展示、表演等动员和鼓励消费者购买货物或劳务的一切企业活动"。它与其他促销手段不同，广告、公关、人员推销等手段具有常规性、连续性和周期性特点，而营业推广则是临时的、短暂的、非周期的奖励性促销方法，并且强调其对象不只局限于消费者，还延伸至分销网络和销售队伍。

酒店产品的易损性特点意味着企业营销者必须跟踪市场，进行需求管理，以应对市场的波动。营业推广的方法特别适合短期的需求调节，因而是大多数旅游产品营销的重要手段。酒店营业推广的特点主要表现在以下几个方面。

（1）销售导向。如果说广告、公关从战略角度创造了企业及产品的形象感知，那么营业推广则从战术上，以销售为导向的优惠价格为主，将顾客感知与态度转化为实际的购买，实现短期内销售量最大。因此，在酒店促销组合中，营业推广与其他促销手段必须协调运用，才能发挥组合各种手段的互补优势。

（2）非常规性。营业推广是一种短期的、临时的促销活动，其着眼点在于解决更为具体的、特殊的促销问题。

（3）针对性强。酒店营业推广根据特定目标顾客的心理和营销环境，采取针对性很强的促销方法，向消费者提供特殊的购买机会，因而具有强烈的吸引力和诱惑力，可立即促成购买行为，收到立竿见影的效果。

（4）可测量性。由于营业推广是针对特定时期、特定的目标市场所采取的各种短期性促销方式，预期目标和预算投入明确，因此，营业推广的活动效果易于测量和评估，便于企业跟踪管理。而其他促销方式，如广告、公共关系有效性的测量则相对困难。

营业推广可以帮助顾客在短期内对品牌或产品形成好感和偏爱，激发顾客的购买欲望，从而提高销售量。尽管营业推广有其他促销手段不可替代的功效，但该方法多属于价格竞争手段，过度使用则导致恶性价格竞争，降低忠诚顾客的价值预期，从而影响企业形象和信誉。因此，酒店应该正确选择营业推广手段的应用时机和条件，与企业促销目标相匹配，才能有效发挥其作用。一般来说，酒店营业推广的使用条件包括：新产品和服务的推广，非高峰期销量的提高，重大事件、节假日促销，销售代表和中介的各种激励，等等。

（二）酒店营业推广的类型

一般来说，酒店营业推广的促销对象主要包括旅游者、旅游中间商和销售人员等。

1. 针对旅游者的营业推广

以旅游者为促销对象的营业推广是通过提供特殊的奖励或诱惑，促使其在特定时间购买特定产品的促销活动，包括吸引新顾客、奖励忠诚顾客以及促进额外购买等。其主要方式有：① 赠送，即通过报纸、直邮、杂志或销售点向特定旅游者发放免费赠券，如酒店免费早餐券、新品试用券以及航空公司的常客计划等。② 优惠券，即针对特定顾客群体，如常客、VIP 等，对某些产品或服务以优惠价格进行促销的方式。③ 奖励，即鼓励顾客的重复购买或额外购买的促销方式，如各种摸奖、抽奖也属于此类。④ 现场演示，即销售点的示范表演可以提高顾客的感性认知和体验愿望，有效提高深度购买和额外购买的销售效果。

2. 针对旅游中间商的营业推广

这种营业推广也被称为贸易促销，通过对中间商提供优惠和鼓励政策来增加销售量，扩大与顾客之间的沟通渠道。其主要方式可以采用：① 对中间商的折让。旅游产品生产者通常给予中间商价格上的优惠，某些优惠政策甚至已成为行业惯例。例如，酒店通常给予有业务往来的旅行社以一定比例的价格折扣，对 20 人以上的旅行团免收 2 人房费。② 给予推广津贴。旅游零售商在为某条新线路赢得一批顾客后，在佣金之外还能得到一定比例的补贴，激励中间商更好地推广新产品。③ 开展销售竞赛。根据中间商实绩，给优胜者以不同的奖励，如现金、实物奖和免费旅游度假等。④ 工商联营。酒店分担一定的市场营销费用，如广告费用、摊位费用，建立稳定的购销关系。⑤ 举办贸易展览会、交易会或博览会、业务会议等，开展旅游促销。

3. 针对销售人员的营业推广

这种营业推广主要是针对酒店内部的销售人员，鼓励他们积极推销产品或处理某些老产品，或促使他们积极开拓新市场。一般可采用的方法有销售竞赛、免费提供人员培训、技术指导、销售集会等形式。

酒店在使用以上营业推广手段时，应注意各种方法的适用条件，不能无选择地过于注重短期效益，忽视顾客对企业的信任和忠诚，而应根据企业经营环境的现状，适当使用和调整推广方案，使其给企业带来有效的市场增长态势。

【阅读链接 10-10】　　　　特殊时期希尔顿酒店促销效果显著

二、酒店营业推广的策划程序

1. 确定营业推广目标和主题

首先，企业必须明确营业推广的目标受众，才能有针对性地制定具体的推广方案；其次，根据特定顾客确定具体推广目标，如推广新产品和服务、扩大短期销量、提高忠诚度等；最后，设计营业推广的主题，体现准确、新颖、创意的特点，有效提升内部员工的工作士气，促成顾客购买行为。

2. 选择营业推广工具

根据不同的目标受众和推广目标，综合分析选择推广工具。酒店常用的营业推广工具包括价格折扣（包价促销）、免费赠送、积分奖励、赠券、竞赛与抽奖等，此外还有联合促销、会员制促销及顾客忠诚计划等。

3. 设计营业推广方案

该环节的主要工作是制订推广计划和预算。设计内容包括阶段性目标、促销组织手段的协调与配合以及推广时机和期限、预算及执行时间表等。

4. 评定营业推广效果

营业推广的结果是即刻和短期的，因此，企业紧密跟踪、及时调整更加重要。评估方法主要是通过对促销前后的销售情况进行对比，结合市场份额的变化，分析促销的效果，也可以通过顾客购买认知和行为的改变了解推广活动的影响效果。

第五节 酒店公共关系

公共关系作为企业"内求团结、外求发展"的重要促销工具，为酒店树立品牌形象，创造有利于企业生存发展的社会环境发挥了极大的促进作用。公共关系与广告都属于大众宣传类促销，但其也有自身的特殊性和应用价值。因此，酒店必须在了解酒店公共关系基本内涵的基础上，有效发挥公共关系在酒店促销中的作用。

一、酒店公共关系的概念、特点与作用

1. 酒店公共关系的概念与特点

公共关系一词来源于英文"public relation"，其定义有很多，主要的核心思想是组织机构与公众环境之间的沟通与传播关系，即组织运用有效的传播手段，使自身适应公众的需要，并使公众适应组织发展需要的一种思想、政策、产品和管理职能。

旅游业具有极强的综合性特征，在旅游组织经营活动中要与各种各样的团体和个人接触与交流，需要全社会各方面的配合和良好的合作关系做支撑。同时，酒店产品的无形服务特征使市场的"口碑传播"效应更为重要，其销售更易受广告和公共宣传的影响；使酒店员工的综合素质和服务能力更为重要，其服务效果易受酒店内部关系和企业文化的影响。因此，酒店面对内部、外部公众，建立和维护社会公众关系，树立良好的形象，是实现促销目标的重要保证。

酒店公共关系是酒店利用传播手段，发展企业与社会、公众之间的良好关系，建立、维护、改善企业形象，营造有利于企业发展的管理活动。这个定义反映了公共关系是一种传播活动，也是一种管理职能。

酒店公共关系的特点主要表现在以下四个方面。

（1）主体的全员性。酒店公共关系活动不仅是公共关系部门的工作，还有赖于酒店各个部门、各个阶层和全体员工的整体协作与配合。酒店员工作为公共关系的内部公众和酒店对外公共关系的主体，对其公共关系意识的灌输和培养尤为重要。

（2）对象的复杂性。酒店公共关系对象不仅包括与酒店息息相关的内部公众，如员工、股东，还包括外部公众，如顾客、媒体、供应商、经销商、交通部门、政府、社区、竞争对手等。酒店公共关系活动针对这些广泛而复杂的公众关系进行协调和管理，以实现宣传目标。

（3）传播的人际性。酒店是情感密集型行业，广泛的社会关系网络需要人际交往的建立和维护，其作用不可忽视。酒店公共关系专题活动多以人际传播手段为主，酒店举办的各种招待会、座谈会、冷餐会、茶话会等都有很强的人际沟通的特色。酒店公共关系还涉及顾客投诉和客户管理，要求相关人员具有良好的人际沟通能力，给予客人满意答复，维护酒店的良好形象。

（4）目的的营利性。酒店公共关系活动也是营销战略的组成部分，其根本目的是通过酒店形象的塑造来增加酒店的利润，实现酒店的经营目标。

2. 酒店公共关系活动的作用

酒店公共关系活动的目的就是为酒店组织营造一种良好的、有序的、协调的社会公众关系，为酒店增强营销实效、提高服务水平、增强社会整体效益和持续发展提供保证。酒

店公共关系活动的作用主要表现如下。

（1）形象维护。公共关系在酒店营销活动中的作用具有两面性，即正面推动作用和反面抵制作用。前者的主要表现是为企业保持积极的正面公众形象，即塑造旅游地、企业及其产品的公众形象，提高企业的知名度和美誉度等促销活动；而后者则是面对不利信息的负面影响时，则表现为反向抵制的应变抵御作用，以此扭转危机局面，维护企业形象。

（2）整体协调。酒店公共关系作为促销组合的要素之一，发挥着重要的整体协调作用。有效的社会公众关系可以提高顾客的信任度和依赖度，使顾客更容易接受企业的促销信息，这样就为广告、销售促进、交易展示以及人员促销等奠定了重要的基础。另外，公共关系作为一种特殊的促销手段，通过向全体员工灌输组织共同的价值观念、追求目标和利益宗旨，在增强员工的归属感、自豪感、凝聚力方面同样发挥着重要的作用。

（3）化解危机。当酒店发生危机事件时，利用公共关系的技巧和方法可以转危为安，变危机为酒店发展的机会，将损失降到最低程度，重新挽回酒店形象。

二、酒店公共关系活动的原则与过程

酒店公共关系活动必须与企业其他营销策略相结合，主要涉及评估社会公众的态度，确认与公众利益相符合的个人或组织的政策与程序，拟定并执行各种行动方案，以争取社会公众的理解与接受。

（一）酒店公共关系活动的原则

酒店公共关系活动必须坚持两个原则：以诚取信和利益协调。否则，企业在公共关系促销中所做的一切努力非但达不到预期效果，反而会使企业的经营状况陷入自己也无法控制的局面。

1. 以诚取信的原则

企业要在公众心目中树立良好的形象，关键在于真实和诚实，只有真诚才能获得公众信任的回报。酒店必须向公众宣传真实的信息，用事实说话，否则必然失去公众的信任。

2. 利益协调的原则

酒店的生存和发展不能离开社会公众的支持，因此，企业只有通过公共关系活动将公众利益与企业利益结合起来，坚持互惠互利的原则，才能使企业更长久地得益于公众。

（二）酒店公共关系活动的过程

酒店公共关系活动的过程可分为目标、策划、实施、评估四个阶段。

1. 确立公共关系活动目标

酒店在制定公共关系活动方案之前，必须理解本公司的使命、目标、战略和文化，了解自我期望的公众形象及实际公众形象、社会公众舆论、公共关系活动内外环境等状况，开展全面的市场调查。酒店在正确判断目前形势的基础上，应该确定公共关系活动的目标受众和宣传目标。一是公共关系活动必须识别被影响的公众群体，并选择适当媒体及公共关系主题，这对于公共关系活动的成功非常关键。二是公共关系活动是一种"柔性"促销形式，旨在提高一个组织的形象，其主要目标包括培育市场知名度、提高信誉、激励推销队伍及中间商、降低促销成本等。在目标的设定中，应注意目标的可测量性，以便于控制和评估。

2. 公共关系活动策划

酒店常用的公共关系活动工具包括出版物、活动、赞助、新闻、演讲、公共服务、内部公共关系、辨识媒体和互联网等。一般来说，酒店的公共关系活动由企业的公共关系部来完成，其主要工作包括两个方面的内容：一方面，公共关系部门人员通过各种沟通方式与企业内外公众——股东、雇员、相关机构及社区公众保持良好的关系；另一方面，利用公共关系手段为实现企业产品营销目标提供支持。酒店公共关系活动包括针对新闻媒体的公共关系活动和针对企业公众的公共关系活动。

（1）针对新闻媒体的公共关系活动。公共关系活动的主要任务就是构思和创意对企业及其产品有利的新闻。新闻宣传就是以非付费的、新闻特写的形式，发布所欲推广的信息，但是企业不能控制新闻的内容与发布时间。运用该种方法的载体包括新闻稿、特约文章、标题照片、记者招待会或新闻发布会、网络新闻传播（博客、微博、QQ、论坛）等。酒店必须重视新闻的宣传功能和宣传效果，通过新闻媒介向社会公众传播企业信息，不仅可以节约广告费用，而且由于新闻媒介的权威性和广泛性，这种活动比广告更为有效。

（2）针对企业公众的公共关系活动，主要包括以下几种形式。

① 针对顾客的公共关系活动。酒店的顾客包括现有顾客和潜在顾客。在个性化需求日益明显的市场条件下，顾客对酒店及其产品服务质量的认同、接受以及依附关系对成功营销起着决定性作用。酒店针对顾客的公共关系活动的主要渠道包括：通过公共关系广告介绍宣传企业，包括致意性广告、倡导性广告、解释性广告，树立企业形象；通过维系性公共关系活动保持长期稳定的客户关系，如定期赠送或邮购时事资讯、新闻报纸和公司杂志等方式，与顾客保持不间断的联系和沟通；通过防御性公共关系活动扭转和维护企业形象，减少企业的负面影响，如有效利用媒体、权威机构的信息发布等方式，帮助企业摆脱被动局面等；通过服务性公共关系活动加强目标顾客的购买意愿，提高其忠诚度，如酒店提供个性化、定制化产品和整体服务解决方案，以争取形成稳固的客户关系，取得顾客的信任和支持等。

② 针对企业内部公众的公共关系活动。在酒店服务性企业中，内部公共关系的协调在企业整体公共关系活动中起着至关重要的作用，但是许多企业的公共关系仍停留在媒体公共关系的层面上。酒店公共关系部门直属最高决策层，处于经营管理的中枢地位，是纵向传播和横向传播的综合。酒店各部门的营销活动，无论是策划还是实施阶段，都需要公共关系部门的参与和配合。同时公共关系是一种"内求团结，外求发展"的经营管理艺术。酒店在完善自身的基础上，用各种信息传播手段，通过有计划而持久的努力，协调和改善认识环境和氛围，创建良好的员工关系，谋求公众对酒店的理解、信任、好感和合作，在互利中共同发展。

③ 针对相关公众的公共关系活动。这是指与政府机构、社会团体以及供货商、经销商等建立公开的信息联系，争取他们的理解和支持，以提升企业及其产品的信誉和形象。例如，定期赠送企业产品或服务项目的介绍和说明、企业经营和财务状况资料等；通过宴会、座谈会、招待会、联欢会或电话沟通等社团交际或人际交往等沟通方式，建立和维护组织间的合作关系。

④ 针对一般公众的公共关系活动。酒店的一般公众主要是指与企业不发生直接关系的社会大众群体，包括目的地社区公众、间接相关组织和机构等。对酒店来说，来自一般公众的支持态度和社会舆论影响着酒店的市场认知和渗透程度，必须给予足够重视。针对一般公众的公共关系活动主要包括：一是专题型公共关系活动。通过举办各种专题活动，如各种庆祝活动、庆典活动、竞赛活动等，扩大企业的影响。二是社会活动型公共关系活动，是以组织的名义发起或参与社会性活动，在公益、慈善、环保、文化、体育、教育等社会活动中充当主角或热心参与者，协调企业与社会公众的关系，在支持社会事业的同时，扩大组织的整体影响。三是征询型公共关系活动，主要运用收集信息、社会调查、民意测

验、舆论分析等信息反馈手段，了解舆情民意，把握时势动态，监测组织环境，为决策提供咨询。

3. 实施公共关系活动计划

在确定目标、媒体及活动方式的基础上，酒店公共关系活动管理者必须慎重审查和认真实施公共关系活动计划，并在实施中及时调整和应变，保证公共关系活动的有效性。

4. 评估公共关系活动效果

公共关系活动评估就是根据特定的目标，对公共关系活动的计划、实施及效果进行检查、评价，以判断其优劣的过程。具体内容包括顾客和社区社会公众的态度、企业或产品知名度的变化、销售和利润情况的变化等。但是，由于酒店公共关系活动一般与其他促销活动同时进行，其效果评估应该尽量剔除其他促销活动效果的影响，保证其准确性。

三、酒店危机管理

危机是会对企业造成危害的一些主要的、不可预测的事件。公共关系危机是指影响组织生产经营活动的正常进行，对组织的生存、发展构成威胁，从而使组织形象遭受损失的某些突发事件，主要是指组织的声望危机。每个酒店都应该具备完善的危机管理机制，做到居安思危、未雨绸缪。

在公共关系管理中，处理危机的负面影响是必不可少的。危机公共关系专家游昌乔[①]提出了5S原则，分别是承担责任原则、真诚沟通原则、速度第一原则、系统运行原则和权威证实原则。可以看出，企业要取得危机公共关系的成功，必须做到积极主动、快速反应、实事求是、诚恳真诚、关注情感、系统运作。

酒店危机管理就是酒店为应对各种危机情境而规划决策、动态调整、化解/处理、开展员工培训的活动过程，目的在于消除或降低危机所带来的威胁和损失。酒店危机管理的目的表现为两个方面：一是"居安思危"。建立一套全方位的危机管理预案，可以帮助酒店在危机发生时非常迅速地做出有效应对和处理。二是"转危为机"。在问题发生后，酒店真诚、诚恳和积极配合的态度是做好危机处理工作的前提，这样才能重新赢得公众的认可，从而保护酒店形象不受损害，将不利事件的破坏力降至最低点。同时，酒店要利用各方力量建立渠道，力挽狂澜，使危机成为酒店进一步发展的转折点、新起点。

【阅读链接10-11】　　　　用心改进服务是最好的危机公关

四、酒店公共关系的创新发展

（一）全员公共关系意识

酒店的形象并非某一个人就能塑造的，公共关系活动也绝不是哪一个或哪几个公共关

[①] 游昌乔. 危机公关：中国危机公关典型案例回放及点评[M]. 北京：北京大学出版社，2006.

系管理人员就能全部完成的。公共关系活动的成功开展需要酒店各部门的配合，需要渗透到组织的每一项活动中，需要"全员公共关系"。"全员公共关系"要求酒店必须树立全体员工的公共关系意识，完善制度保障，加强企业文化建设，保证酒店公共关系活动的高效运作。

（二）危机管理常态化

环境的多变和不确定性使企业随时面临各种挑战，酒店必须要有较强的危机意识，以积极、健康、科学的心态面对危机。只有认识到危机管理的常态性，才能做到在非常状态下科学有效地管理危机。危机管理常态化要求酒店树立"居安思危"的意识，构建科学的预警机制，培育企业文化，建立高素质公共关系人才队伍，从而提高酒店的危机管理能力，塑造良好的组织形象，为持续发展奠定基础。

（三）公众互动精准化

公众是公共关系活动的客体，每一次公共关系活动都会有不同的各类公众参与，而这些公众的地位及其对酒店的影响也不同，因此酒店要定位主要公众，充分利用名流公众和媒体公众的效应，准确地影响主要公众和关键公众，如媒介公众、名流公众等，尤其是要影响他们的决策。

在新媒体时代，互动越来越成为促进和提高公共关系质量的关注重点。智能传播重构了传播主体、媒介和内容这三个要素的内涵和外延。传播主体由传统的专业化、精英化转变为智能传播时代的泛平民化，即更广泛的社会公众。泛平民化结构被精确和便捷的智能传播赋能后，将会在"共同兴趣爱好"这一内容基础上更高效地扩容，形成更大规模且稳固的圈内文化互动，会天然地拉近圈群内个体和组织的"关系"。

公共关系和传播形成相辅相成、紧密共生的关系：有效的传播能促进公共关系质量的提高，而良好的公共关系氛围又可反过来提高传播的有效性。酒店要优化传播平台和渠道，改进传播内容的叙事方法，运用人工智能技术、5G技术、VR/AR技术等，用心塑造传播主体以及培养专业人才，准确选择主要和关键公众对象，以提高公共关系的精准互动和传播效力，促进高质量新媒体公共关系的建设。

第六节 酒店人员促销

促销是企业与潜在顾客进行沟通的过程，人员促销通常是沟通的最佳途径。酒店服务的特殊性决定了人在旅游企业促销中的重要作用，即销售人员与顾客之间的接触、互动和沟通的效果，直接影响顾客的购买意向和行为。因此，酒店应该正确运用人员促销手段，充分发挥人员促销在促销组合中的主导作用，实现有效沟通。

一、人员促销的概念、特点与基本形式

以服务营销沟通三角形原理分析旅游服务沟通过程可以看出，酒店服务生产与消费的同时性决定了顾客是两类沟通方式的目标：一是来自企业对于顾客进行的外部沟通，主要采取非人员沟通方式，如广告、营业推广和公共关系等，其目的是树立形象和增强认知；二是来自员工与顾客之间的交互沟通，采用以人员促销为主的沟通方式，以此达成最终的购买意向和行为。在促销活动中，企业形象传播固然重要，但促销的最终目标是使交易达

成，人员促销是促成购买行为的重要方式。

（一）人员促销的概念和特点

人员促销是通过销售人员与顾客面对面直接沟通的方式来达成预期促销目标的活动过程。相对于广告、营业推广、公共关系等非人员促销来说，人员促销具有针对性强、机动灵活、反馈即时、双向沟通等特点。

尽管这种促销方式的成本较高，但是在一些条件下，人员促销的效果非常明显。在消费者购买心理反应层次的某些阶段，如从偏爱、信任发展到购买的阶段，人员促销是最有效的促销手段；对于具有无形性、同时性以及质量多变等特点的服务性产品，以及顾客在购买前或购买中需要销售人员详细解释和说明的过程性和体验性产品而言，人员促销不失为一种行之有效的推销方式。例如，价格较高的远程旅游、酒店产品（会议设施、多功能厅、宴会厅）等。

酒店产品的服务性与人员促销的特点有本质上的契合性，都是在员工与顾客互动中面对面的产品和服务的交付沟通过程。酒店人员促销除了具有人员促销的基本特征，还有其自身的特殊性，主要表现在以下三个方面。

（1）全员参与促销。酒店人员促销的主体不仅局限于营销部门的专职销售人员，还包括直接与顾客接触的一线服务人员以及各部门的协作。前者通过市场调查和研究，掌握市场需求和行为特征，帮助顾客完成从了解到偏好过程的过渡，形成购买意向；而后者则通过服务交付过程，与顾客进行良好的互动，并促成顾客忠诚和重复购买。因此，酒店人员促销具有全员参与特点。

（2）服务交付沟通。与一般沟通不同，酒店人员促销具有服务交付功能，即在服务人员提供服务的互动过程中，顾客因服务接触、服务场景及员工服务态度和技能的影响，可能产生主动沟通的意向，从而发挥服务交付的沟通作用，扩大其他相关业务的销售。

（3）客户关系维护。酒店人员促销除了具有销售导向的沟通功能，还可以通过理解顾客需要和展示产品的优、缺点尽力帮助顾客购买，赢得顾客的愉悦、重复购买和长期的合作关系，从而形成竞争优势，特别是对那些以中间商等旅游组织市场为促销对象的旅游企业来说更为重要。

酒店人员促销的特点也体现了它具有其他促销方式不可替代的作用，包括双向沟通、促成交易、建立关系等方面。但是酒店也应注意人员促销在具体运用中的一些问题：首先，相对于其他促销方式，人员促销时效长、投入大、成本高、决策风险较大。其次，人员促销的针对性强，但市场覆盖面较低，一般适用于选择性和试点性促销。最后，人员促销的沟通质量取决于高素质的销售队伍和科学的管理机制，影响因素很多。因此，人员促销的效果不易控制。

（二）酒店人员促销的基本形式

根据促销目标不同，酒店人员促销可分为以下三种形式。

（1）专业人员促销方式，也称为外部推销或派员推销，其主要任务是获取订单。它是酒店选派掌握专业技巧的销售人员，利用相关酒店产品介绍、宣传资料和相关材料走访客户进行推销的方式。这种方式主要针对酒店重要客户、中间商和组织购买者，其目的是开发新的客源市场以及建立长期稳定的客户关系。电话促销属于非面对面的专业人员促销，即使用电话拜访顾客，其最大的优点是节省时间和费用。

（2）营业推销方式，也称为内部推销或现场推销，主要任务是挖掘购买潜力。它是酒店内部的各个服务环节的员工在与顾客接触和互动的过程中，借助各种设施设备、环境场景以及员工素质等内部资源进行促销的方式。这种方式主要针对来店顾客，其目的是引导顾客主动选择其他相关服务或额外项目进行深度消费，在满足顾客需求的基础上扩大销售。

（3）团队销售，是指为满足某个目标客户需求，选派业务纯熟、具有某种特定知识的人员参与合作，围绕共同的销售目标，通过周密的规划和充分协调来开展销售工作的方式。这种方式针对复杂的、综合性组织需求以及非营利性目标等特定任务，如旅行代表团、各种会议、大型活动、慈善促销等，主要目的是提供整体服务方案，树立企业形象。团队销售与关系营销和战略联盟的结合成为未来竞争的发展趋势。

二、酒店人员促销策略

（一）酒店人员促销的过程

销售人员的促销工作实际上是在执行一个沟通过程。酒店人员促销过程包括探查并选择目标顾客、销售模式策划、销售人员准备、销售模式执行以及跟进措施。

1. 探查并选择目标顾客

根据目标市场的购买特点，利用各种机会和方法，发现和抓住市场机会。例如，关注顾客及其相关群体的各种信息和咨询，利用相关群体中的意见领袖和会员组织的顾客资源，向潜在顾客邮寄相关促销材料等方法，识别和确认潜在顾客。

2. 销售模式策划

选择目标顾客后，销售人员必须根据不同的促销目标进行销售模式的策划，即确定推销过程或为顾客解决问题的过程，为销售活动做好准备。一般来说，销售模式包括预先准备法、顾问式销售法和公式化销售法等模式。

（1）预先准备法。这种模式是采用"刺激—反应"原理，由销售人员根据经验或研究顾客心理，特别设计交流中的规定性问题和顺序，即"一稿多用"，以期引起顾客对促销刺激的预期反应。这种方法较适合于新人入行，但忽略了消费者需求的差异性。

（2）顾问式销售法。它也被称为"问题—解决型"或"需求—满足型"模式，是指销售人员在充分掌握顾客需求信息的基础上，承担帮助顾客确认、发现和解决问题的顾问角色，提供个性化整体服务方案，通过顾客和销售人员的合作最终满足顾客需求。这种模式易建立信任而形成长期合作关系。

（3）公式化销售法。这种模式是以顾客心理反应模式 AIDA 模式为基础的一种程式化模式，销售人员在了解目标顾客需求及其所处的心理反应层次的基础上，采取拟定的销售程序和方法进行促销，从而促进顾客从较低层次向较高层次转变，最后实现购买行为的模式。

3. 销售人员准备

无论采取什么接触方式，销售人员都必须做好事前计划和准备，包括：根据促销对象确定销售人员在资金、时间方面的分配目标，以及沟通效果目标；对目标市场、产品和服务与竞争对手相关知识和信息的了解和掌握；选择最佳的接触方式和实践；制订相应的销售计划。

4. 销售模式执行

当销售人员与顾客正式接触时，开始执行销售计划，主要涉及产品销售演示和人际交流沟通的过程，其中人际交流沟通效果是影响销售结果的重要因素。

一方面，产品销售演示是销售人员通过对酒店产品和服务的介绍与展示，向顾客提供可以满足其需求的产品和方案利益，以求促成交易的过程。在这个过程中，销售人员将产品特征转化为顾客利益，提供有针对性的个性化服务方案，对促成交易有着极其重要的作用。同时，应充分利用有形展示方法，如酒店宣传小册子、图表、多媒体等辅助工具，增强销售演示效果。

另一方面，在人员促销过程中，销售人员的人际沟通能力对交易成功更为重要。销售是一门与人打交道的学问，或者说是一门艺术。因此，良好的沟通技巧是一个优秀销售人员的基本素质。销售人员在与顾客面对面接触过程中，应该注意礼貌礼仪、言谈举止、穿着修饰方面的职业素质，给顾客留下良好的印象；尊重对方，善于倾听，取得顾客的理解和信任；诚实守信，真诚相待；擅于引导和控制交流进程，以获得良好的沟通效果。

5. 跟进措施

销售人员对与顾客沟通进展的跟踪和调整同样十分重要。销售人员在确定订单后，必须认真执行相关条约，保证产品和服务质量。通过跟进措施，了解顾客满意状况，并及时进行调整和完善，建立持久的客户关系。

（二）酒店人员促销活动中的诚信问题

同其他营销沟通一样，销售人员的诚信问题也是影响人员促销有效性的重要因素。在酒店促销中，当销售人员必须在如何平衡公司利益、顾客利益和个人利益上做出伦理决策时，应该以顾客和企业利益为重，正确处理相关事宜。例如，销售人员个人利益（包括代理、佣金收入）或企业利润建立在对顾客销售额增加的基础上时，伦理冲突发生的可能性就会加大。

因此，酒店必须科学制定营销战略及其组合策略目标，加强销售队伍管理，提供适合目标市场需求的差异化产品和服务，以与顾客建立长期利益关系和最大价值为经营目标，才能减少各种交易冲突，提高市场的认同度和忠诚度。

三、酒店销售队伍管理

销售人员的素质是影响沟通效果的关键因素。一项调查表明，27%的顶尖销售代表带来超过50%的销售额，而比销售效率差距更大的是雇用错误人员的巨大浪费。[①]

（一）酒店销售人员的基本素质

销售人员作为酒店形象的代表，同时是顾客购物的建议者和顾问，因而必须具备兼顾顾客和企业利益的专业能力，以及机智果断、善于应对危机事件的沟通能力，这样才能创造更多的营销机会。

1. 思想素养

销售人员必须具备优秀的个人品质和勇于挑战的敬业精神。首先，成功的销售人员应该是一个诚实、忠诚、可靠、知识渊博及乐于助人的人；其次，应该是敢于冒险、具有很强使命感和谨慎的计划者。他们不仅要设身处地为顾客着想，还要以此为"事业"，而非仅以赚钱为着眼点的自我激励者，他们应具有强烈的"非达成这笔交易不可"的内在热情和动力。

2. 业务素养

业务能力是销售人员业务素养的体现。销售人员的业务能力主要体现在八个方面：观察能力、综合判断能力、决策能力、应变能力、创新能力、公关能力、理解他人的能力和说服他人的能力。此外，销售人员必须具备各方面的知识，包括：政治、经济、法律、文化等知识；市场营销学、消费者行为、企业管理等知识；企业的历史渊源、发展状况、产

---

① 科特勒，保文，迈肯斯. 旅游市场营销[M]. 谢彦君，译. 大连：东北财经大学出版社，2006.

品的结构以及研究开发情况；竞争者的相关信息；等等。同时，要注意在实践中不断积累经验，具备干练的作风和较强的对客服务能力，与客户建立良好的业务关系，在企业促销活动中发挥重要作用。

3. 个人修养

销售人员的行为举止与企业形象密切相关，应该做到行为举止端庄，外表修饰得体、谈吐文雅、平易近人、机智灵敏，善于接近各种类型的顾客和处理各种类型的事件。同时，也应该掌握沟通技巧，善于合作，具有良好的沟通能力。

【阅读链接 10-12】　　　　　微信营销与朋友圈经济

（二）酒店销售人员管理

1. 招聘和培训

成功的销售队伍管理可以为企业选拔优秀的销售人员。酒店应该结合优秀销售人员基本素质的要求，选拔具有潜质的人员加入销售队伍。除此之外，企业还应考虑应聘人员是否与本企业的文化和目标相一致，为队伍建设打下重要的基础。

酒店培训工作是传播企业文化、营销观念以及职业道德的重要环节；是通过程序化学习、角色扮演、团队合作以及推销术训练等方式，使销售人员了解企业、产品、目标顾客及竞争对手的特点，提高员工业务素质的重要途径；是通过情境示范、案例分析等方式进行沟通技巧、人际关系和敏感性训练的主要方式。

酒店销售人员的培训应该根据不同人员层次设定培训目标和计划，包括企业内部培训和外部培训、短期培训和长期培训、日常业务培训和特定业务培训、政策程序培训和推销技能培训等，为有效推销奠定基础。

2. 考评

酒店对销售人员的考评，应该全面地反映销售人员的专业能力和沟通能力的综合质量，主要包括两个方面：① 专业沟通能力，即销售业绩的评价，主要关注业务熟练程度以及以对净利润所做的贡献为依据的综合评价，它包括每天平均访问次数、每次访问的平均费用、每百次访问增加的销售量、单位推销费用所获得的销售量等指标。② 人际沟通质量，即"神入"或"移情"性，如促销中的诚信度和开放性、倾听顾客的心声（员工沟通时的仪容和姿态）以及应变能力等。

3. 奖励

公平合理的奖励是对销售人员辛勤劳动的补偿，也是激励销售人员努力工作实现销售目标的最有效工具之一，更是建设高素质销售团队的重要保证。酒店对销售人员的奖励是对其促销工作成绩的肯定和利益回报，主要包括销售定额管理、提供良好的组织环境和积极的鼓励等。

销售定额管理使销售人员的报酬随工作绩效上下浮动，企业对于表现突出的销售人员应予以充分的物质和精神奖励；良好的组织环境是指重视销售人员的工作，给他们提供晋升的机会,并建立授权制度和激励机制,赋予他们在特定条件下独立处理问题的权利,以此提高员工工作的积极性。

第七节 酒店服务有形展示

无形性是酒店服务最为明显的一个特征,顾客很难在购买前对产品或服务做出评估和选择,难以把握具体产品的服务质量,无法预期到消费的结果,因此购买过程存在很大风险,从而制约了顾客的服务购买决策。因此,酒店在经营管理中必须有效地克服服务无形性所带来的负面影响,通过酒店品牌、服务环境、员工等顾客可见的实体线索实施有形展示,为顾客提供整体的服务感受,增强顾客对旅游产品的理解和认识,帮助顾客做出正确的判断,实现购买预期。

一、有形展示概述

(一)有形展示的概念和基本要素

有形展示(physical /tangible evidence)的概念是20世纪70年代初作为营销工具被提出来的。菲利普·科特勒指出有形展示即"设计一种环境空间,以对顾客施加影响"。美国学者瓦拉瑞尔·A.泽丝曼尔等人将有形展示定义为"进行服务传递、公司与顾客进行服务接触时所处的环境以及有利于服务传递或者交流的任何有形实物"。

在服务营销管理的范畴内,酒店有形展示是一切可以传达服务特色及优点、暗示企业提供服务的能力、可让顾客产生期待或记忆的有形组成部分。一般产品的有形展示就是产品本身,而酒店服务有形展示的内容则包括从环境到所有用以帮助服务传递的载体,如品牌标志、物质产品、设施设备以及人员等。另外,利用互联网展示服务场景是有形展示的新形式。酒店有形展示的基本要素如表10-2所示。

表10-2 酒店有形展示的基本要素

周边环境	空间功能	其他有形物	形象展示
建筑设计	空间布局	名片	品牌
外部标志	服务设备、设施	价目表	标志
停车场	家具布草	办公用品	人工制品
周围景色	店内指示、标志	账单	装潢风格
周围环境	主题设计	报告	……
……	空气质量	员工仪容仪表	
	温度、湿度	制服	
	菜食饮品	宣传册	
	……	网页	
		虚拟场景	
		……	

若善于管理和利用这些有形展示,则可极大地帮助顾客直观感受酒店服务特点,提升其服务体验,促进产生顾客忠诚;反之,有形展示若给顾客传达错误信息,则会误导顾客做出错误期望和判断,进而影响酒店形象。

（二）有形展示的作用

有形展示作为服务企业实现无形服务有形化的一种手段，在酒店服务营销组合中占有重要的地位。有形展示的作用主要表现在以下几个方面。

1. 提高顾客价值感知

一般情况下，顾客会根据多种服务特质判断服务质量的高低，"可感知"是其中一个重要特质，而有形展示恰恰实现了酒店服务的"可感知"。在服务过程中，不仅服务人员的表现会影响顾客对服务质量的认知和判断，与服务过程相关的每一个有形展示，如酒店大堂的布局、氛围等，都会影响顾客所感知的服务质量。因此，酒店科学运用有形展示，从每个影响服务价值的细微环节入手进行展示，将有效提高顾客感知，增强顾客的购买信心。

2. 诱导顾客消费期望

由于酒店顾客在购买行为发生之前难以对酒店服务品质做出理性评价，因此往往产生过高或过低的期望，易导致不满意的结果，形成对企业的负面口碑。酒店运用恰当的有形展示则可以让顾客在使用服务前具体地把握服务的特征和功能，引导顾客对服务产生合理的消费期望，以避免由于顾客期望值过高而实际难以满足所造成的不满。

3. 增强顾客信任感

酒店在营销活动中为消费者提供各种有形展示需要做到"表里如一"，既要提供有形线索，又要保证核心服务质量，使消费者更多地了解本企业的服务情况，增强消费者的信任感，达到预期效果。

4. 塑造酒店市场形象

有形展示是酒店服务的一部分，也是传递酒店形象的工具，使顾客更容易地将企业和竞争者区别开。一方面，在市场沟通中，巧妙地使用各种有形展示可提升酒店的市场形象。例如，四川成都的京川宾馆近年来酒店根据市场的需要，向市场推出了三国文化主题酒店，向外地旅游者整体展现了四川的三国文化，通过建筑内部装饰、室内的布衣、饮食文化、员工服饰和说唱艺术等具体、生动、形象、明显的有形展示，有效地向消费者展现了该宾馆独特的市场形象。另一方面，差异化也能通过有形展示帮助顾客重新定位企业。因此，有形展示不仅是指硬件设施，还包括环境、员工、顾客、价格等，酒店要通过对有形展示组合进行有效的管理来实现差异化。

【阅读链接 10-13】　　从 CIS 设计入手　塑造主题酒店立体形象

二、酒店服务有形展示的分类

对有形展示可以从不同的角度进行分类。不同类型的有形展示对顾客的心理及其判断服务质量的过程有不同程度的影响。

（一）根据顾客拥有程度划分为边缘展示和核心展示

边缘展示是指顾客在购买过程中能够实际拥有的展示，是对核心服务的辅助和补充。例如，酒店菜食、宣传册、饭店客房里的旅游指南、服务指南以及笔、纸即属于边缘展示。这些代表服务的实体设计，应该以顾客的需要为出发点来提供和展示，特别是一些酒店礼品的纪念功能设计和开发。

核心展示是指在购买享用服务的过程中不能被顾客所拥有，但可以被顾客所感知的各种展示。核心展示是影响顾客购买决策的关键性因素，如酒店的品牌、特色、品质、档次以及人员等。

（二）根据构成要素划分为物质环境展示、信息沟通展示和价格展示

1. 物质环境展示

物质环境展示包括周围因素、设计因素、社会因素。这几种展示各有其功能，也相互衔接。

周围因素通常被顾客认为是构成服务产品内涵的必要组成部分，如气温、湿度、气味、声音等。这类因素是不易引起人们重视的背景条件，它们的存在并不会使消费者感到格外兴奋或惊喜。但是，一旦这些因素不具备或令人不快，就会削弱顾客对服务的信心。

设计因素是使服务产品有形化的重要因素。设计因素被用于改善服务产品的包装，使产品的功能更加明显和突出，以建立有形的、赏心悦目的产品形象，刺激消费者的视觉，帮助消费者选择服务产品。这类因素主要包括服务场所的设计、企业形象标识等，对促成顾客购买意愿及行动方面有着积极的作用。

社会因素是指在服务场所一切参与及影响服务生产和传递的人，包括员工、顾客和其他相关或非相关的人。他们的言行举止皆可影响顾客对服务质量的期望与判断，这就意味着要通过加强对员工和顾客的管理提高有形展示的效果。

2. 信息沟通展示

信息沟通是另一种重要的服务展示形式，信息主要来自酒店品牌宣传、相关群体的口碑以及社会公众的评价。它们通过不同媒介传播，展示服务形象，影响顾客选择。

（1）服务有形化，是让服务更加实实在在而不那么抽象的办法之一，就是在企业和顾客的信息交流过程中强调服务的有形展示，充分利用与服务相关的各种有形要素有效传递服务信息，促成顾客最终购买行为。

（2）信息有形化。酒店需要通过自身的营销努力提供顾客满意的产品和服务，维护良好的社会和生态环境，以此获得有利于酒店发展的正向口碑和舆论，通过信息沟通实现营销目标。

3. 价格展示

价格是有形展示中最直接的因素。特别是当顾客对酒店服务不了解的情况下，价格成为购买决策的首选参考要素。价格展示对于酒店来说更易操作，但若操作不当会起到负面作用，如顾客期望过高或过低，易降低酒店的可信度。因此，制定正确的价格不仅能获得稳定的收益，而且能传递适当的信息，直接影响企业在消费者心目中的形象。

三、酒店有形展示的设计原则和实施

酒店顾客在服务环境、信息沟通以及服务人员中寻求服务的有形线索，因此，酒店服务营销活动的关键是管理与无形服务相关的有形因素，善于利用有形元素，通过将无形服务有形化，向顾客传达相关线索和证据，突出旅游产品的特色，提高顾客感知价值。

（一）酒店有形展示的设计原则

酒店服务有形化的设计除要考虑成本因素外，更重要的是必须具备人性化，以人体工程学和环境心理学为理论依据。一方面，酒店服务环境的设计要遵循员工工作环境和顾客消费环境协同统一的原则，考虑服务设备设施及服务环境对服务人员和顾客行为的影响，使设计更便于服务提供和给顾客带来更满意的感受和体验。另一方面，根据环境心理学理论，顾客利用感官对有形物体的感知及由此获得的印象将作用于购买态度，并将直接影响顾客对服务产品质量及酒店形象的认识和评价。在一定意义上，顾客可以依靠物质环境的信号判断服务预期，这些信号包括酒店服务能力、服务特点及其效果等线索，酒店应该充分重视服务环境中的信息对顾客的心理影响。

酒店有形展示的设计原则包括：一是符合目标市场需要，保证顾客价值最大化；二是具有本酒店特色，与酒店品牌、定位、形象和服务等保持一致；三是传递真实信息，树立正确的市场期望和感知；四是各种有形展示手段要协调一致，避免顾客感知冲突；五是结合服务的特点进行特色设计，如文化主题展示等。

（二）酒店有形展示的实施

根据以上原则，酒店有形展示活动的具体实施应该从以下几个方面展开。

1. 酒店服务环境展示

所谓服务环境，是指酒店向顾客提供服务的场所，不仅包括酒店内部有形建筑、设备设施、装潢装饰、照明音像、室内温湿度、指示标识以及卫生安全状况等，还包括酒店外部的地理位置、交通便利、周边环境、停车场等有形要素。这些要素在服务互动过程中将对顾客质量感知和体验产生多重影响，包括视觉、味觉、听觉、嗅觉和触觉效果等，特别是对那些敏感的顾客，环境要素更为重要。

酒店服务环境设计就是环境氛围设计，是一种"有意的空间设计"，主要引起顾客的情感反应。酒店应该结合顾客需求特点，以保证客人身体、财产和隐私的安全为基本原则，以柔性的设计营造一种形式统一、主题突出的酒店氛围，提供顾客满意的服务，使之成为酒店独特的竞争优势。

地理位置对于酒店来说是最为直接的有形展示要素。由于酒店空间位置的不可转移性，消费者要购买住宿产品必须来到服务现场，地理位置所连带的是可接近性、要花费的金钱和时间等诸多成本的投入，直接影响顾客价值评价的结果，因此，地点是影响消费者决策的一个很重要的因素。对一些特定市场而言，地理位置好的酒店，交通便利成为顾客选择酒店的首选要素，使该要素本身就成为有效的展示工具；反之，酒店应该积极利用企业优势条件，或改善交通状况，或通过营销活动引导顾客关注其他利益要素，发挥有形展示的整合效应。

2. 酒店服务人员展示

员工是有形展示组合中的一个重要组成部分。酒店的核心产品是服务，是服务人员与顾客面对面的接触与互动过程，属于人际服务，顾客通过服务传递过程感受和评价服务与产品，乃至整个酒店。因此，从战略上讲，酒店员工的敬业态度、沟通能力及技能水平是体现酒店产品差异化的重要来源。

人员展示是通过员工形象与举止的适当表现，提供给顾客评价服务感受的有形线索。很多研究表明，在服务接触中最重要的因素是与顾客接触的员工的行为，因此，酒店服务人员的表现，即行为展示，对酒店形象的建立和维护起着关键的作用。

酒店服务人员展示主要涉及以下内容：① 仪容仪表。人的外表因素形成首因效应，代表个人，更代表酒店形象，体现服务的品质，从而影响顾客对服务质量的判断。② 专业能力。员工所展示出的专业技能和技巧体现了员工队伍的基本素质，向顾客传递着高品质服务的承诺,坚定顾客购买和消费的信心,有力地促进现实购买。③ 沟通能力。酒店服务主要是通过员工的表现来维持和发展与顾客的关系,员工在传达和实现组织的营销目标方面的作用更为明显,因此,酒店应该重视企业文化的传播和渗透、注重员工沟通能力的培养以及采用合理的授权机制,以保证顾客的满意。

3. 酒店信息沟通展示

信息沟通展示包括服务有形化和信息有形化。

(1) 服务有形化,即酒店通过实物向顾客传达特定服务信息,包括品牌、标志、指示等。酒店应该设置人性化指示标识,如路径导向指示、安全运行指示、消费指南和行为告知等,使顾客更多地了解相关服务内容及程序,提供更多便利;合理安排相关象征标志,如路口、安全出口、公共卫生间、灭火器、烟感器、禁烟告示、小心路滑等安全性标志等,以此规范顾客行为,保护消费者权益。另外,酒店还可以通过提供特色纪念品,如赠品、图书杂志光盘、欢迎卡、绣有客人名字的浴袍和拖鞋等,为留住忠诚顾客打下基础。

(2) 信息有形化,即酒店通过各种促销手段的组合运用展示产品和服务信息,包括品牌定位、广告宣传、营业推广、公共关系以及人员促销、网络营销等,也包括名人效应、市场口碑等方式。对于酒店服务的不可感知性,品牌形象至关重要,是影响顾客购买意向的关键因素。酒店应该利用直接或间接的载体对品牌进行有形化设计,直接载体是图形、标志等,间接载体是与品牌相关的价格、品质等信息。在实际应用中,注意多种促销手段诉求点的一致性,提升酒店整体形象。

4. 顾客

在酒店服务过程中,顾客的价值感知不但受实体环境、服务人员以及沟通信息等要素的影响,还受在场的其他顾客的影响,并且其他顾客比员工更能直接、真实地传达酒店服务的信息,如餐馆的排队等座现象向人们传达高品质、高满意度的信号,促使顾客快速购买。另外,在酒店服务环境中,顾客作为服务产品的组成部分,也是服务的有形展示,顾客之间的互动关系也直接影响服务效果。一般来说,酒店顾客愿意光顾与自我形象、身份和品位相匹配的服务环境,如果酒店的市场定位混乱,发生顾客角色冲突,就会降低服务质量感知。

因此,酒店顾客展示的关键任务就是做好顾客组合定位工作,即明确目标市场以及特色服务定位,满足特定目标市场的需要。事实上,通过只满足特定目标市场而不是其他顾客的需求就可以做到这一点。例如,高端商务酒店不会有大众旅游团队入住,一个商务旅游饭店不会有婴儿床或儿童娱乐设施,一个家庭旅馆不会有会议室,麦当劳不提供酒水,等等。

在大数据背景下,酒店需要利用新技术创新有形展示策略,构建大数据平台,依托新媒体平台,收集更多数据信息并进行汇总和分类,以满足客户的多元化需求。酒店可以利用线上虚拟展示和线下实体展示相结合的方式,发挥有形展示的精准营销功效。

【阅读链接 10-14】　　　　数字社区,推动数字中国建设

问题与讨论

1. 为什么说促销的核心是沟通？
2. 与一般促销相比，酒店促销有什么不同？请举例说明。
3. 简述酒店促销组合的概念及影响因素。
4. 举例说明"推动"策略及其适用范围。
5. 与非人员促销相比，酒店人员促销有什么明显的优势？成功的销售人员应该具备哪些素质？如何提高旅游销售人员的诚信？
6. 简述酒店营业推广的对象及促销方式，并说明使用营业推广时应该注意的问题。
7. 公众的含义是什么？酒店的公众有哪些？作为促销手段，酒店公共关系活动相对于广告、人员促销和营业推广这三种策略最大的优势是什么？
8. 选择一家酒店的营业推广活动，说明该营业推广目标及主要方式，并做简单分析。
9. 以某酒店为例，讨论并分析该酒店面对突发事件所采用的危机沟通策略。
10. 选择一家你熟悉的餐馆，说明该餐馆是如何运用有形展示进行营销的，并提出改进措施。
11. 与传统促销方式相比，你认为酒店直播带货有哪些优势？如何更好地发挥作用？请举例说明。

拓展阅读

1. 吴丽云. 深化剧本杀与旅游融合需重点关注四个方面[N]. 中国旅游报，2022-04-06（3）.
2. 彭兰. 场景：移动时代媒体的新要素[J]. 新闻记者，2015（3）：20-27.
3. 许晓薇. 新媒体时代"酒店+直播"发展现状及趋势研究[J]. 产业与科技论坛，2021（3）：16-17.
4. 石培华，等. 元宇宙在文旅领域的应用前景、主要场景、风险挑战、模式路径与对策措施研究[J]. 广西师范大学学报（哲学社会科学版），2022，58（4）：98-116.
5. 贺翀. 微信朋友圈广告的传播特征及效果[J]. 青年记者，2015（20）：71-72.

课程思政

营销创新助推旅游高质量发展

第十一章 酒店营销变革与创新

本章目标

通过本章学习,了解酒店营销变革及其趋势。

引入案例

"Z世代"多元需求助推数字文旅新业态[①]

马蜂窝发布的《2021"微度假"风行报告》显示,在微度假人群中,年轻群体是主力人群,总占比超过80%。微度假以"玩法"为驱动力,越来越多的微度假用户愿意为高品质的服务与体验买单。在户外玩法上,露营和运动成为周末游热门;在室内玩法上,剧本杀、密室逃脱和看展等互动性强且高质感的周末游也异常火爆。

《旅游绿皮书:2022—2023年中国旅游发展分析与预测》显示,追求个性体验消费的"Z世代"群体走向主流,这对升级传统文旅业态、创新产品和服务方式、推动产业朝向创新驱动转变提出了更高要求,将推动大众市场的文旅消费需求逐渐从低层次朝着高品质和多样化方向转变。

文旅企业要适应"Z世代"的消费新需求,首先要把握几个核心特征:一是"Z世代"的文化观念与价值取向十分多元,"放荡不羁爱自由"是他们的显著标签。文旅企业要站在他们的角度上融入他们的兴趣点,热爱他们所热爱的,尊重他们的价值观,从国潮文化、民族文化等方面入手,激起"Z世代"的身份认同感;二是"Z世代"成长在科技不断创新的环境中,乐于拥抱数字产品给生活带来的巨大变化,文旅企业应积极通过元宇宙、虚拟空间、全民共创等为消费者提供虚实结合、共创共融的新奇体验。

数字传播、虚拟交互等数字技术已经成为当前文旅市场推动产品迭代和产业创新的主动力,在创新文旅体验形式、丰富产品供给、催生消费新业态、促进产业跨界融合等方面的作用日渐显现。

在传播技术方面,随着移动互联网通信技术的不断升级,旅游直播成为文旅市场营销的代表产物。一方面,旅游+直播的营销模式契合了当下消费者的多元需求。依托新媒体平台,旅游直播可以实现结合音乐、特效等多位一体的同步传输,突出实时性、互动性,可使消费者捕捉到更为真实全面的旅游信息,增强了消费者的体验感知;另一方面,旅游直播能够突破服务的局限性,跨越时空阻隔,有效串联供应商、旅游者与电商平台,让观众足不出户也能云游山河,多维度"种草"旅行目的地,实现便捷及时的双向互动。

在虚拟交互技术层面,随着VR(虚拟现实)、AR(增强现实)、MR(混合现实)等沉浸技术在市场的普及,沉浸式消费有望成为未来文旅营销的主流方向。VR、AR搭配可穿

---

① 夏瑾. "Z世代"旅游消费群体将重塑文旅新业态[N]. 中国青年报,2023-02-07(12).

戴设备为游客搭建了更直观的体验场景，将景区要素和产品细节更完整、生动地进行展示，大大增强了游客的"临场感"体验。

数字技术渗透传统文旅的趋势不可阻挡，如何抓住数字时代的浪潮，实现文旅营销的跨越式发展，是文旅业需要思考的重要命题。

提问：面对年轻群体的个性化需求，如何运用数字技术塑造沉浸式和参与式的文旅活动，提升顾客体验感，推动文旅项目的商业转化能力，实现文旅产业的持续发展？

引入案例解析

在信息时代，变化升级的消费者需求、高速发展的社交媒体和数字技术等都在倒逼酒店行业重新思考自身的价值定位，在做好核心服务的同时，营销观念和营销方式的变革与创新成为酒店提升竞争力、持续盈利的根本动力。

第一节　新技术导向的酒店营销变革

21世纪以来，环境瞬息万变，科学技术的迅猛发展和应用改变了商业方式和生活习惯，新常态下的供需格局带来了消费升级的新浪潮。消费市场呈现出自媒体爆发、碎片消费、个性化和多元化的态势。酒店服务业同样面临着时代变革和挑战，如何整合资源，创新营销模式，成为持续发展的关键。

一、基于顾客体验的酒店新媒体营销

中国互联网络信息中心（CNNIC）发布的第50次《中国互联网络发展状况统计报告》显示，截至2022年6月，我国网民规模为10.51亿，互联网普及率达74.4%。移动互联网的发展改变了传统的生产方式和沟通方式，企业与市场连接要素已经扩展到顾客交互链及其网络、社群和终端三个空间，营销功能将从顾客认知、交易和关系的一体化效果表现出来。

随着新技术的广泛应用，传统的电视、报纸、杂志等媒体的地位正被全新的媒体环境和消费决策方式所改变，新媒体相对于传统传播媒体而言，是伴随着互联网发展逐步诞生的，是以数字技术为基础、借助计算机实现信息实时传递的载体，具有明显的社交属性，也称为社会化媒体，如微博、微信、App、H5、小红书等新媒体平台。新媒体为酒店企业文化宣传、品牌营销、客户关系管理等提供了新的渠道和平台，也为各种消费体验感知价值的交流、互动、分享与散发提供了场所。

新媒体营销是以新媒体为手段，以品牌营利为最终目的的市场活动。新媒体营销的跨时空性、多媒体性、交互性、整合性等多种特点使得消费者可以直接参与到企业活动中，变被动接受者为主动参与者，实现品牌价值的共创与共享。新媒体营销以其运行成本低、宣传力度大、市场面宽等突出优势成为酒店突破重围的利器，已成为酒店营销过程中的重

要内容。

酒店新媒体营销是酒店以互联网技术为支撑，通过各类新媒体平台进行产品、服务及品牌等信息的宣传和推广，实现产品促销、形象宣传、交流互动的营销模式。酒店新媒体营销常见的平台划分为社交平台、视频平台以及酒店官方网站或者酒店 App 等，如门户、搜索引擎、微博、SNS、博客、BBS、RSS、WIKI、手机、移动设备、App 和短视频等。新媒体营销并不是通过单一渠道进行营销，而是多种渠道的整合营销，其中也包括与传统媒介相融合，形成全方位立体式营销。

在激烈的竞争中，酒店新媒体营销将最大限度地与消费者、合作伙伴进行有效互动和沟通，为客人创造独一无二的体验，提升顾客的价值感。一方面，酒店转变营销观念，重视新媒体运营，成立专门的运营团队集中负责线上新媒体营销，并将线上新媒体营销和线下活动结合起来。另一方面，运用新媒体营销手段，酒店加强网络信息和危机公关等专业化管理，精准把握新媒体及网络生态环境，整合多元新媒体平台的客户资源，为顾客提供贴合消费习惯的沟通方式，如入住攻略、旅游攻略、酒店好物分享及热搜话题、网络爆款等，畅通顾客互动反馈渠道，优化信息传播效果，鼓励顾客主动参与酒店服务设计与开发等营销活动，强化客户体验，提高酒店综合效益。

二、互联网视域下的酒店数字营销

在数字时代，互联网、5G、大数据、人工智能、区域链、云计算等新技术发展重塑了企业与顾客的连接方式，企业需要通过数字技术来实现营销变革和价值创新。数字化已成为文化和旅游融合发展以及产业转型升级的重要引擎，酒店数字营销势在必行。

经历多年高速增长后，我国的互联网流量红利逐渐减弱。艾媒咨询发布的《2022 年中国品牌营销及消费行为监测报告》显示，互联网红利开始从流量时代走向存量时代，随着流量红利逐渐减弱，移动广告结束了流量竞争时代，从最早的广告需求是曝光率和点击率到今天的激活、注册、付费、复购等指标，行业竞争开始从增加新用户转向用户留存、活跃度、付费转化等更多诉求的存量争夺，整体行业落入稳定发展期。目前，企业的数字化营销正由传统营销进化至深度营销，通过各种技术、算法、渠道等诸多方面能力的延伸，深入赋能企业经营中的各个增长环节，从而助力企业实现数字化增长。[①]

数字营销是一种借助网络技术、计算机技术、多媒体技术以及交互技术等数字化手段，如电话、短信、邮件、电子传真、微博、微信、短视频、网络平台等数字化媒体通道，实现营销数据化和精准化的高层次营销活动。数字营销以网络社交媒体营销、内容营销、短视频营销等为代表，对数据库中明确的目标用户进行针对性营销且运用量化评估的方法获取营销效果，具有数字化、智能化、个性化、互动化和可量化等特点。相比一般营销，数字营销的优势表现在低营销成本、可定制化、高时效性、用户关联性高等方面。

酒店需要迅速把握数字化营销的特点及发展趋势，实现营销效应最大化。一方面，数字营销部门将更多地开展与市场、销售部门的跨部门合作，通过内容能力、技术能力、算法能力、渠道能力等多方面赋能，实现数字营销与企业销售、客户管理系统的流程优化和数据的对接，实现多方赋能，助力企业价值增长。另一方面，数字营销引发的革命性变革，更突出地体现在品牌方将不再拥有和控制内容，而是将和用户一起创造与共享内容。凭借多元数字平台，顾客与企业在多场景多维度产生更多的互动和交流，顾客更容易参与企业价值主张的设计和表达，价值传递更高效，如直播营销、场景营销等。酒店需要转化营销认知，以顾客为中心，以实现个性化的顾客价值、企业价值及合作伙伴等共生价值为营销

---

① 高少华. 流量红利见顶 倒逼企业数字化营销变革[N]. 经济参考报，2022-12-22（5）.

目的，建立顾客、企业及利益相关者价值共享、共创、共生模式的数字营销机制。

【阅读链接 11-1】　　　　　　营销 4.0：从传统到数字

三、大数据背景下的酒店精准营销

在网络信息时代，海量的大数据信息极大地影响着人类生活的各个方面，也改变了传统的营销模式。精准营销利用海量数据和先进的数据挖掘技术，研究客户的行为特征，为营销决策提供可靠依据，成为未来营销变革的重要手段。

大数据（big data）是指一个规模巨大的、能够完成对数据的收集、储存和管理等功能的数据集合，具有更强的决策力、洞察力和流程优化能力的海量、高增长率和多样化的信息资产。大数据表面上看起来是数据类型及规模的变化与扩展，但本质上是人对数据的操控由原来简单的处理对象变为资源的综合利用。基于大数据信息量广泛、信息传播速率快、信息多元以及价值密度高等特征，营销方案制定和优化更依赖于利用云软件和云计算。企业通过对海量数据的挖掘与分析，获取全面真实的用户信息，进一步实现对用户更加精准的行为分析，从而实现个性化的、精准的一对一营销。

精准营销（precision marketing）是企业可以通过对市场进行精确的细分，触达目标客户，并以这种方式与客户进行互动的营销方式。与传统营销相比，大数据精准营销是通过对大数据进行智能分析，了解市场需求，从而进行精确的市场划分，同时通过对目标客户进行数据智能分析，进行精准的客户画像，从而根据客户需求为客户提供定制服务。大数据精准营销完全打破了传统的营销模式，不再局限于对客户的笼统分析，而是全面分析客户的行为、内心活动以及真实需求，全面对客户消费心理进行精准把握。

酒店精准营销可以利用智能技术，根据不同目标市场的需求，充分利用互联网技术和平台，对消费者的内心需求和真实的消费行为进行分类，提供个性化产品和服务以及加强顾客关系管理，在有效沟通的基础上实施定制化营销，提高酒店营销成功率。一方面，用户数据挖掘。酒店可以通过网络蜘蛛或爬虫技术，对消费者在互联网上留下的消费痕迹进行数据抓取，分析主题数据研究顾客群，获得更多的社会领域数据，进一步绘制品牌受众地图和进行品牌内容评估，从而实现精准的一对一营销，高效完成广告推送和客户开发。另一方面，品牌价值共创。酒店将社交网络与客户关系管理结合，鼓励顾客充分参与并设计产品，体现个性化愿望，实现价值共创导向的酒店持续盈利目标。

但是，大数据精准营销也面临诸多挑战，如网络安全、用户隐私安全、数据量过大和数据开放共享少等风险隐患，急需平台与用户建立基于权力平衡关系的精准营销体系，构建安全有序的网络媒介生态环境。

【阅读链接 11-2】　　平台现"差价",等于大数据杀熟吗?

第二节　生态共生导向的酒店跨界营销

面对消费者需求的日益多样化,行业融合和跨界合作是企业参与竞争的必然趋势。对企业来说,跨界合作的优势不仅仅在于打破了传统的产品开发模式,其最大的优势是在多元化领域里开展产业布局和跨界合作,拓展品牌内涵和服务领域,打造生态化营销环境,实现资源共享和持续发展。

旅游业是一个跨地区的综合性产业,是由各种旅游企业和部门构成的相互关联、依托和协调的统一体。酒店是旅游产业链中的支柱企业,与其他行业及部门的关联性极强,这些特性决定了酒店通过跨界合作营销实现目标具有天然的优势。随着网络技术的快速发展和酒店市场竞争的加剧,资源的稀缺性和顾客价值导向促使酒店必须转变营销观念,从"竞争""竞合"到"生态",企业通过跨界合作联盟取得竞争优势,实现资源互补协作,降低竞争风险。在这一市场背景下,跨界合作营销逐渐进入酒店的营销战略视野,并成为酒店增强市场竞争能力、拓展市场份额的重要手段。

企业间营销合作最初源于共生营销(symbiotic marketing,1966)理论,阿德勒(Adler)从资源共享的角度指出两个或两个以上独立组织之间可以建立诸如渠道、销售、研发、生产、财务等方面的资源或行动联盟,以实现优势互补,增加市场竞争力,实现和谐共生。在共生营销的基础上,学者逐步提出合作营销、联合营销和营销联盟等概念,将合作营销(co-marketing)界定为不同企业的产品或服务联合推广的合作方式,即两个或两个以上企业为整合资源优势,增强市场开拓、渗透与竞争能力,通过共同分担营销费用、协同传播、品牌建设、产品促销等方面的营销活动,联合开发和利用市场机会,实现营销战略目标的营销行为。

随着互联网的发展,尤其是移动通信技术与网络技术的结合,改变了企业与市场的连接方式,传统商业运行机制被网络时代的全新规则所刷新,在原有合作营销的基础上,跨行业融合对接成为传统产业的升级方向,跨界营销成为价值创造的重要保证。

跨界营销(crossover)是指以消费者的自我意识与生活形态为切入点,打破行业界限,通过品牌价值嫁接,彰显全新的生活态度和审美理念,以此吸引消费者,甚至改变其生活方式和消费习惯、打造品牌立体感和纵深感的新营销方式,可帮助跨界企业提升利润、扩大市场份额。跨界营销不是简单的拼凑,而是在数据和技术的依托下,寻求目标用户相似且产品与品牌的定位能够互补的合作对象,然后通过创造性合作方式,打通渠道,为目标用户提供多元化、定制化体验和服务,实现多方共赢。在跨界合作中,数家企业和平台为了更好地迎合用户的需求,实现品牌价值,通过资源共享、价值输出、联动宣传等多方面的合作形成一个整体,共同打造商业化生态系统。

与合作营销相比，跨界营销更多地强调基于消费关联纽带而形成的异业营销合作。合作营销通过与经销商、供应商甚至竞争者的合作来更好地满足顾客需要，企业之间既有合作又有竞争，注重营销投入产出结果。而跨界营销超越了行业边界，即超越了竞争，更关注行业间合作，将市场导向升华为消费者生活形态导向，为目标用户提供多元化、定制化体验与服务，其目的是在企业与顾客共创体验中提升品牌价值、实现多方共赢。

酒店需要依据自身的实际情况和与合作方的关系，选择合适的跨界营销策略，主要包括以下三种。

（1）水平跨界营销，是酒店与处于同一行业的竞争对手联合，可以是同区域内的联合，也可以是跨区域的联合。酒店联盟是横向跨界合作的主要方式，是以产品为纽带的一种紧密合作型企业联合体，它通过成员间订立合同来建立协作关系，在市场上统一品牌和管理模式，共享客源，借助规模化优势，在短期内能够迅速降低成本、扩大市场占有率。酒店联盟不仅能提高企业的知名度、拓宽销售渠道，还能增强企业抗风险能力，是中小酒店企业提高生存能力和市场竞争力的有效途径。

（2）纵向跨界营销，是旅游产业内部不同类型的旅游企业间的深度联合，如酒店与旅行社、景区、航空公司等交通行业之间的联合。纵向合作的维系纽带是产业链上下游之间的承接关系，这种联合可以建立起稳定的企业协作关系，相互保证供给客源和提供产品，共同致力于市场的开发和拓展。

（3）交叉跨界营销，是酒店与政府、主管部门以及其他行业或企业间的合作。交叉跨界营销策略需要酒店与相关组织双方主动创建合作关系。它的主要方式有：① 基于宣传关系的交叉合作营销。酒店与目的地政府、相关媒体等非相关企业或组织建立交叉型合作宣传关系，提升顾客消费的情感和社会价值，实现客户群的交叉兼容，提升双方品牌的知名度与影响力。特别是地方政府或旅游协会所承办的区域间旅游资源和精品线路的联合推广活动，旨在提升目的地的整体形象，需要旅游企业的跟进和配合。② 基于客户资源共享的交叉合作营销。酒店借助其他企业所拥有的客户、技术及信息资源等优势，展开合作营销，提升整体竞争力，是较为常见的酒店合作营销模式。例如，酒店与银行、网络公司以及相关旅游协会的联合，一方面能够为宾客提供更加完善的服务，另一方面能够充分发挥酒店有限资源的优势，从而形成合作优势。

【阅读链接 11-3】　　　　"酒店+×"跨界合作营销

第三节　人文导向的酒店价值观营销

菲利普·科特勒在《营销革命 3.0》[①]中，基于对全球社会发展趋势的洞察，给出了营销 3.0 时代的价值观驱动模型。对于企业来讲，以前在产品与服务上能够有效地把握住客

---

① 科特勒，等. 营销革命 3.0[M]. 毕崇毅，译. 北京：机械工业出版社，2012.

户需求，传递出客户满意，能建立起客户利益的比较优势，就可以赢得市场。而在新的时代背景下，企业必须在营销中加入更多的社会人文关怀，强调组织价值观层面的差异化，并主动承担更多的社会责任。企业的可持续发展理念、社会责任能力与人文关怀在这个转型时期显得十分重要。

一、酒店社会责任营销

酒店和旅游业在快速发展的同时，也产生了一系列社会问题，如诚信缺失、虚假宣传、网络欺诈和侵权、生态失衡和环境恶化等，严重影响了社会的可持续发展和和谐进步，社会责任日益成为企业和公众关注的焦点。伴随着消费者对企业社会责任和诚信道德需求的不断增长，社会责任被迅速列入酒店和旅游企业的重要议程。酒店和旅游业与自然、社会环境之间的不可避免的互动和联系表明，其生存和发展不仅要追求利益最大化，而且要保证对环境和社会的负面影响最小化，从而提升顾客价值，实现酒店和旅游业可持续发展。因此，减少负面影响，自觉担当社会责任，是增强酒店企业核心竞争力、提升企业形象和信誉度的迫切要求。

企业社会责任（corporate social responsibility，CSR）是指企业在创造利润、对股东利益负责的同时，承担起对企业利益相关者的责任，保护其权益，以获得在经济、社会、环境等多个领域的可持续发展能力。企业社会责任必须超越唯利润目标的传统观念，强调对人的价值的关注，强调消费者、员工、环境、社会等利益相关者的社会责任。企业品牌的创建和营销与企业社会责任已密不可分。

在国际社会越来越强调企业社会责任的过程中，企业的营销观念也发生着相应的变化。西方对社会责任营销的研究始于20世纪60年代，80年代后成为备受关注的学术热点，并取得了显著的成果。菲利普·科特勒在《企业的社会责任》（2005）中将营销的疆界从商界扩大到了一个新的责任领域，将战略目标从盈利增长扩张到社会责任的研究范畴，从而为企业的市场营销战略及活动指出了新的方向——社会责任营销。他在《营销革命3.0——从产品到顾客，再到人文精神》（2007）中指出营销3.0时代的实质是人文精神驱动的价值营销，企业的盈利能力和社会责任感息息相关。

酒店企业开展社会责任营销，实现企业的价值主张，对企业的生存和发展有着重要的战略意义。酒店社会责任营销是酒店将履行社会责任作为宣传推介自身的营销资源，在承担和履行一定的社会责任（法律道德、伦理规则、环境保护、慈善捐赠、关爱公平等）的同时，借助新闻舆论影响和广告宣传，以改善酒店的市场形象、提升品牌知名度、提高顾客忠诚度，最终实现预期的战略目标的营销形式。因此，社会责任营销的核心就是信任营销，强调在产品生产及流通的各环节，履行社会责任，更好地建立和维护与各种利益相关者的信任关系，增强酒店抵抗风险的能力，获取社会资本，从而增强酒店的竞争能力。

【阅读链接 11-4】　　　　　携程，一家社会型企业

二、酒店营销道德

对于企业来说，消费者是其最直接、最关键的利益相关者，所以企业尊重和保护消费者权益，承担相应的社会责任是极其重要的。区别于制造企业，酒店的服务性特点使得企业、员工和顾客三个主体都可能成为营销不道德的因素。因此，酒店营销活动更易出现违反法律、道德缺失的问题，涉及酒店市场调研、市场分析、营销组合手段的利用和实施等诸方面，包括酒店企业利用信息不对称区别对待顾客、开展虚假广告促销和宣传、提供问题产品和缩水服务、设置霸王条款和价格陷阱、泄露个人隐私等现象，也包括消费者方面非理性购买所引发的不道德行为，如不能真实、客观地提供市场调研相关信息、不能公正地评价和反馈服务质量以及违反社会公德等表现。这些道德失范行为严重影响了酒店行业的社会公信力，也极大地损害了顾客的消费信心和权益，因此，酒店企业研究、制定适应行业特点的营销道德标准更为重要。

酒店企业应该从以下几个方面加强营销道德建设：第一，强化行业自律。一方面是对国家和行业内部法律法规政策的贯彻和遵守；另一方面是企业主动承担社会责任，自我约束经营行为。第二，建立企业"诚信"文化。企业应树立社会市场营销观念，从市场、企业和社会三方利益出发，营造以"诚实守信"为导向的企业文化，构建营销道德标准。酒店应该以 ISO 26000 提出的消费者责任标准为参考依据，积极参与社会责任方面的审核和认证，以此规范产品开发和经营行为。第三，正确引导理性消费。酒店要合理实施市场细分，有效满足顾客差异化需求，提高顾客满意度和忠诚度；科学、合理地制定产品价格，引导和约束消费观念、消费预期和消费行为；酒店应保证服务信息公开透明，保证顾客的知情权和消费权，避免误导和欺骗等现象的发生；完善规范购买合同，合理维护消费者权益。第四，加强政府及相关组织的指导和监管。加强政府的调控作用，建立和完善相关道德规范体系，通过竞争机制过滤和规范企业的非道德营销行为；发挥地方旅游组织和压力集团的约束和监督作用，促进道德环境的建设；通过全社会的舆论宣传，提升公民的道德意识，完善信息服务体系，增强消费者的维权意识以及抵制不良营销行为的能力，以此约束企业行为。

【阅读链接 11-5】 小红书进军旅游业"翻车"，陷"种草"困局

三、酒店绿色营销

低碳经济是高效能、低能耗、低污染、可持续发展的绿色经济。在低碳经济的发展模式下，促使消费者更加倾向于适度、无污染和保护环境的消费模式，绿色需求与消费意愿逐渐形成，成为绿色营销产生和发展的主要驱动力。绿色营销是基于可持续发展思想的新型营销观念，也是现代企业社会责任感的具体表现。酒店行业营销方式向低碳绿色营销模式转换，既是顺应时代发展的需要，也是出于外在经济环境压力和产业自身发展诉求的必然结果。低碳条件下的绿色营销模式要求酒店在营销观念、营销内容以及营销方式上做出

相应的转变，实现酒店同社会资源、环境的和谐发展。

20世纪60年代末，绿色营销观念萌发于社会对可持续发展观念和责任伦理的普遍认同，以及市场绿色消费意识和企业营销思想的驱动。70年代，社会市场营销观念逐步形成并付诸实践，开始明确提出绿色营销和可持续发展观念。90年代以后，绿色营销理论研究已经成为营销学理论研究的重要方向，被称为21世纪营销的主流。绿色营销就是以社会市场营销观念为基础，以可持续发展观为导向，企业将社会责任和环境友好的经营理念纳入整体营销活动，引导消费者绿色生活方式和消费行为，以此促进旅游经济和生态环境的协调发展，实现企业利益、消费者利益、社会及生态环境利益统一的新型营销观念。

酒店绿色营销的核心是为宾客提供舒适、安全、有利于人体健康的绿色客房、餐饮产品以及服务，并且在生产经营过程中加强对环境的保护和资源的合理利用。酒店绿色营销主要包括以下几个方面：一是企业要在理念上引导消费者转变消费观念，通过促销宣传各种途径培养人们的绿色意识，倡导消费者崇尚自然、追求健康、选择未被污染或有助于公众健康的绿色产品；引导消费者注重环保、节能减排的环境保护意识和行为。二是企业在生产过程中根据消费者的绿色需求，严格管理与控制，确保产品的安全、卫生和方便，保证产品和服务的质量；注意废弃物排放和处置，减少环境污染，优化服务环境。三是加强产品的绿色审核。绿色审核主要是指对绿色酒店环境的监测、酒店服务人员及顾客行为调查、酒店服务组合各要素的绿色评价、建立"绿色供应链"等，以确保酒店产品及其服务的绿色化程度。目前，酒店绿色营销活动中还存在一些问题，如因绿色管理投入大、成本高、见效慢等，各地出现面子和形象工程的现象，缺乏深入研究和实践。绿色营销策略是一项长期的、全方位的、全人员的、全过程的旅游业系统工程建筑，需要各部门、各行业、各层次人员的配合和支持，特别是应充分发挥政府的推动和支持作用，才能保证旅游业的持续发展。

【阅读链接11-6】　　　　低碳节能，酒店上演"只此青绿"

问题与讨论

1. 简述酒店如何利用新媒体技术完善客户关系管理。
2. 辨析"智能酒店"和"智慧酒店"，并举例说明智慧酒店的特点。
3. 谈谈人工智能应用在酒店服务和管理中的利弊。
4. 酒店社会责任营销的内涵是什么？举例分析目前酒店社会责任营销的现状和问题。
5. 酒店业应用绿色营销的前景如何？请举例说明。
6. 以亚朵IP酒店为例，谈谈你对酒店跨界营销的认识，并说明跨界营销的主要类型。
7. 结合【阅读链接11-2】资料，试说明你对"大数据杀熟"现象的看法和合理化建议。

拓展阅读

1. 胡洁菲，丁雅雯. 酒店业数字化重塑产业链[N]. 经济参考报，2021-09-02(5).
2. 彭涵. 大数据重构酒店产业链生态[N]. 中国企业报，2013-05-07（11）.
3. 汪世珍，王伟楠. 我国网络营销道德问题研究[J]. 产业与科技论坛，2018，17（16）：34-36.
4. 王蓓. 近十年国内外企业社会责任营销研究综述[J]. 江苏商论，2016（7）：66-88.
5. 马洁. 后疫情时代酒店业营销创新研究[J]. 商业经济，2020（7）：99-100.
6. 黄嘉涛. 移动互联网环境下跨界营销对价值创造的影响[J]. 管理学报，2017，14（7）：1052-1061.
7. 林汶奎. 跨界时代：从颠覆到融合[M]. 北京：人民邮电出版社，2016.
8. 王锦，杜雨. 酒店IP跨界的现状及趋势研究：以亚朵IP酒店为例[J]. 江苏商论，2023（2）：18-21.

课程思政

数字时代营销变革——基于价值管理视角

参 考 文 献

[1] 科特勒，等. 营销管理[M]. 16版. 陆雄文，蒋青云，赵伟韬，译. 北京：中信出版社，2022.

[2] 科特勒，鲍文，麦肯斯. 旅游市场营销[M]. 6版. 谢彦君，李淼，郭英，等译. 北京：清华大学出版社，2017.

[3] 泽丝曼尔，比特纳，格兰姆勒. 服务营销[M]. 6版. 张金成，等译. 北京：机械工业出版社，2015.

[4] 沃茨，洛夫洛克. 服务营销[M]. 8版. 韦福祥，译. 北京：中国人民大学出版社，2018.

[5] 所罗门. 消费者行为学[M]. 北京：中国人民大学出版社，2020.

[6] 斯沃布鲁克，霍纳. 旅游消费者行为学[M]. 俞慧君，张鸥，漆小艳，译. 北京：电子工业出版社，2004.

[7] 吴晓云. 服务市场营销管理[M]. 上海：格致出版社，2012.

[8] 谢彦君. 基础旅游学[M]. 4版. 北京：商务印书馆，2015.

[9] 王文慧. 酒店营销新视野[M]. 北京：企业管理出版社，2012.

[10] 贺学良. 酒店营销原理与实务[M]. 上海：上海人民出版社，2012.

[11] 陈觉. 服务产品设计[M]. 沈阳：辽宁科学技术出版社，2003.

[12] PIZAM A. 饭店业市场营销[M]. 依绍华，译. 天津：南开大学出版社，2011.

[13] 张宏梅，杨钊，陆林. 旅游管理研究的实证方法[M]. 北京：科学出版社，2018.

[14] 里斯，特劳特. 营销革命[M]. 谢伟山，谈云海，苑爱冬，译. 北京：机械工业出版社，2017.

[15] 王永贵. 客户关系管理[M]. 北京：高等教育出版社，2018.